秦岭生物学野外综合实习基地指导丛书

秦岭鸟类野外实习手册
（第二版）

A Field Guide to the Birds of Qinling Mountains
Second Edition

于晓平　李金钢　主编

国家基础科学人才培养基金（J 0730640，J1103511）资助
国家自然科学基金项目（31172103）资助
陕西师范大学 2011 协同创新项目资助

科学出版社

北　京

内 容 简 介

本手册在简述中国动物地理区划、鸟类生态地理类群和特有种组成的基础上,概述了秦岭地区的自然地理、生物多样性特征,简要介绍了秦岭地区鸟类的研究历史。在此基础上记录了秦岭地区鸟类 18 目 69 科 218 属 494 种,占中国鸟类总数(1371 种)的 36.03%。其中国家 I 级重点保护种类 9 种,占总数的 1.82%;国家 II 级重点保护鸟类 52 种,占总数的 10.53%。秦岭地区拥有中国特有鸟种 32 种,占中国特有鸟种总数(105 种)的 30.5%。并对国家重点保护种类及中国特有种(87 种)和常见物种(220 种)的形态特征、生态习性和分布状况进行了简要介绍,并配有精美照片 300 余幅。

本书可作为生态学、生物学、林学等专业本(专)科学生的动物学野外实习参考书,此外对于鸟类学研究者、野生动物管理部门、自然保护区以及观鸟爱好者也具有一定参考价值。

图书在版编目(CIP)数据

秦岭鸟类野外实习手册/于晓平,李金钢主编. —2 版 —北京:科学出版社,2015.1

(秦岭生物学野外综合实习基地指导丛书)

ISBN 978-7-03-042512-6

I.①秦… II.①于… ②李… III.①秦岭-鸟类-教育实习-高等学校-教学参考资料 IV.①Q959.7-45

中国版本图书馆CIP数据核字(2014)第268443号

责任编辑:吴美丽/责任校对:郑金红
责任印制:张 伟/封面设计:铭轩堂

科学出版社 出版
北京东黄城根北街 16 号
邮政编码:100717
http://www.sciencep.com

北京虎彩文化传播有限公司 印刷
科学出版社发行 各地新华书店经销

*

2012 年 6 月第 一 版 开本:720×1000 1/16
2015 年 1 月第 二 版 印张:17
2022 年 5 月第五次印刷 字数:342 000

定价:168.00 元

(如有印装质量问题,我社负责调换)

《秦岭鸟类野外实习手册》（第二版）编写人员

主　　编：于晓平　李金钢
编写人员：于晓平　李金钢　赵洪峰　李　飏
　　　　　李　夏　曹　强　霍志萍　王　敏
　　　　　时　良
主 摄 影：于晓平　林向荣　田宁朝　李　飏
摄影人员（按姓氏笔画排序）：
　　　　　于晓平　王卫东　王天冶　王中强
　　　　　王振国　方克坚　邓　橙　卢　宪
　　　　　田宁朝　宁　峰　朱　雷　朱　磊
　　　　　刘　平　刘好学　刘慧民　关翔宇
　　　　　李　飏　李　夏　李利伟　李显达
　　　　　巫嘉伟　肖　红　肖克坚　沈　越
　　　　　张　岩　张　波　张代富　张雷军
　　　　　陈　旭　林向荣　罗永川　岳　明
　　　　　郑光武　战玉森　党高弟　郭玉民
　　　　　高延钧　黄　河　陶春荣　崔　月
　　　　　傅　聪　焦小宁　解　磊　雍严格
　　　　　蔡　琼　廖小凤　廖小青　戴　波

第二版前言

作为陕西师范大学秦岭生物学野外实习基地的指导丛书之一,《秦岭鸟类野外实习手册》(第一版)已出版近两年。本书在全国26所理科基地院校联合开展大学生野外实践能力培养的过程中发挥了重要作用。由于特殊的地理位置,秦岭是我国生物多样性保护的热点地区和中国特有鸟种分布中心之一,陕西省众多的自然保护区均集中分布于秦岭地区,因此本书不仅对林业主管部门及自然保护区具有参考价值,同时也颇受观鸟爱好者的青睐。

经过两年来同行以及理科基地院校师生的使用,作者在第一版的基础上进行了如下改进和修订:①删掉了某些在秦岭地区值得商榷的种类,如褐耳鹰(*Accipiter badius*);②目、科特征检索以及分类系统采用国内鸟类分类学最新的研究成果;③增加了近年来观鸟爱好者在秦岭地区比较确凿的观鸟记录;④所采用的照片均为彩色原创照片;⑤第一版印数较少,无法保证本科教学的正常使用。所以需要我们在解决上述问题的基础上重新修订出版。

本书修订遵循第一版的编写原则和结构框架,根据陕西秦岭地区乃至中国鸟类分布记录的最新研究成果,包括涉及秦岭地区发表的著作、论文甚至观鸟记录等,对初次收录的所有鸟种进行审定、修正和补充,对于难以确认的种类,我们注明文献出处以备后续补充资料加以确认;分类系统和修订后的中文名及拉丁学名均以《中国鸟类分类与分布名录》（第二版）（郑光美，2011）为准；补充完善了第一版缺失的部分鸟类照片。

在本书的编写过程中，除了感谢本团队成员肖娅萍、田先华、任毅和李力等提供帮助者之外，我们还要感谢陕西省动物研究所肖红研究员、高学斌研究员、王开锋副研究员提供有关信息；西北大学杨兴中教授提出宝贵的修改意见；还要感谢为本手册提出宝贵意见的基地院校的师生。感谢所有为本书提供照片的专业人士和观鸟爱好者。

虽力争妥帖完善，但水平所限，谬误之处难免，望读者不吝赐教！

编　者
陕西师范大学
2013 年 12 月 6 日 西安

第一版前言

秦岭山脉横亘于我国中部，东起伏牛山，西接岷山，东西长1600km，南北宽数十公里至二三百公里，面积广大，气势磅礴，蔚为壮观。主体位于陕西境内，平均海拔近2000m，主峰太白山海拔3767m，是我国大陆东部最高峰。秦岭山脉不仅是我国南北地质、气候、生物、水系、土壤等五大自然地理要素的天然分界线，也是我国中西部最重要的生态安全屏障，三江一河的发源地和南水北调中线工程的水源涵养区。更是我国生物多样性保护的关键区域，生态群落类群多样，种质资源极为丰富，因而成为诸多古老、珍稀和特有物种集中分布的"残遗中心"和"特有化中心"。

丰富的动植物种类和完整的山地植被垂直带谱可使我们在个体、种群、群落、生态系统和区系演化等多个层次上开展教学科研活动，充分展示人类活动对生态环境的深刻影响，全面揭示生物与环境、生物与生物之间的关系。2007年，在国家教育部和基金委的资助下，陕西师范大学依托秦岭地区资源优势建立了"秦岭生物学野外实习基地"，为国内26所理科基地院校的本科教学提供了得天独厚的野外实践教学场所。目前本基地已与北京大学、北京林业大学、中国农业大学、北京师范大学、东北师范大学、东北林业大学、内蒙古大学、南开大学、山东大学、兰州大学、浙江大学、厦门大学、中山大学、武汉大学、华中农业大学、中国科技大学、南京大学、南京师范大学、四川大学、云南大学、西北大学等基地院校及延安大学、榆林学院、渭南师院、青海师范大学等地方院校上千名师生联合开展野外实践教学。此外还与加拿大圣玛利亚大学（St Mary University）合作开展了大学生的野外科研教学，得到了国内外高校师生的认可。

秦岭地处东洋界和古北界两大动物地里区的交汇区，独特的自然地理条件孕育了秦岭地区丰富的动物资源，尤其是鸟类。本教学系列丛书在简述中国动物地理区划、鸟类生态地理类群和特有种组成的基础上，概述了秦岭地区的自然地理、生物多样性特征，简要介绍了秦岭地区鸟类的研究历史。在此基础上记录了秦岭地区鸟类18目55科206属473种，占中国鸟类总数（1331种）的35.5%。其中国家Ⅰ级重点保护种类9种，占总数的1.91%。国家Ⅱ级重点保护鸟类51种，占总数的10.81%。秦岭地区拥有中国特有鸟种32种，占中国特有鸟种总数的30.5%。并对国家重点保护种类（60种）、部分中国特有种（23种）和221种常见鸟类的形态特征、生态习性和分布状况进行了简要介绍，并配有精美照片300余幅。可为参加本科野外实习的学生提供必要的图文参考，同时也为野生动物管理部门以及在秦岭地区开展鸟类研究的专业人员提供重要的基础资料。

在本书的编著过程中，得到了陕西师范大学生命科学院肖娅萍、田先华、任毅和李力老师的支持和帮助，在此深表谢意；感谢生命科学学院的硕士研究生郭俊峰、马小春、刘超和本科生李飑在本书的编著过程中查阅资料，搜集照片；此外还特别感谢陕西省动物研究所肖红，西北大学岳明，宁陕县林业局田宁朝、李夏，宝鸡市林向荣，榆林市林业局王中强，华商报记者宁峰以及佛坪大熊猫国家级自然保护区雍严格以及国内各界观鸟爱好者无私提供多张照片。

虽殚精竭虑，力求妥帖，但水平有限，纰缪之处难免，实乃心余力绌。诚冀读者批评指正，以便精益求精，至臻完善。希望本书能为本科教学尽绵薄之力，为感兴趣之读者提供帮助。

于晓平　李金钢
陕西师范大学
2011年6月30日 西安

ABSTRACT

The terrestrial area of China covers 9.6 million km², which is approximately equivalent to one fourth of that of Asia. The highest Qomolangma (8844m) in the world lies within territory of Tibet and the Aiding Lake at an altitude of -154 m in Xinjiang is the lowest land of the world. From mountainous regions and plateaus in the west to the immense plains in the east, and from deserts, grasslands and cold-temperate coniferous forests in the north to tropical rainforests in the south, and also from more than 18 000 km long coastline to many islands, all locations not only represent different natural landscape but also provide birds with a variety of inhabiting sites. So China stands a world-leading position in biodiversity of birds which ranks the fourth in species number(1371)only inferior to Brazil (2000), Peru (1678) and Columbia (1567).

Qingling Mountains as the boundary or watershed of geological, climatic, biological, hydrographic and edaphic factors in China, was situated crossly the central China ranged from southeastern Gansu, south Shaanxi and southwestern Henan with diversified landscapes and a complicated physical environment. Taibai Mountain at an elevation of 3767 m in Shaanxi was the highest peak in eastern mainland of China.

The unique natural conditions of Qinling Mountains have gestated many colorful and different birds. China is divided into 7 geographic regions of birds that consist of 19 subregions, of which 10 subregions belong to the Palaearctic Realm and the other 9 are subject to the Oriental Realm. Both the two Realms' components of birds co-occurs in Qinling Mountains, partitioned between the southern and northern slopes. The field guide includes all the birds recorded in the last fifty years, which consist of 494 species from 218 genera, 69 families and 18 orders. Of these species, 9 species under first-class state protection, 52 species under second-class state protection and 32 species endemic to China were recorded. The morphological character, ecological habits and brief distribution of 87 protected and endemic species and 220 common species were described respectively together with more than 300 excellent photos.

The colorful birds in Qinling Mountains have attracted much attention from specialists and photographers for a long time. The field guide provides the basic data collected over the last fifty years based on our own observations and a large number of other references. It not only provides information for understanding and researching the bird species in the region, but also serves as a useful handbook for students, teachers and researchers from universities and institutes, as well as for administrative staffs from protection agencies and nature reserves.

Yu Xiaoping, Li Jingang
Shaanxi Normal University
Dec 6, 2013, Xi'an

目 录

第二版前言
第一版前言
ABSTRACT
一、中国鸟类物种多样性 ··················1
　（一）概况 ··················1
　（二）中国动物地理区划和鸟类的生态地理类群 ··················1
　（三）中国特有鸟类区域和特有鸟种 ··················5
二、秦岭地区的自然地理特征 ··················7
　（一）地理概况 ··················7
　（二）生物多样性特征 ··················9
　（三）鸟类调查和研究简史 ··················10
三、鸟类形态、进化和适应飞翔的特征 ··················12
　（一）鸟类的外部形态 ··················12
　（二）鸟类的进化特征 ··················12
　（三）鸟类适应飞翔生活的特征 ··················13
　（四）鸟类分类鉴定的量度 ··················15
四、鸟类观察的基本常识 ··················17
五、中国及秦岭地区鸟类目、科特征检索 ··················22
六、秦岭地区鸟纲各目、科的简要特征 ··················30
　（一）鸊鷉目（Podicipediformes）··················30
　（二）鹈形目（Pelecaniformes）··················30
　（三）鹳形目（Ciconiiformes）··················30

（四）雁形目（Anseriformes） ······ 31
　　（五）隼形目（Falconiformes） ······ 31
　　（六）鸡形目（Galliformes） ······ 32
　　（七）鹤形目（Gruiformes） ······ 32
　　（八）鸻形目（Charadriiformes） ······ 32
　　（九）沙鸡目（Pterocliformes） ······ 33
　　（十）鸽形目（Columbiformes） ······ 34
　　（十一）鹃形目（Cuculiformes） ······ 34
　　（十二）鸮形目（Strigiformes） ······ 34
　　（十三）夜鹰目（Caprimulgiformes） ······ 34
　　（十四）雨燕目（Apodiformes） ······ 35
　　（十五）佛法僧目（Coraciiformes） ······ 35
　　（十六）戴胜目（Upupiformes） ······ 35
　　（十七）䴕形目（Piciformes） ······ 35
　　（十八）雀形目（Passeriformes） ······ 36
七、秦岭地区的鸟类组成 ······ 41
　　（一）秦岭地区鸟类目、科、属、种的组成 ······ 41
　　（二）秦岭地区鸟类的区系组成 ······ 45
八、秦岭地区鸟类的地理分布型 ······ 48
九、实习基地及其鸟类组成特点 ······ 53
　　（一）陕西省珍稀野生动物抢救饲养研究中心 ······ 54
　　（二）西北农林科技大学博览园 ······ 54
　　（三）太白山国家森林公园（太白山国家级自然保护区） ······ 54
　　（四）佛坪大熊猫国家级自然保护区 ······ 56
　　（五）陕西汉中朱鹮国家级自然保护区 ······ 57
　　（六）宁东林业局 ······ 58
十、秦岭地区中国珍稀鸟类和特有鸟类 ······ 62
十一、秦岭地区常见鸟类 ······ 108
参考文献 ······ 219
附表1　秦岭地区鸟类名录 ······ 223
附表2　鸟类生态学常用术语 ······ 241
中文名索引 ······ 243
拉丁学名索引 ······ 251

一、中国鸟类物种多样性

（一）概况

中国幅员辽阔，国土面积960万km²，约占整个亚洲面积的四分之一。世界屋脊喜马拉雅山横亘于中国西南边界，珠穆朗玛峰（8844m）为世界最高峰；世界洼地之一的艾丁湖位于新疆维吾尔自治区吐鲁番市东南30km，为吐鲁番盆地最低洼处，海拔−154m。从西部的山脉、高原到东部的平川，从北部戈壁、荒漠、草原、泰加林到南部的热带雨林，加上漫长的海岸线和广阔的海域为鸟类提供了极其多样的栖息环境，孕育了中国极其丰富的鸟类多样性。

世界现有鸟类种类9755种（郑光美，2002），中国鸟类种数的记录不够统一，分别为1253种（郑作新，1994）、1329种（马敬能等，2000）、1331种（郑光美，2006）和1371种（郑光美，2011），占世界鸟类总种数的12.8%～14.1%。仅次于南美洲的巴西（2000种）、秘鲁（1678）和哥伦比亚（1567），居世界第四位。

（二）中国动物地理区划和鸟类的生态地理类群

丰富的鸟类物种多样性取决于复杂多样的生态地理环境，不同地理区域特征性的鸟类区系反映了其自然历史过程和现代生态因素对鸟类分布的影响，表现出鸟类对其环境的进化适应性。张荣祖（1999）依据我国鸟类区系组成特点和地理分布特征将中国划分为两界、四亚界、七个大区和 19 个亚区，其中 10 个亚区归属于动物地理学上的古北界，9 个亚区归属于东洋界（表 1）。

表1　中国动物地理区划

界	亚界（自然地理区）	区	亚区	鸟类生态类群
古北界	荒漠草原亚界（西北干旱区）	蒙新区	东部草原亚区 西部荒漠亚区 天山山地亚区	温带草原鸟类 温带荒漠、半荒漠鸟类 山地森林草原、荒漠鸟类
	中亚亚界（青藏高寒区）	青藏区	羌塘高原亚区 青海藏南亚区	高原寒漠鸟类 高原草甸、草原鸟类
	东亚亚界（东部季风区北部）	东北区	大兴安岭亚区 长白山地亚区	寒温带针叶林鸟类 中温带森林草原、农田鸟类
		华北区	黄淮平原亚区 黄土高原亚区	暖温带森林草原、农田鸟类 温带森林草原、农田鸟类
东洋界	中印亚界（东部季风区南部）	西南区	西部山地亚区 喜马拉雅亚区	亚高山森林草原草甸鸟类 亚热带山地森林鸟类
		华中区	东部丘陵平原亚区 西部山地高原亚区	亚热带森林、林灌、农田鸟类 亚热带森林、草地、农田鸟类
		华南区	闽广沿海亚区 滇南山地亚区 海南岛亚区 台湾亚区 南海诸岛亚区	热带森林、林灌、草地、农田鸟类

中国的自然地理区和适应其环境的鸟类区系组成构建了鸟类地理区划的框架。生物作用下的气候、植被等环境因素的协同作用对鸟类具有直接而显著的影响。不同的气候区、植被带形成了复杂多样的鸟类生态类群。

1. 寒温带针叶林鸟类

大兴安岭北部和小兴安岭大部，西伯利亚寒温带针叶林南缘，新疆北部的阿尔泰山地。气候异常寒冷，为我国的"寒极"。区内针叶林成分简单，优势群落明显，林间空地、林缘阔叶林、草甸等景观镶嵌分布，生境较为多样，有部分寒温带鸟类在此繁殖。以古北型和东北型鸟类为主，代表种有松鸡（*Tetrao urogallus*）、黑嘴松鸡（*Tetrao parvirostris*）、黑琴鸡（*Lyrurus tetrix*）、柳雷鸟（*Lagopus lagopus*）、花尾榛鸡（*Bonasa bonasia*）、灰林鸮（*Strix aluco*）、北噪鸦（*Perisoreus infaustus*）、松雀（*Pinicola enucleator*）、白翅交嘴雀（*Loxia leucoptera*）和雪鹀（*Plectrophenax nivalis*）等。

2. 温带针阔混交林鸟类

温带针阔混交林广泛分布于中国东北部山区，包括小兴安岭主峰以南至长白山山地。中温带气候，夏季明显，景观丰富，植被成分多样，北方型鸟类居多，如黑琴鸡、花尾榛鸡、三趾啄木鸟（*Picoides tridactylus*）、长尾林鸮（*Strix uralensis*）、黑头蜡嘴雀（*Eophona personata*）等。渗透分布至此的南方型鸟类有松雀鹰（*Accipiter virgatus*）、棕腹杜鹃（*Cuculus nisicolor*）、鹰鸮（*Ninox scutulata*）、普通夜鹰（*Caprimulgus indicus*）、三宝鸟（*Eurystomus orientalis*）、黑枕黄鹂（*Oriolus chinensis*）和红胁绣眼鸟（*Zosterops erythropleurus*）等。

3. 温带落叶阔叶林鸟类

包括东北平原、山东及华北平原的广大地区。夏季湿热，冬季干冷。天然植被以落叶阔叶林为主，森林零散分布，景观开阔，鸟类区系具有南北成分相互渗透和交汇分布的特点。代表鸟种有丹顶鹤（*Grus japonensis*）、褐马鸡（*Crossoptilon mantchuricum*）、勺鸡（*Pucrasia macrolopha*）、松鸦（*Garrulus glandarius*）、山噪鹛（*Garrulax davidi*）等。北方型的种类有普通䴓（*Sitta europaea*）、银喉长尾山雀（*Aegithalos caudatus*）以及多种迁徙或越冬的雁鸭类。南方型种类包括珠颈斑鸠（*Streptopelia chinensis*）、牛背鹭（*Bubulcus ibis*）、蓝翡翠（*Halcyon pileata*）、仙八色鸫（*Pitta nympha*）、白头鹎（*Pycnonotus sinensis*）、黑卷尾（*Dicrurus macrocercus*）和红嘴蓝鹊（*Urocissa erythrorhyncha*）等。

4. 亚热带常绿阔叶林鸟类

从秦岭、淮河一线一直向南抵华南南部，从沿海向西直到青藏高原南部。气候特征高温、多雨，植被以及鸟类分布具有明显的垂直分布变化，尤以秦岭主峰太白山（海拔3767m）南北坡为甚。亚热带常绿落叶阔叶林分布范围极为广泛，约占全国面积的1/4，环境和植被组成成分复杂多样。作为东洋界和古北界的分布界限，本区鸟类呈现南北成分交汇分布和过渡性特征，秦岭以北以古北界成分的鸟类占优势，秦岭南侧以东洋界成分为主；西部地区海拔较高，以古北界鸟类为主并渗入高地型鸟类成分，如血雉（*Ithaginis cruentus*）、红腹角雉（*Tragopan temminckii*）、绿尾虹雉（*Lophophorus lhuysii*）、林岭雀（*Leucosticte nemoricola*）等。呈现本区鸟类组成的代表鸟种有斑头鸺鹠（*Glaucidium cuculoides*）、红翅绿鸠（*Treron sieboldii*）、棕背伯劳（*Lanius schach*）、丝光椋鸟（*Sturnus sericeus*）；还有竹鸡属（*Bambusicola* spp.）、咬鹃属（*Harpactes* spp.）、八色鸫属（*Pitta* spp.）、鹎属（*Pycnonotus* spp.）、短脚鹎属（*Hemixos* spp.）、黄鹂属（*Oriolus* spp.）、卷尾属（*Dicrurus* spp.）、山雀属（*Parus* spp.）、啄花鸟属（*Dicaeus* spp.）和太阳鸟属（*Aethopyga* spp.）的多数种类；

还包括画眉科（Timaliidae）、鹟科（Muscicapidae）、莺科（Sylviidae）的多数种类。

5. 热带季雨林和热带雨林鸟类

云南、广东、广西最南部以及西藏东南部、台湾南部、南海诸岛。高温、湿热、植被繁茂且优势群落不明显，是生物多样性最为丰富的景观和生态系统。鸟类以南方型和热带型种类为主，代表种类有鹰雕（*Spizaetus nipalensis*）、蓝胸鹑（*Coturnix chinensis*）、鹧鸪（*Francolinus pintadeanus*）、原鸡（*Gallus gallus*）、黑长尾雉（*Syrmaticus mikado*）、蓝鹇（*Lophura swinhoii*）、绿孔雀（*Pavo muticus*）、孔雀雉（*Polyplectron bicalcaratum*）；还包括绿鸠属（*Treron* spp.）、鹦鹉属（*Psittacula* spp.）、鸦鹃属（*Centropus* spp.）、蜂虎属（*Merops* spp.）以及犀鸟科（Bucerotidae）、阔嘴鸟科（Eurylaimidae）、山椒鸟科（Campephagidae）、鹎科（Pycnonotidae）、椋鸟科（Sturnidae）、和平鸟科（Irenidae）、卷尾科（Dicruridae）、花蜜鸟科（Nectariniidae）和啄花鸟科（Dicaeidae）的所有或多数种类等。

6. 草原鸟类

从中国东北地区的西部向西延伸，经过内蒙古高原、黄土高原一直到青藏高原中部。受降雨量和湿度变化的影响，从东北向西南呈现湿草原、干草原和高原草原的变化。西北部形成了大面积的荒漠和沙漠。湿草原包括东北平原和内蒙古东部草原，代表鸟类有草原雕（*Aquila nipalensis*）、大鵟（*Buteo hemilasius*）、大鸨（*Otis tarda*）、毛腿沙鸡（*Syrrhaptes paradoxus*）、岩鸽（*Columba rupestris*）、蒙古百灵（*Melanocorypha mongolica*）、云雀（*Alauda arvensis*）等。干草原位于东北平原西南至黄土高原的北部，为湿草原与荒漠区的过渡地带，大部分湿草原的鸟类可扩展至此，此外尚可见到毛脚鵟（*Buteo lagopus*）、田鹨（*Anthus richardi*）、领岩鹨（*Prunella collaris*）、石雀（*Petronia petronia*）等。荒漠草原位于内蒙古西部至甘肃、新疆一带的内陆地区，鸟类种类相对较少，如原鸽（*Columba livia*）、沙鵖（*Oenanthe isabellina*）、漠鵖（*Oenanthe deserti*）、黑尾地鸦（*Podoces hendersoni*）、巨嘴沙雀（*Rhodospiza obsoleta*）、漠林莺（*Sylvia nana*）、黑顶麻雀（*Passer ammodendri*）等。

7. 高原鸟类

青藏高原号称"世界屋脊"，包括青海、西藏和川西地区，东达横断山脉的北部，海拔 3000m 以上。由于地理条件的特殊性和气候的严酷性，该区分布着我

国很多特有鸟种。代表种类有高山兀鹫（*Gyps himalayensis*）、胡兀鹫（*Gypaetus barbatus*）、暗腹雪鸡（*Tetraogallus himalayensis*）、藏雪鸡（*Tetraogallus tibetanus*）、红喉雉鹑（*Tetraophasis obscurus*）、棕尾虹雉（*Lophophorus impejanus*）、白尾梢虹雉（*Lophophorus sclateri*）、雪鸽（*Columba leuconota*）、黄嘴山鸦（*Pyrrhocorax graculus*）、鸲岩鹨（*Prunella rubeculoides*）、白斑翅雪雀（*Montifringilla nivalis*）、藏黄雀（*Carduelis thibetana*）、藏鹀（*Emberiza koslowi*）等。

8. 湿地鸟类

中国湿地面积3620万公顷，100公顷以上的湖泊2350个，10 000公顷以上的湖泊130个，主要分布在青藏高原和长江中下游地区。代表种类有雁属（*Anser* spp.）、鸭属（*Anas* spp.）、麻鸭属（*Tadorna* spp.）、潜鸭属（*Aythya* spp.）、秋沙鸭属（*Mergus* spp.）、天鹅属（*Cygnus* spp.）的种类；鹭科（Ardeidae）、鹤科（Gruidae）、鹳科（Ciconiidae）的种类以及白琵鹭（*Platalea leucorodia*）、普通秧鸡（*Rallus aquaticus*）、黑水鸡（*Gallinula chloropus*）、黑嘴鸥（*Larus saundersi*）、白额燕鸥（*Sterna albifrons*）、黑眉苇莺（*Acrocephalus bistrigiceps*）、攀雀属（*Remiz* spp.）和黄胸鹀（*Emberiza aureola*）等。

秦岭地区的鸟类生态类群以落叶阔叶林鸟类、针阔混交林鸟类和亚热带常绿阔叶林鸟类为主，同时有部分草原鸟类向南渗透分布至此，秦岭北坡的渭河谷地和南坡的汉江盆地分布有诸多的湿地鸟类。

（三）中国特有鸟类区域和特有鸟种

特有种是指分布上仅限于某一区域而罕见于其他地区的物种。国际鸟类联合会（Bird Life International）1998年建立了世界特有鸟类区域（Endemic Bird Area，EBA）。当一个物种在全球分布的范围面积小于50 000km^{2}被视为狭窄分布。每个EBA最少由两种或两种以上分布狭窄的鸟类分布区叠加形成，EBA覆盖中国的有13个，分别是塔克拉玛干沙漠区、西藏东部区、西藏南部区、东喜马拉雅山区、青海山地区、川中山地区、川西山地区、中国亚热带森林区、云南山地区、海南岛区、山西山地区、华东南山地区和台湾岛区。根据雷富民等（2002）对中国鸟类特有种名录的核定和雷富民等（2006）的进一步确认，中国拥有鸟类特有种105种，隶属7目16科58属。

中国鸟类特有种丰富度分布中心集中于横断山区；川北、秦岭和陇南山地；台湾岛（雷富民等，2002）。表现在64种鸡形目鸟类中的22种（34.4%）为中国特有种；121种画眉科鸟类中的31种（25.6%）为中国特有种；作为特有种分布中心之一的秦岭地区拥有中国鸟类特有种32种，分别是鹮科的朱鹮（*Nipponia nippon*）；鸭科的中华秋沙鸭（*Mergus squamatus*）；雉科的灰胸竹鸡（*Bambusicola thoracica*）、白冠长尾雉（*Syrmaticus reevesii*）、红腹锦鸡（*Chrysolophus pictus*）和血雉；百灵科的长嘴百灵（*Melanocorypha maxima*）；鸭科的领雀嘴鹎（*Spizixos semitorques*）和白头鹎；鸫科的棕头歌鸲（*Luscinia ruficeps*）、金胸歌鸲（*L. pectardens*）和宝兴歌鸫（*Turdus mupinensis*）；鹟科的棕腹大仙鹟（*Niltava davidi*）；画眉科的山噪鹛、斑背噪鹛（*G. lunulatus*）、大噪鹛（*G. maximus*）、画眉（*G. canorus*）、橙翅噪鹛（*G. elliotii*）、高山雀鹛（*Alcippe striaticollis*）、棕头雀鹛（*A. ruficapilla*）和白领凤鹛（*Yuhina diademata*）；鸦雀科的三趾鸦雀（*Paradoxornis paradoxus*）和白眶鸦雀（*P. conspicillatus*）；扇尾莺科的山鹛（*Rhopophilus pekinensis*）；莺科的四川柳莺（*Phylloscopus forresti*）和峨眉柳莺（*P. emeiensis*）；长尾山雀科的银脸长尾山雀（*Aegithalos fuliginosus*）；山雀科的黄腹山雀（*Parus venustulus*）、白眉山雀（*P. superciliosus*）；燕雀科的酒红朱雀（*Carpodacus vinaceus*）和斑翅朱雀（*C. trifasciatus*）以及鹀科的蓝鹀（*Latoucheornis siemsseni*）。秦岭地区特有种占中国鸟类特有种总数105种的30.5%。

二、秦岭地区的自然地理特征

（一）地理概况

广义的秦岭地区，西起昆仑，中经陇南、陕南，东至鄂豫皖交界处的大别山以及蚌埠附近的张八岭。其范围包括岷山以北、陇南和陕南，蜿蜒于洮河与渭河以南、汉江与嘉陵江支流—白龙江以北的地区，东到豫西的伏牛山、熊耳山，在方城、南阳一带山脉断陷，形成南襄隘道，在豫、鄂交界处为桐柏山，在豫、鄂、皖交界处为大别山，走向变为西北-东南，到皖南霍山、嘉山一带为丘陵，走向为东北-西南。

狭义的秦岭地区，仅限于陕西省南部、渭河与汉江之间的山地，东以灞河与丹江河谷为界，西止于嘉陵江，是渭河中、下游和汉江上游的分水岭。

太白山是秦岭的主峰，海拔 3767 m，是渭河水系和汉江水系分水岭的最高地段，该区域面积虽小，但在水平方向上可看出从暖温带向北亚热带的过渡特征，在垂直方向上有明显的植被垂直分布变化，从北坡的渭河谷地和南坡的汉江谷地到太白山顶峰拔仙台，呈现平原（丘陵）、低山、中山和高山等一系列地貌类型，界线分明。

秦岭不仅是我国南北两大水系——长江、黄河的分水岭，在地形上成为我国南北之间的屏障，在气候上也有十分显著的影响，它使潮湿的海洋气团不易深入到西北；同时也阻挡了北方的寒潮不致长驱南下，减弱寒潮猛烈的侵袭，成为我国亚热带和暖温带的分界线。秦岭以北属暖温带气候，秦岭以南属亚热带气候，而且这种气候特征非常明显。是中国地质、气候、生物、水系和土壤五大要素的天然分界线，在中国大陆的形成、演化和气候变迁中占有重要而突出的地位。它是中国重要的矿产资源基地和控制影响中国灾害与环境变化的重要地带。

受秦岭北麓山前断裂的控制，秦岭南北坡在地形上差异迥然。北坡陡峭，从高山、中山直接过渡到关中平原（渭河谷地），渭河支流直而短小，河床比降大，多湍流瀑布，从山脊线到渭河谷地最宽不超过40km。而南坡宽度可达100km以上，山势缓和绵延，由高至低依次为高山、中山、低山、丘陵和汉江平原。河床比降小，曲折迂回，源远流长。

秦岭为南北气候的自然分界线。秦岭以南，太阳辐射较少，气温较高，降水较多，气候湿润；秦岭以北则相反。秦岭山地，相对高差大，气候垂直分异明显。秦岭南坡无霜期210天左右。海拔高度800~2000m之间为谷地平坝和低、中山区，年平均气温9~13℃，年降水量850~900mm，气候比较湿润，适于林木和果树生长。2000m以上的中高山地带，年均温在9℃以下，年降水量900~950mm，气候湿润寒冷，其中2500m以上，5月仍可降雪，表现出冷湿的气候特点。秦岭北坡1300m以下为暖温带气候，年均温8.7~12.7℃，年降水量650~800mm；1300~2600m为温带气候，年均温1.7~8.7℃，年降水量900~1000mm；2600~3350m为寒温带气候，年均温−2.1~1.8℃，年降水量800~900mm；3500~3767m为亚寒带气候，年均温−4.4~−2.1℃，年降水量750~800mm。

秦岭地区是我国气候的重要分界线，反映在植被分布上，秦岭以北属暖温带落叶林带，秦岭以南植被则属于北亚热带类型，有较多的常绿阔叶树种分布，由于地势高耸，森林植被的垂直分布非常明显。

秦岭南坡植被可分为如下垂直带谱：
　　①北亚热带常绿、落叶阔叶林（低于800m）；
　　②暖温带落叶阔叶林（800~1800m）；
　　③中山针阔叶混交林（1800~2600m）；
　　④亚高山针叶林（2600~3200m）；
　　⑤高山灌丛草甸（3200m以上）。

秦岭北坡植被可划分为如下带谱：
　　①落叶阔叶林（780~2300m）；
　　②针阔叶混交林（2300~2800m）；
　　③亚高山针叶林（2800~3400m）；
　　④高山灌丛草甸（3400m以上）。

秦岭的植被具有其自身特征，例如，红桦（*Betula albo-sinensis*）可单独形成林带，栎类种属比较复杂，山地垂直带谱比较完整。除此之外，秦岭植被成分的过渡性也较显著，例如，华北区系的油松（*Pinus tabuliformis*）、辽东栎（*Quercus liaotungensis*）、槲栎（*Quercus aliena*）分布较多，但亚热带的若干常绿阔叶树种以及马尾松（*Pinus massoniana*）、杉木（*Cunninghamia lanceolata*）、油桐（*Vernicia fordii*）、乌桕（*Sapium sebiferum*）等的分布也很普遍。另外，西南高山地区的植被成分也有出现。秦岭山地植被垂直分布在南北坡有不少相似之处，但受气候条件的影响，各带跨幅南坡低于北坡 100～150m。低山基底带则受水平地带性控制，岭北 500～600m 为耐旱的落叶阔叶林及侧柏林带，岭南则为含有常绿阔叶的落叶阔叶林带。

（二）生物多样性特征

秦岭是我国乃至东亚暖温带、北亚热带物种最丰富的地区之一。秦岭山地生态系统、物种和生物遗传三个层次的多样性均具有典型性和代表性。在这一重要地区，保存有多种珍稀动植物，生物多样性极为丰富。在动物地理区划上，秦岭是古北界和东洋界的分界线，秦岭北坡属于古北界，南坡属于东洋界。因此，秦岭的动植物区系兼具有古北界和东洋界的特征。

秦岭位于世界自然基金会确认的全球 200 个主要生态区之一的"长江上游生态区"的范围内，是世界上最具生态特点和生物多样性的代表性地区，也是我国中部最重要水源涵养地和生态安全屏障。在《中国生物多样性保护行动计划》中被列为具有国际意义的生物多样性保护关键地区。秦岭地区特殊的地理环境孕育了独具特色的生态群落和丰富的生物物种资源，有"动植物王国"和"天然基因库"之称，是许多古老和孑遗生物的避难所，稀有、特有物种类型较多，已有 128 种动物和 56 种植物被列入国家和省重点保护对象。

据文献记载，秦岭地区拥有种子植物 3446 种（张秦伟，2001），蕨类植物 311 种（王菁兰等，2010）。秦岭地区拥有两栖动物 26 种，爬行动物 36 种（许涛清，1996），鸟类 473 种（于晓平和李金钢，2012），哺乳动物 138 种（郑生武和宋世英，2010）。

（三）鸟类调查和研究简史

秦岭地处中国中部内陆腹地，19 世纪中叶以前，秦岭及其以西的中国内陆包括陕西、甘肃、青海、西藏等地路途遥远，交通不便，包括鸟类在内的动植物考察基本处于空白。随着西方国家对华军事经济侵略程度的升级，西方学者、传教士等逐渐进入中国内陆进行大规模的游历采集，大量的动植物标本被运往国外。法国神父 A. David（1862～1873）是最早进入陕西秦岭采集动物标本的外国人之一。沙皇俄国的 H.M. Berevoskii 1870～1885 年先后四次进入中国内地进行考察，采集了数千号鸟类标本，发表了大量的研究成果；W. Mesney 1879～1881 年在青海、甘肃、陕西等地游历采集；M.P. Anderson 1904～1911 年进入陕西、甘肃等地游历采集；Sowerby A. de C. 1905 年在陕西、四川采集鸟类标本运往大英博物馆；J.F. Rock 1920～1928 年经四川到陕西、甘肃、青海等地采集考察。

秦岭山脉横贯东西，汇集了喜马拉雅、青藏高原、西南、华南、华中、华北和东北等动物区系成分，形成了野生动物资源丰富的多样性和珍稀动物种类较多的野生动物资源状况。建国以来，国家十分重视野生动物资源调查工作，中国科学院动物研究所、北京师范大学、四川生物研究所、西北大学、陕西师范大学、西北农学院、陕西卫生防疫站等单位的动物学工作者先后进行了大量的调查研究工作。20 世纪 50 年代，调查工作的重点是动物的分类、区系。禹翰（1957）对渭河平原的鸟类区系进行了初步调查；随着调查研究的深入发展，陕西省动物研究所和西北大学根据多年来采集的鸟兽标本发表了若干陕西省鸟类新记录（罗时有等，1966）。郑作新等（1973）编辑出版了《秦岭鸟类志》一书。

20 世纪 80 年代以来，在动物区系、濒危物种生态学和动物资源保护方面的研究越来越多。王廷正等（1981）曾数次在大巴山地区进行鸟类调查，采集鸟类标本 164 种（亚种）。姚建初等（1986）对秦岭太白山鸟类的分布进行了研究。秦巴山区森林茂密，是大熊猫、川金丝猴、羚牛、朱鹮等国家珍稀保护动物的栖息地，近年来关于它们的研究尤为引人注目。王香亭（1991）报道了甘肃陇南山地（西秦岭）鸟类 305 种。

自 1981 年朱鹮在陕西洋县重新发现以来，刘荫增（1982）、李福来等（1986）、路宝忠（1986）、史东仇等（1989）先后对朱鹮的繁殖生态和保护措施进行了初步探讨。1990 年以后，关于朱鹮的研究报告和研究内容不断增多，涉及了生态生物学（史东仇等，1991a~1991d；路宝忠，1997；于晓平等，1997）、保护管理（曹永汉等，

1995a, 1995b)、人工饲养和疾病防治（席咏梅和刘世修，1997）、种群生命力分析（李欣海等，1996）、繁殖成功率及其影响因子（Yu et al., 2006；于晓平等，2007）、再引入（Yu et al., 2009）、出生扩散（Yu et al., 2010）等方面。《中国朱鹮》（史东仇等，2001）、《中国朱鹮研究》（丁长青，2004）相继出版发行。

随着秦巴山区保护区群的建立和完善，关于秦岭地区鸟类区系和物种多样性的研究报告逐渐增多。如秦岭及大巴山地区的鸟类资源调查（巩会生等，2007）、太白山北坡夏秋季鸟类物种多样性（高学斌等，2007）、陕西老县城自然保护区的鸟类多样性及 G-F 指数分析（李忠秋等，2006）、渭河平原地区夏季鸟类群落结构（胡伟和陆健健，2002）。

城市鸟类群落研究是反映城市生态环境质量的量化标准之一，近年来关于西安市的鸟类区系组成、变化以及群落特征相继有文章或报告发表（李金钢等，2004；赵振武等，2007；高学斌等，2008；武宝华，2010）。

陕西省是我国鸟类资源最为丰富的省份之一，郑作新（1973）记录秦岭鸟类种类 338 种；随着调查的深入，新记录不断发现，《陕西省陆生脊椎动物调查报告》（1998）记录陕西省鸟类 380 种；巩会生等（2007）报道秦巴山区鸟类 475 种；孙承骞等（2007）报道陕西省鸟类 465 种。

三、鸟类形态、进化和适应飞翔的特征

（一）鸟类的外部形态

身体呈流线形（纺锤形），外被羽毛。分为头、颈、躯干、尾和四肢五部分。眼大而圆，具活动的上下眼睑及瞬膜。具角质喙。前肢特化为翼，后肢具四趾，趾端具爪（图1）。

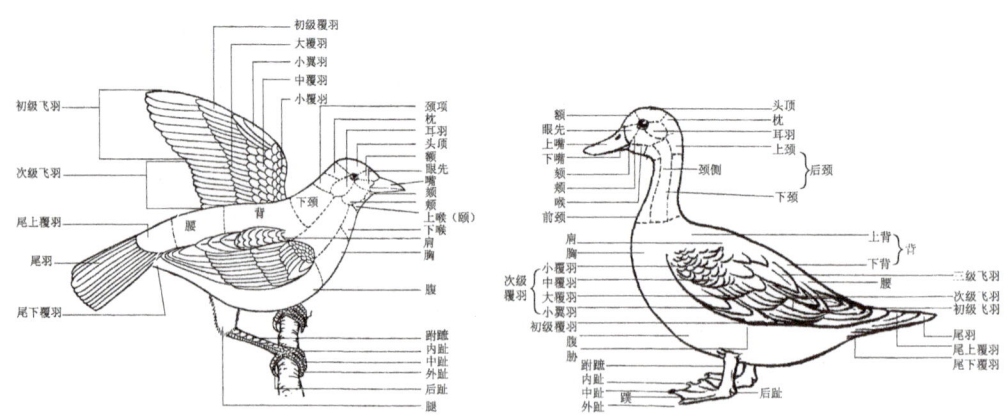

图1　鸟体外形各部位名称（左-家鸽，右-家鸭，引自郑作新，2002）

（二）鸟类的进化特征

（1）具高而恒定的体温，减少了对环境的依赖性。

（2）心脏分为完整的二心房和二心室，血液循环为完全的双循环。

（3）具有发达的神经系统、感觉器官以及与此相关联的各种复杂行为，能更好地协调体内外环境的统一。

（4）具有营巢、孵卵和育雏等完善的生殖行为，提高了后代的成活率。

（三）鸟类适应飞翔生活的特征

（1）鸟类是适应飞翔生活的高度特化的恒温脊椎动物，身体被羽。

（2）前肢特化为翼，骨骼愈合并着生飞羽，是飞行的动力来源（图2和图3）。尾椎愈合为尾综骨，着生扇形尾羽，其形状与飞行的方式和速度有关（图4）。

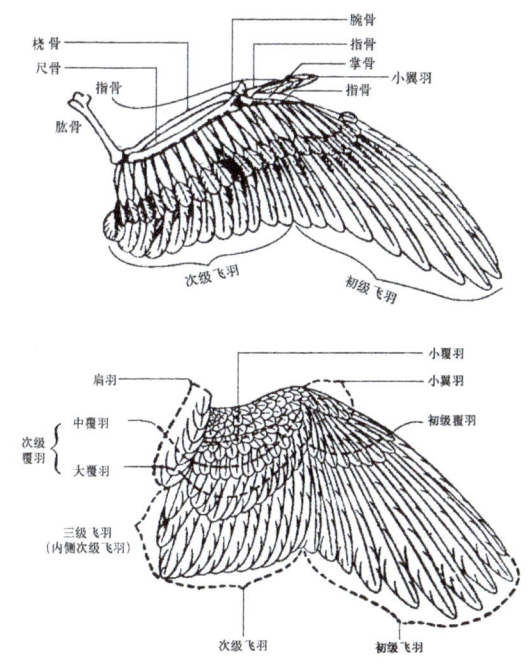

图2　鸟翼骨骼及其羽毛名称和分布

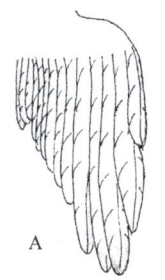 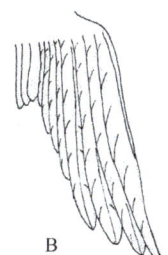 

图3　鸟翼的三种基本类型（A.圆翼；B.尖翼；C.方翼）

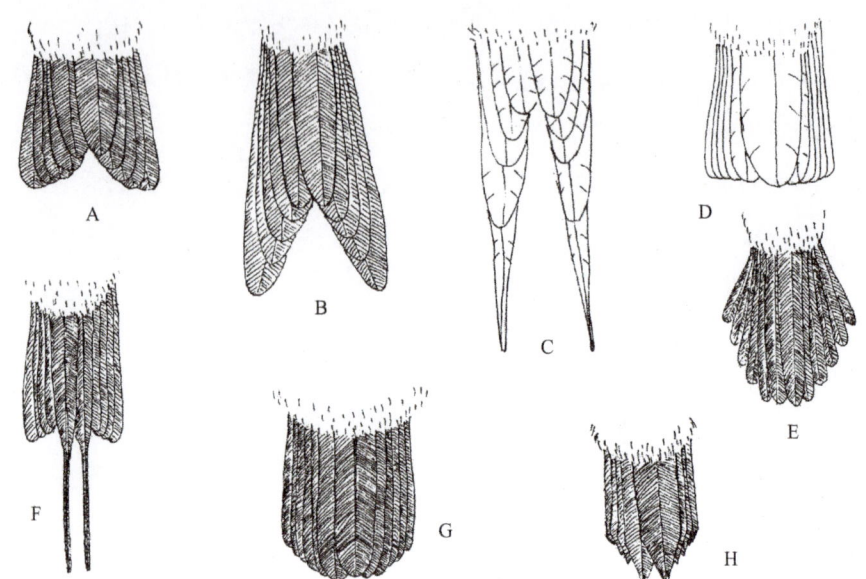

图4 鸟尾类型（A.凹尾；B.叉尾；C.铗尾；D.平尾；E.凸尾；F.尖尾；G.圆尾；H.楔尾）

（3）牙齿退化，以喙取食，喙的形状与食性和觅食方式密切相关（图5）。

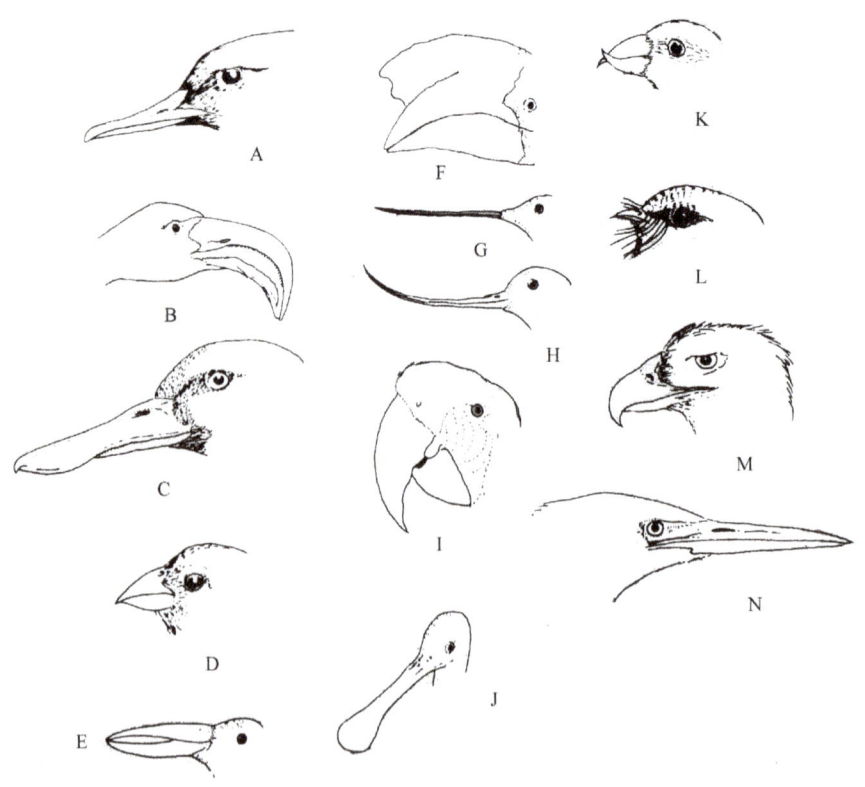

图5 鸟类的喙型

（4）后肢也发生变形，支撑体重，适于弹跳和握枝，趾的形状及变化与其生活方式相关联（图6和图7）。

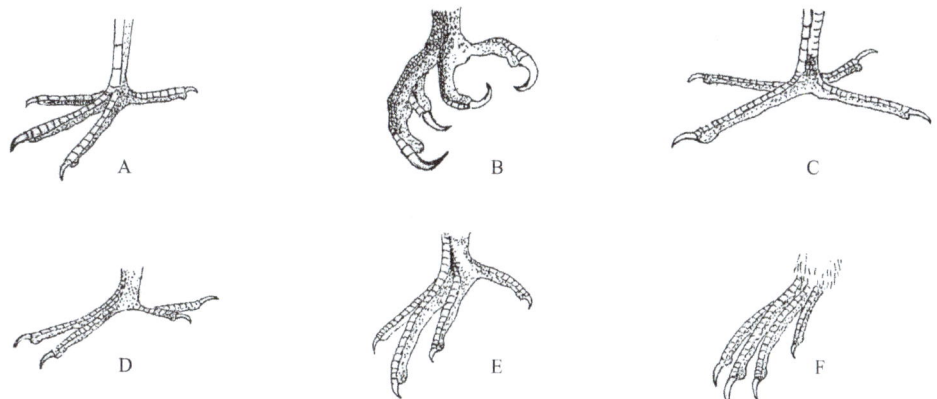

图6　鸟趾的几种类型（A、B.常态型；C.对趾型；D.异趾型；E.并趾型；F.前趾型）

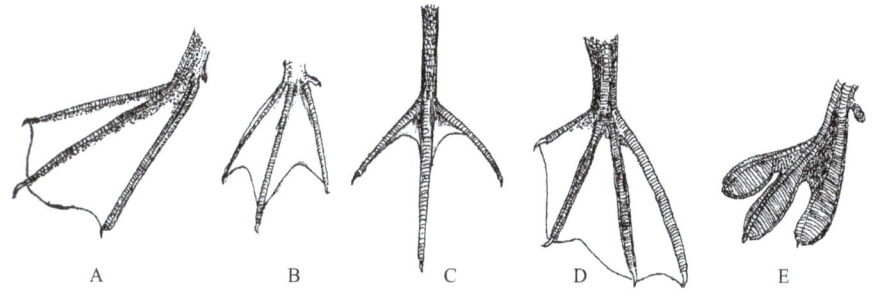

图7　鸟蹼的几种类型（A.蹼足；B.凹蹼足；C.半蹼足；D.全蹼足；E.瓣蹼足）

（5）呼吸系统具复杂的气囊系统与肺脏连通，为双重呼吸模式。

（6）骨骼肌趋于躯体中心，保持飞行的重心和稳定。

（7）心脏占身体比重大，心率极快，血流迅速。

（8）感官和神经系统高度发达，协调飞行运动。

（四）鸟类分类鉴定的量度

在鸟类分类学和形态学的研究中需要对鸟类身体的各个部位进行测量，一般包括体长、嘴峰长、翼长、尾长和跗蹠长（图8）。此外还可测量中趾和中爪的长度。在鸟类生长发育过程中可测量标准体长（嘴峰前端至尾基的长度）。

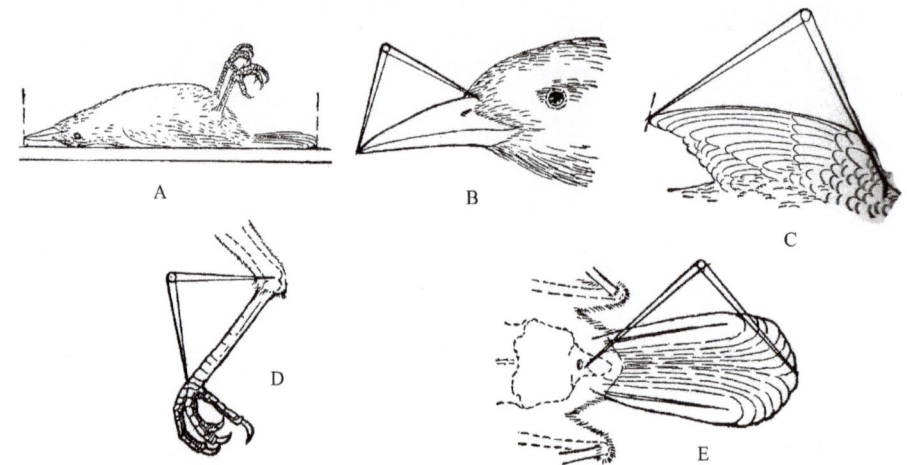

图8 鸟体的测量方法（A.体长；B.嘴峰长；C.翅长；D.跗蹠长；E.尾长）

四、鸟类观察的基本常识

在无法大量采集鸟类标本的情况下，鸟类的野外识别在鸟类研究，尤其在群落的研究中显得尤为重要，鸟类种类的识别要综合观察季节、外部形态、鸣叫、生态习性和小生境等多种特征，从而获得较为准确的个体识别信息。

1. 观察季节

在某一地区全年都可观察到的鸟类为当地留鸟；春夏季节还可观察到夏候鸟，此时的鸟类大都已换上鲜艳的繁殖羽；秋季和冬季则能观察到留鸟、冬候鸟、迁徙过境鸟。故可以根据观察季节与鸟类的居留类型是否相符来排除不符合的种类，从而缩小疑似种的范围。

2. 外部形态

鸟类的体型大小、羽色、翼型、喙型、脚型以及特殊结构是识别鸟类的最主要依据。

判断鸟类体型时，可以选择常见鸟作为体型大小的参照标准。麻雀类（*Passer* spp.）体长约12cm，与之相近的有雀科（Passeridae）≈鹡鸰科（Motacillidae）≤鹟科≤鸭科等小型鸟类；家鸽体长约30cm，与之相近的有鹬科（Scolopacidae）≤鸠鸽科（Columbidae）≤隼科（Falconidae）≤鸦科（Corvidae）等中型鸟类；家鸡体长约60cm，与之相近的有雉科（Phasianidae）≤鸭科（Anatidae）≤鹰科（Accipitridae）

等大型鸟类。

观察羽色时应先考虑身体大部颜色，再考虑细部羽色差别。如大体黑色的鸟类有乌鸫（*Turdus merula*）、乌鸦（*Corvus* spp.）、山鸦（*Pyrrhocorax* spp.）、八哥（*Acridotheres* spp.）、黑水鸡、骨顶鸡（*Fulica atra*）、鸬鹚（*Phalacrocorax* spp.）等；大体白色的有白鹭（*Egretta* spp.）、天鹅（*Cygnus* spp.）、鸥类（*Larus* spp.）等；黑白两色相间的有白鹡鸰（*Motacilla alba*）、鹊鸲（*Copsychus saularis*）、喜鹊（*Pica pica*）、反嘴鹬（*Recurvirostra avosetta*）、凤头潜鸭（*Aythya fuligula*）等；大体灰色的有岩鸽、苍鹭（*Ardea cinerea*）、杜鹃（*Cuculus* spp.）、赤腹鹰（*Accipiter soloensis*）等；大体绿色的有领雀嘴鹎、绣眼鸟（*Zosterops* spp.）、柳莺（*Phylloscopus* spp.）等。

猛禽飞行时翼展开的形状是重要的辨识特征，隼类（*Falco* spp.）的翼形尖而狭长，鹰类（*Accipiter* spp.）的翼形较短圆，雕类（*Aquila* spp.）的翼形极长而宽且翼指明显。

鹭科鸟类的喙极长而尖，鹮科（Threskiornithidae）种类的喙长而弯曲，鹰隼类（Falconiformes）的喙短而形如钩，雀科种类的喙短而成圆锥状。

鹳（*Ciconia* spp.）、鹭（*Ardea* & *Egretta* spp.）、鹤（*Grus* spp.）的脚极细长；䴙䴘（*Podiceps* spp.）、潜鸟（*Gavia* spp.）的脚生于躯体近末端；秧鸡（*Rallus* spp.）和水雉（*Hydrophasianus chirurgus*）的脚和脚趾都极细长；鸡形目（Galliformes）雄鸟的脚有距；雁形目（Anseriformes）鸟类脚具蹼。

很多鸟类的特定部位生有形态奇特的羽毛，有些鸟类则生有特化结构。例如，戴胜（*Upupa epops*）的长羽冠可以如扇子般收展，白鹭繁殖期会在枕后垂生两根线状长羽，寿带（*Terpsiphone* spp.）雄鸟繁殖期两枚中央尾羽长如飘带，多数雉科种类雄鸟生有羽冠和长尾羽。鸬鹚和鹈鹕（*Pelecanus* spp.）生有大型喉囊；雄性角雉（*Tragopan* spp.）头部有肉质角，喉部有肉裙；距翅麦鸡（*Vanellus duvaucelii*）的翼角有角质尖距。

3. 鸣叫

鸣叫是识别很多鸟类的重要依据，尤其是雀形目鸟类。如珠颈斑鸠繁殖期的叫声如"谷咕谷—谷"（*ter-kuk-kurr*）；喜鹊的特征性叫声"嘎—嘎—嘎"（*ga-ga-ga*）；灰胸竹鸡的特征性叫声听似"地主婆—地主婆"（*people-pray, people-pray*）；斑胸钩嘴鹛（*Pomatorhinus erythrocnemis*）的特征是其两两应和叫声"吆喝—回—吆喝—

回"（*queue-pee*）；大杜鹃（*Cuculus canorus*）因其叫声"布谷—布谷"（*kuk-oo*）而得名布谷鸟；四声杜鹃（*Cuculus micropterus*）的叫声则听似四音节的"光棍好苦"（*one-more-bottle*）；强脚树莺（*Cettia fortipes*）更是百闻难得一见的鸟类，其叫声听如"喂—干嘛去—干嘛"（*weee-chiviyou-chivi*）。但是以鸟类叫声识别种类取决于长期的经验积累和对某一地区的熟悉程度，或采用录音设备收集鸟类鸣声在室内获得声谱图后与相关数据库比对后确定种类。

4. 生态习性

鸟类的很多行为是具有特征性的，可作为快速识别各大类群的依据。例如，鸻鹬类、鹭科、鹤科种类常在水滨涉水觅食；䴙䴘科（Podicipedidae）、鸬鹚科（Phalacrocoracidae）种类能长时间潜水；鹡鸰科种类的飞行轨迹为波浪形曲线；鸭科种类常站在树顶鸣唱；䴓科（Sittidae）种类可以头朝下在树干上爬行；雉科种类常用脚扒刨地面落叶；隼形目猛禽停栖时常选择悬崖和枯树。

5. 小生境

由于鸟类的适应性极强，栖居同一生境的众多鸟类为了充分利用资源，往往选择不同的生境作为活动区域，这些小生境的选择往往具有鸟种特征性。歌鸲（*Erithacus* spp.）、林鸲（*Tarsiger* spp.）、噪鹛类（*Garrulax* spp.）等常在林地的地被层和灌丛活动；啄木鸟（*Picoides* spp.）、䴓（*Sitta* spp.）、旋木雀（*Certhia* spp.）、山雀（*Parus* spp.）等常在树干活动；绣眼鸟（*Zosterops* spp.）、啄花鸟（*Dicaeum* spp.）、太阳鸟（*Aethopyga* spp.）等则常在花枝取食；很多柳莺常啄食叶片背面的蚜虫；在树顶停歇的有鹎类（*Pycnocotus*, *Spizixos* & *Hypsipetes* spp.）、黄鹂（*Oriolus* spp.）、卷尾（*Dicrurus* spp.）等；城市绿地常有鸫类（*Turdus* spp.）、蜡嘴雀（*Eophona* spp.）、斑鸠（*Streptopelia* spp.）活动。

6. 野外记录

在观察地点及时、准确的记录鸟类的种类、数量、行为，对于有效数据的收集必不可少。此外，记录还应包括观察地点、时间、天气、生境、观察设备以及调查人姓名等信息。对于未能识别的疑难鸟类的记录还要包括体貌特征、生境、行为，或绘制尽可能详尽体现其特征的形态示意图，并描述其鸣叫。

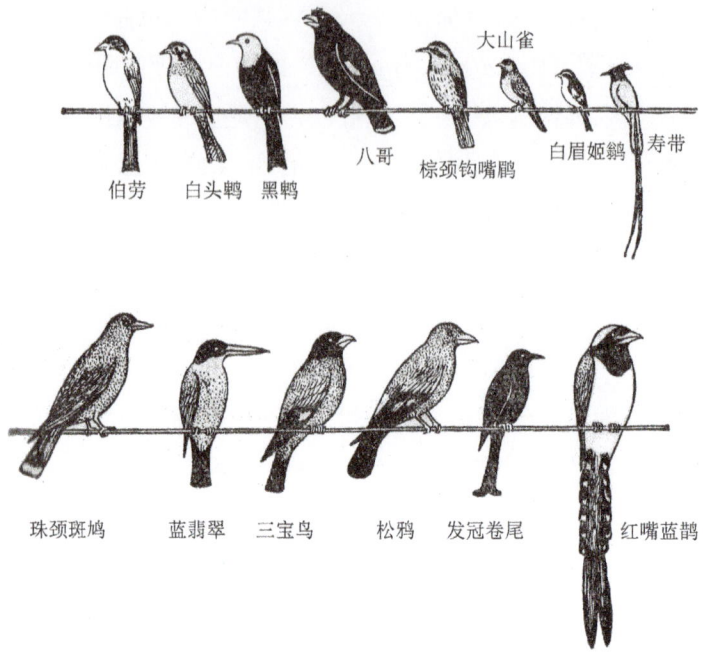

图9　某些鸟类的停歇姿态

图10　游禽类的飞翔和游泳姿态

图11 涉禽类的飞翔和停歇姿态

五、中国及秦岭地区鸟类目、科特征检索

1. 脚适于步行；蹼不发达或缺如 ·· 2
   脚适于游泳；蹼较发达 ··· 43
2. 颈和脚均较短；胫全被羽；无蹼 ·· 3
   颈和脚均较长；胫下部裸出；蹼不发达 ··· 27
3. 嘴爪均特强锐弯曲；嘴基具蜡膜 ·· 4
   嘴爪形或平直或稍曲；嘴基不具蜡膜（鸽形目除外） ··· 9
4. 足呈对趾型；舌厚而为肉质；尾脂腺被羽 ················ 鹦形目（Psittaciformes），
   仅有 1 科——鹦鹉科（Psittacidae）
   足不呈对趾型；舌正常；尾脂腺被羽或裸出 ·· 5
5. 蜡膜裸出；两眼侧置；尾脂腺被羽 ······················· 隼形目（Falconiformes） ···6
   蜡膜被硬须掩盖；两眼向前；外趾能反转；尾脂腺裸出 ··· 鸮形目（Strigiformes）···8
6. 外趾能反转；趾底多刺突；无副羽 ·································· 鹗科（Pandionidae）
   外趾不能反转［渔雕属（Ichthyophaga）除外］；趾底不具刺突；具副羽 ··············· 7
7. 上嘴左右两侧各具单个齿突 ··· 隼科（Falconidae）
   上嘴不具齿突或具双齿突 ··· 鹰科（Accipitridae）
8. 头骨狭长，宽度不及长度的 2/3；面盘完整，下方变狭，呈心脏形；耳突或存或缺；
   中爪具栉缘 ·· 草鸮科（Tytonidae）
   头骨较宽，宽度等于长度的 2/3；面盘或存或缺，存在时几乎呈圆形；无耳突；

中爪不具栉缘 ··· 鸱鸮科（Strigidae）
9. 三趾向前，一趾向后（有时无后趾），各趾彼此分离（极少数除外）············10
   趾不具上列特征 ··14
10. 嘴基有柔软皮肤形成蜡膜 ···11
    嘴全被以硬性角质，基部无蜡膜 ···12
11. 嘴基柔软，被以蜡膜，嘴端膨大而具角质；跗蹠裸出，后趾正常 ······ 鸽形目（Columbiformes），仅 1 科——鸠鸽科（Columbidae）
    嘴基无软膜；跗蹠被羽，后趾退化或全缺 ············ 沙鸡目（Pterocliformes），仅 1 科——沙鸡科（Pteroclidae）
12. 后爪不比其它趾的爪长，雄性多具距 ············ 鸡形目（Galliformes）······13
    后爪较其他爪为长，无距 ··················· 雀形目（Passeriformes）··········58
13. 鼻孔被羽掩盖；跗蹠完全或局部被羽，无距，趾或裸出而具栉缘，或则被羽 ··· 松鸡科（Tetraonidae）
    鼻孔不被羽掩盖；跗蹠不被羽，雄常具距，趾裸出，不具栉缘 ··· 雉科（Phasianidae）
14. 足大都呈前趾型；嘴短阔而平扁，无嘴须 ········· 雨燕目（Apodiformes）······15
    足不呈前趾型；嘴强而不平扁（夜鹰目例外），常具嘴须 ······················16
15. 头无羽冠；跗蹠较第一趾（不连爪）为长，或与之等长 ····· 雨燕科（Apodidae）
    头上具羽冠；跗蹠第一趾（不连爪）为短 ········· 凤头雨燕科（Hemiprocnidae）
16. 足呈异趾型 ············ 咬鹃目（Trogoniformes），仅 1 科——咬鹃科（Trogonidae）
    足不呈异趾型 ···17
17. 足呈对趾型 ···18
    足不呈对趾型 ···21
18. 嘴强直呈凿状；尾羽通常坚挺且尖 ···················· 䴕形目（Piciformes）···19
    嘴端稍曲；不呈凿状；尾羽正常 ·················· 鹃形目（Cuculiformes），仅有 1 科——杜鹃科（Cuculidae）
19. 嘴形直长而尖，呈楔状；跗蹠前缘被盾状鳞；尾羽 12 枚，羽干通常坚硬 ···· 啄木鸟科（Picidae）
    嘴形短强；尾羽 10 枚，羽干柔软 ···20
20. 跗蹠前后缘均被盾状鳞；尾羽 10 枚 ······················· 须䴕科（Capitonidae）
    跗蹠被羽；尾羽 12 枚 ······································ 响蜜䴕科（Indicatoridae）
21. 鼻孔不呈管状；中趾不具栉缘 ···22

	鼻孔呈管状；中爪具栉缘 ················ 夜鹰目（Caprimulgiformes）···26
22.	具扇形羽冠；喙纤细，侧扁而下弯 ············ 戴胜目（Upupiformes），仅 1 科——戴胜科（Upupidae）
	不具扇状羽冠 ··23
23.	体型中等；嘴上无盔突 ······················· 佛法僧目（Coraciiformes）···24
	体型甚大；嘴上通常具盔突 ················ 犀鸟目（Bucerotiformes），仅 1 科——犀鸟科（Bucerotidae）
24.	嘴型细长而下曲 ································· 蜂虎科（Meropidae）
	嘴型粗厚而直 ··25
25.	嘴短；翅形长圆；初级飞羽 10 枚；尾脂腺裸出 ········ 佛法僧科（Coraciidae）
	嘴长；翅形短圆；初级飞羽 11 枚；尾脂腺被羽 ········ 翠鸟科（Alcedinidae）
26.	口盖为索腭型；无尾脂腺；嘴型较大而坚健，上嘴甚曲而具钩，鼻孔上有羽须覆盖 ··· 蛙口夜鹰科（Podargidae）
	口盖为裂腭型；尾脂腺裸出；嘴形短弱，鼻孔呈管状 ··· 夜鹰科（Caprimulgidae）
27.	后趾发达，与前趾位于同一平面（或者后趾退化但前三趾具蹼）；眼先裸出 ···28
	后趾不发达或完全退化 ··31
28.	后趾退化；喙侧扁而高，自中部起下弯，喙缘有栉板 ············ 红鹳目（Phoenicopteriformes），仅 1 科——红鹳科（Phoenicopteridae）
	后趾发达，与前趾位于同一平面；喙长而一般无栉板 ············ 鹳形目（Ciconiiformes） ··29
29.	中趾之爪内侧具栉缘 ························· 鹭科（Ardeidae）
	中趾之爪内侧不具栉缘 ··30
30.	嘴粗厚而侧扁；不具鼻沟 ···················· 鹳科（Ciconiidae）
	嘴呈匙状或筒状，徐向下曲；鼻沟几乎伸至嘴端 ······ 鹮科（Threskiornithidae）
31.	翅大都短圆，第 1 枚初级飞羽较第 2 枚短；眼先被羽或裸出；趾间无蹼，有时具瓣蹼 ······································· 鹤形目（Gruiformes）············32
	翅形尖或长或短，第 1 枚初级飞羽较第 2 枚长或等长 [麦鸡属（*Vanellus*）例外]；眼先被羽；趾间蹼不发达或付缺 ·········· 鸻形目（Charadriiformes）：鸻亚目（Charadrii） ···35
32.	足具 3 趾 ··33
	足具 4 趾 ··34

33. 体型大；翅长 200mm 以上；尾羽 16～18 枚；爪短扁如趾甲 …… 鸨科（Otididae）

    体型小；翅长在 100mm 以下；尾羽 12 枚；爪小而曲 …… 三趾鹑科（Turnicidae）

34. 头顶被羽；后趾几与前趾平置 …………………………………… 秧鸡科（Rallidae）

    头顶上有裸出部；后趾位置较前趾为高 …………………………… 鹤科（Gruidae）

35. 鼻骨呈全鼻型；跗蹠前后缘均被以网状鳞 ……………………… 石鸻科（Burhinidae）

    鼻骨呈裂鼻型；跗蹠具网状鳞或盾状鳞 ……………………………………………36

36. 鼻孔卵圆形，无鼻沟；嘴形宽阔；中爪具栉缘 ………………… 燕鸻科（Glareolidae）

    鼻孔直裂，有鼻沟；嘴形细狭；中爪不具栉缘 ……………………………………37

37. 脚趾均特别延长，后爪较长于后趾 ……………………………… 雉鸻科（Jacanidae）

    脚趾及爪不若上者 ……………………………………………………………………38

38. 跗蹠后侧具盾状鳞，前缘亦被以盾状鳞 ……………………………………………39

    跗蹠后侧具网状鳞，前缘亦常具网状鳞 ……………………………………………40

39. 鼻沟长度不及上嘴之半，嘴近先端处突向下曲；雌鸟较雄鸟大而鲜丽 ‥ 彩鹬科 （Rostratulidae）

    鼻沟长度远超过上嘴之半，嘴形直，有时徐向下曲，有时微向上曲；雄雌羽色、大小相同 ………………………………………………………………… 鹬科（Scolopacidae）

40. 嘴端具隆起 ………………………………………………………… 鸻科（Charadriidae）

    嘴端不具隆起 …………………………………………………………………………42

41. 跗蹠较中趾（连爪）稍长 ……………………………………… 蛎鹬科（Haematopodidae）

    跗蹠较中趾（连爪）长数倍 …………………………………………………………43

42. 喙长而下弯如鹮嘴 ……………………………………………… 鹮嘴鹬科（Ibidorhynchidae）

    喙形直或上翘 …………………………………………………… 反嘴鹬科（Recurvirostridae）

43. 鼻呈管状 ………………………………………………………… 鹱形目（Procellariiformes）…44

    鼻不呈管状 ……………………………………………………………………………46

44. 大趾退化，但仍存在；鼻管左右并列 ………………………… 鹱科（Procellariidae）

    不具大趾 ………………………………………………………………………………45

45. 鼻管位于嘴峰左右两侧 ………………………………………… 信天翁科（Diomedeidae）

    鼻管位于嘴峰之上，左右合并 ………………………………… 海燕科（Hydrobatidae）

46. 趾间具全蹼 ……………………………………………………… 鹈形目（Pelecaniformes）……47

    趾间不具全蹼 …………………………………………………………………………51

47. 趾间蹼呈深凹状；尾呈叉状 …………………………………… 军舰鸟科（Fregatidae）

趾间不呈深凹状；尾呈圆形或楔形 ···48

48. 中央尾羽特长 ··· 鹲科（Phaethontidae）
    中央尾羽不长 ···49
49. 体型甚大；嘴平扁；喉囊大，伸达嘴的全长 ·············· 鹈鹕科（Pelecanidae）
    体型居中；嘴侧扁；喉囊小，仅限于嘴基处 ··50
50. 嘴形细长，嘴端大都具钩 ································ 鸬鹚科（Phalacrocoracidae）
    嘴形粗而稍呈锥状；嘴端不具钩 ······························ 鲣鸟科（Sulidae）
51. 嘴通常平扁，先端具嘴甲；雄性具交接器 ·············· 雁形目（Anseriformes），
    仅有 1 科——鸭科（Anatidae）
    嘴不平扁 ···52
52. 翅尖长；尾羽正常发达 ······ 鸻形目（Charadriiformes）：鸥亚目（Lari）····53
    翅短圆；尾羽短，被覆羽所掩盖 ··57
53. 尾羽甚短；无后趾 ·· 海雀科（Alcidae）
    尾羽正常；后趾存在 ···54
54. 嘴具蜡膜 ··· 贼鸥科（Stercorariidae）
    嘴无蜡膜 ···55
55. 下嘴较上嘴为长，或几乎相等 ························· 剪嘴鸥科（Rynchopidae）
    下嘴不较上嘴为长 ··56
56. 上嘴较下嘴为长，先端曲成钩状或否；尾通常呈方形或楔状 ···· 鸥科（Laridae）
    嘴形直而尖，上下嘴几乎等长；外侧尾羽较中央者长，呈叉尾状 ······· 燕鸥科
    （Sternidae）
57. 向前三趾间具蹼 ············ 潜鸟目（Gaviiformes），仅 1 科——潜鸟科（Gaviidae）
    前三趾各具瓣蹼 ··· 䴙䴘目（Podicipediformes），
    仅具 1 科——䴙䴘科（Podicipedidae）
58. 嘴形粗厚而宽阔；向前三趾基部相并，跗蹠大部由单列大型卷状鳞所包被
    ·· 阔嘴鸟科（Eurylaimidae）
    嘴形不具上列特征；趾不并合，跗蹠不由单列卷状鳞包被 ·····················59
59. 跗蹠后缘钝，具盾状鳞 ·· 百灵科（Alaudidae）
    跗蹠后缘侧扁成棱状，光滑无鳞 ···60
60. 上下嘴前段的嘴缘具细形锯齿 ···61
    嘴缘无锯齿 ···62

61. 翅端圆形，初级飞羽10枚 ································· 花蜜鸟科（Nectariniidae）
    翅端方形，初级飞羽仅9枚，（仅有1种例外） ············· 啄花鸟科（Dicaeidae）

62. 翅端圆形，初级飞羽10枚，其第1枚较最长者略短 ································63
    翅端尖形或方形，初级飞羽大部9枚，若为10枚时，其第1枚特别短小，通称为退化飞羽，其长度一般不超过初级覆羽（少数例外） ····················87

63. 足攀型，后趾（连爪）与中趾（连爪）等长，或则更长；嘴下不具缺刻 ·······64
    足非攀型，后趾（连爪）较中趾（连爪）短；嘴常具缺刻 ··················66

64. 尾羽坚挺 ·· 旋木雀科（Certhiidae）
    尾羽短而且软 ··65

65. 无嘴须；飞羽有绯红色斑 ··· 旋壁雀科（Tichidromidae）
    有嘴须；飞羽无绯红色 ·· 䴓科（Sittidae）

66. 跗蹠被以靴状鳞（除少数例外） ··67
    跗蹠前缘具盾状鳞（有时不很明显） ··73

67. 体羽柔长而疏松，颈项具纤羽如发；跗蹠短弱 ············· 鹎科（Pycnonotidae）
    体羽稠密而结实，颈项不具发状纤羽；跗蹠粗长 ································68

68. 嘴形较粗；最外侧初级飞羽达其内侧者4/5的长度 ············· 八色鸫科（Pittidae）
    嘴形似鸫或较细；最外侧初级飞羽较短，不及其内侧者4/5的长度 ···········69

69. 无嘴须；尾短 ·· 河乌科（Cinclidae）
    有嘴须；尾较长 ···70

70. 嘴粗健而侧扁，缺刻明显；翅长而平 ······················· 鸫科（Turdidae）
    嘴形细尖，缺刻不显著；翅短而凹 ··71

71. 尾较长，停栖及炫耀时常树立并展开如扇 ··············· 扇尾莺科（Cisticolidae）
    尾通常较短，尾长的种类身体有鲜亮的绿色、紫色斑块，或少有翘尾行为 ···72

72. 头上具金黄色羽冠 ··· 戴菊科（Regulidae）
    头上无金黄色羽冠 ·· 莺科（Sylviidae）

73. 鼻孔全被羽 ···74
    鼻孔裸露 ···78

74. 第1枚初级飞羽超过第2枚长度的一半 ···75
    第1枚初级飞羽不及第2枚长度的一半 ···76

75. 体型较大，翅长超过120 mm；嘴形粗长；体羽结实而有光泽 ··· 鸦科（Corvidae）
    体型较小，翅长不及100 mm；嘴形短厚，似鹦鹉嘴状；体羽较松 ········ 鸦雀科

（Paradoxornithidae）

76. 巢呈囊状，悬于树枝梢端 ··· 攀雀科（Remizidae）
    巢呈杯状，营于树洞或岩隙间［地山雀（*Pseudopodoces humilis*）在地面挖洞筑巢］ ··· 77

77. 尾较长；最外侧尾羽与尾端的距离约为后趾（连爪）的长度 ······ 长尾山雀科（Aegithalidae）
    尾较短；最外侧尾羽与羽端的距离近为后爪的长度 ············· 山雀科（Paridae）

78. 鼻孔完全裸漏 ··· 79
    鼻孔多少有羽或须遮蔽（莺科中有例外） ··· 80

79. 体型较大，翅长超过 100 mm，尾长超过 60 mm；嘴须存在 ··· 黄鹂科（Oriolidae）
    体型较小，翅长不及 60 mm，尾长不及 50 mm；无嘴须 ··· 鹪鹩科（Troglodytidae）

80. 腰的羽轴坚硬 ··· 81
    腰羽的羽轴正常 ··· 82

81. 尾呈凸尾状 ·· 山椒鸟科（Campephagidae）
    尾呈平尾状；嘴尖具显著的钩 ···································· 盔鵙科（Prionopidae）

82. 嘴强壮而侧扁，上嘴具钩与缺刻，并常有齿突 ············ 伯劳科（Laniidae）
    嘴形较细，常具缺刻，钩与缺刻均存在时，嘴多少呈平扁状 ············ 83

83. 体羽纯黑或暗灰；尾羽 10 枚，呈深叉状 ················· 卷尾科（Dicruridae）
    体羽非纯黑成暗灰；尾羽 12 枚，不呈深叉状 ······································ 84

84. 体羽主要为蓝或黄色或黄绿色；跗蹠较嘴（从嘴角量起）短 ·············· 85
    羽色各异，颈无发伏纤羽；跗蹠较嘴（从嘴角量起）长 ······ 画眉科（Timaliidae）

85. 枕部具发状羽 ·· 和平鸟科（Irenidae）
    枕部不具发状羽 ··· 86

86. 体羽大都是黄色或黄绿色 ································· 雀鹛科（Aegithdidae）
    体羽大都草绿色 ··· 叶鹎科（Chloropseidae）

87. 第 1 枚飞羽（最外侧的退化飞羽若存在时，亦不计入）最长，其内侧数羽突然短缩，因而成尖形翼端 ··· 88
    第 1 枚飞羽（最外侧的退化飞羽除外）与其内侧数羽几相等长，因而成方形翼端 ··· 91

88. 嘴短阔而平扁；初级飞羽仅 9 根；脚细弱 ···················· 燕科（Hirundinidae）
    嘴短强且不平扁；初级飞羽 10 枚，其最外侧者非常退化；脚正常 ············ 89

89.	翅长达于尾羽之后 ··· 燕鵙科（Artamidae）	
	翅长不达于尾羽之后 ··· 90	
90.	翅与尾无辉斑 ··· 椋鸟科（Sturnidae）（部分）	
	翅与尾均具辉斑 ·· 太平鸟科（Bombycillidae）	
91.	初级飞羽9枚，最长的次级飞羽接近翼端；后爪常特长 ··· 鹡鸰科（Motacillidae）	
	初级飞羽10枚（燕雀科 Fringillidae 及部分雀科 Passeridae 例外），其最外侧者非常退化，最长的次级飞羽仅达翅长之半或稍超过；后爪正常 ······································· 92	
92.	嘴粗短，呈圆锥状 ··· 93	
	嘴不呈圆锥状 ·· 97	
93.	初级飞羽10枚 ·· 94	
	初级飞羽9枚 ·· 95	
94.	第一枚飞羽较长，超过大覆羽端 ··································· 织雀科（Ploceidae）	
	第一枚飞羽较短，不超过大覆羽端 ······························· 梅花雀科（Estrididae）	
95.	嘴成圆锥状而较尖，粗短强厚，闭嘴时上下嘴间有缝隙；外侧尾羽内翈多白色 ·· 鹀科（Emberizidae）	
	具短、健而尖的嘴；脚强健；翼圆；闭嘴时上下嘴之间无缝隙 ···················· 96	
96.	巢呈曲瓶状，即营巢于壁龛或树洞内 ······························ 雀科（Passeridae）	
	巢无覆盖，置于地面 ··· 燕雀科（Fringillidae）	
97.	嘴型平扁 ·· 98	
	嘴不扁平 ··· 100	
98.	尾较翅短 ·· 鹟科（Muscicapidae）	
	尾较翅长，或与翅等长 ·· 99	
99.	尾常略上翘，展开如扇 ··· 扇尾鹟科（Rhipiduridae）	
	尾几乎不上翘；头有羽冠或体多蓝色 ···························· 王鹟科（Monarchinae）	
100.	体型纤小；翅长不及60mm，退化飞羽形小而具锐端，并呈镰刀状；上体几纯绿色，眼周具白环 ·· 绣眼鸟科（Zosteropidae）	
	体型适中；翅长超过60mm，退化飞羽稍大而具圆端；上体无绿色，眼周无白环 ··· 101	
101.	鼻孔被以盖膜，完全裸露，嘴须存在 ····························· 岩鹨科（Prunellidae）	
	鼻孔盖膜被羽掩覆，无嘴须［鹩哥属（*Gracula*）除外］···· 椋鸟科（Sturnidae）（部分）	

六、秦岭地区鸟纲各目、科的简要特征

（一）䴙䴘目（Podicipediformes）

世界性分布，温、热带居多；中等游禽，善潜水；趾具分离的瓣蹼；羽毛松软；营水面浮巢。

1. 䴙䴘科（Podicipedidae） 特征同目。代表种类有小䴙䴘（*Tachybaptus ruficollis*）、凤头䴙䴘（*Podiceps cristatus*）和黑颈䴙䴘（*P. nigricollis*）等。

（二）鹈形目（Pelecaniformes）

大型游禽。翅长而尖；喙长而末端具钩，具发达喉囊，适于捕鱼；4趾具全蹼。

2. 鹈鹕科（Pelecanidae） 大型游禽。喙长，上喙末端下弯呈钩状；下喙下缘具巨型喉囊；体羽白、灰或褐色；尾短圆；广布于各大陆温带水域。代表种类有卷羽鹈鹕（*Pelecanus crispus*）等。

3. 鸬鹚科（Phalacrocoracidae） 喙呈圆柱状，末端具钩；喉囊不显著；羽色多黑；广布于温热带内陆及沿海。代表种类如普通鸬鹚（*Phalacrocorax carbo*）等。

（三）鹳形目（Ciconiiformes）

大中型涉禽。栖于水边，涉水生活；嘴、颈和腿均长；胫部裸露；趾细长，4

趾位于同一平面；雏鸟晚成。

4. 鹭科（Ardeidae）　中趾爪内侧具栉状突；具蓑羽，部分种类具冠羽；飞行时颈部收缩呈"S"型，腿向后伸直；广泛分布于温带和热带地区。代表种类有白鹭（*Egretta garzetta*）、苍鹭、夜鹭（*Nycticorax nycticorax*）和牛背鹭等。

5. 鹳科（Ciconiidae）　大型涉禽；中趾爪内侧不具栉状突；飞行时颈部和腿都伸直；广布于温热带地区。代表种类有黑鹳（*Ciconia nigra*）、东方白鹳（*C. boyciana*）等。

6. 鹮科（Threskiornithidae）　喙细长而下弯（鹮类）或先端扁平如匙状（琵鹭）；头部近喙基处裸露；一般体羽纯色（或黑或白），少数个体羽色艳丽；广布于温热带地区。代表种类如朱鹮、白琵鹭等。

（四）雁形目（Anseriformes）

大中型游禽。嘴扁而端部具加厚的嘴甲，边缘具梳状栉板；腿后移，前3趾具蹼；翼上有闪金属光泽的绿、紫或白色翼镜；尾脂腺发达；雄性具交配器官；早成鸟。

7. 鸭科（Anatidae）　特征同目。代表种类有大天鹅（*Cygnus cygnus*）、绿头鸭（*Anas platyrhynchos*）、斑嘴鸭（*A. poecilorhyncha*）和普通秋沙鸭（*Mergus merganser*）等。

（五）隼形目（Falconiformes）

体多大中型。嘴具利钩；脚强大而爪锐利；善疾飞或翱翔；视力敏锐；通常雌鸟体型略大；肉食性；雏鸟晚成。

8. 鹗科（Pandionidae）　体型中等。外趾可向后反转，形成对趾，趾上布满刺状鳞，仅有1种——鹗（*Pandion haliaetus*）。

9. 鹰科（Accipitridae）　体型大小不一。上喙先端两侧无齿状突；嘴基蜡膜或被羽须；翼短而圆；尾羽通常12枚；善飞翔；食中小型鸟类、啮齿类或鱼类。代表种类如金雕（*Aquila chrysaetos*）、普通鵟（*Buteo buteo*）和赤腹鹰等。

10. 隼科（Falconidae）　中小体型。上喙先端钩曲，边缘具齿状突；翅尖长，飞翔迅速；能在空中悬停或追捕猎物，以昆虫、小型鸟类和啮齿类为食。代表种类如猎隼（*Falco cherrug*）、红隼（*F. tinnunculus*）等。

（六）鸡形目（Galliformes）

适于地面行走。腿脚强健，适于掘土采食；嘴强大而上嘴弓形；嗉囊发达；翼短圆不善飞翔；雌雄多异型，雄性羽色艳丽；有复杂的求偶行为；雏鸟晚成。

11．雉科（Phasianidae） 嘴短而强健，先端微曲；头侧常有裸区，头顶或具羽（肉）冠；颔下或具肉垂；翅稍短圆，尾型不一；跗蹠裸露或局部被羽，雄性常具距或疣状突；趾裸出，后趾位置稍高；雌雄异型或同型，前者雄性羽色艳丽多姿。代表种类有红腹锦鸡、血雉、白冠长尾雉和环颈雉（*Phasianus colchicus*）等。

（七）鹤形目（Gruiformes）

多为涉禽。嘴、颈、腿细长；胫下部裸出，蹼不发达，适于涉水；后趾小，位置较高，不与其它三趾在一个平面上；无嗉囊，气管长而弯曲，鸣声高亢；早成鸟。

12．三趾鹑科（Turnicidae） 体型和习性似鹌鹑，多数缺少后趾；一雌多雄制，雌鸟体型较大，羽色鲜艳，向雄鸟求偶；雄鸟孵卵。代表种类如黄脚三趾鹑（*Turnix tanki*）。

13．鹤科（Gruidae） 大型涉禽。头顶裸出；4趾皆存在，后趾小，位置稍高；沼泽营巢，河流、湖泊觅食；早成鸟。代表种类有丹顶鹤、灰鹤（*Grus grus*）和蓑羽鹤（*Anthropoides virgo*）等。

14．秧鸡科（Rallidae） 中型涉禽。喙短而强；跗跖长，4趾在同在一平面；趾间无蹼或具瓣蹼。代表种类有普通秧鸡、骨顶鸡、黑水鸡和白胸苦恶鸟（*Amaurornis phoenicurus*）等。

15．鸨科（Otididae） 体型大。足仅具前三趾，后趾缺。代表种类如大鸨。

（八）鸻形目（Charadriiformes）

中小型涉禽。种类繁多，主要分布于北半球；体多沙土色，善奔跑；翼尖善飞；具涉禽外观，但嘴型变异较大；多为迁徙种类；单配或多配制；早成或晚成鸟。

16．水雉科（Jacanidae） 中型涉禽。喙较细长，上喙基部有小的肉斑板，翅肩部有距。前4枚初级飞羽等长，尾一般较短，仅水雉属尾特长。全部四趾较大而长，并带有长而硬的爪，大趾特别长。水边筑巢。以昆虫、小动物和植物种子为食。代表种类如水雉（*Hydrophasianus chirurgus*）。

17. 彩鹬科（Rostratulidae）　中型涉禽。喙长直，先端膨大；跗蹠及趾细长；两性异型，雌鸟体大而羽色华丽，一雌多雄，雄性孵卵育雏；广布于旧大陆南部。代表种类如彩鹬（*Rostratula benghalensis*）。

18. 鹮嘴鹬科（Ibidorhynchidae）　大中型涉禽。嘴长，前半段向下曲，先端钝圆。鼻沟超过嘴长之半。翅方形，外侧3枚初级飞羽几等长，与内侧次级飞羽也几乎等长。跗蹠部短.被网状鳞，无后趾，中、外趾之间具微蹼，内趾和中趾间无蹼。代表种类有鹮嘴鹬（*Ibidorhyncha struthersii*）等。

19. 反嘴鹬科（Recurvirostridae）　大中型涉禽。喙长而直，先端上翘或下弯；跗蹠更细长；后趾短小，前趾间具微蹼；广布于各大陆温热带淡水水域。代表种类有反嘴鹬等。

20. 燕鸻科（Glareolidae）　小型涉禽。喙短基宽，先端下曲；翼长而尖，尾叉形，善飞；腿稍短，外侧趾与中趾间具微蹼，中趾爪内侧具栉突；上体褐灰色，下体白；食各种昆虫；见于旧大陆温热带水域。代表种类有普通燕鸻（*Glareola maldivarum*）。

21. 鸻科（Charadriidae）　中小型涉禽。喙短直而先端较宽；上体褐、黑、灰色，下体白；后趾多缺如，脚、趾粉、绿或黄色。世界各地沿海及淡水水域均可见到。代表种类有金眶鸻（*Charadrius dubius*）、剑鸻（*C. hiaticula*）等。

22. 鹬科（Scolopacidae）　中小型涉禽。喙型多样，短直、长直或长而下曲；体色多斑驳暗淡；多具4趾。繁殖于北半球高纬度地区，南迁时见于各地。代表种类有红脚鹬（*Tringa totanus*）、矶鹬（*Actitis hypoleucos*）等。

23. 鸥科（Laridae）　体型大小不一。喙强侧扁，先端具钩；翼尖长，尾圆形，善飞翔；腿短，前3趾具蹼，后趾小而高位；体羽灰褐，腹羽白色；沿海或内陆水域活动，以鱼虾等水生动物为食；遍布全球。代表种类有遗鸥（*Larus relictus*）、红嘴鸥（*L. ridibundus*）等。

24. 燕鸥科（Sternidae）　喙先端不具钩；尾叉形；其他同鸥科。代表种类有普通燕鸥（*Sterna hirundo*）等。

（九）沙鸡目（Pterocliformes）

中等体型的地栖鸟类。喙似鸡类，但稍小而弱，无蜡膜。翼长甚尖，尾羽中央一对延长。腿短，跗蹠及趾全部被羽。雏鸟早成型。飞翔迅速有声。在灌丛、沙石凹窝中筑巢。以植物种子和果实为食，分布于非洲和欧洲等地，我国分布于东北全境、西藏、青海、新疆等地。

25. 沙鸡科（Pteroclidae）　　体羽沙黄；喙短而强，似鸡喙适于啄食草籽；嘴基不具蜡膜；中央尾羽特长；腿短，趾粗壮，基部连并，跗蹠及趾被羽，后趾缺失；荒漠、半荒漠生活。代表种类有毛腿沙鸡等。

（十）鸽形目（Columbiformes）

中小型地栖或树栖鸟类。体羽密而柔软，灰褐为主；喙短细弱，基部具蜡膜；腿短，脚强健，具钝爪，适于奔走和掘土觅食；翼长而尖，飞行迅速；嗉囊发达，多具嗉囊腺，以"鸽乳"育雏；栖息于森林、草原、平原地带。

26. 鸠鸽科（Columbidae）　　特征同目。代表种类有山斑鸠（*Streptopelia orientalis*）、珠颈斑鸠等。

（十一）鹃形目（Cuculiformes）

中型攀禽。嘴纤细，先端微下曲，色泽鲜艳；腿短而弱，对趾型或转趾型足，适于攀缘树栖；翅、尾长，尾圆形；某些种类有巢寄生习性，雏鸟晚成型。

27. 杜鹃科（Cuculidae）　　特征同目。代表种类有大杜鹃、四声杜鹃等。

（十二）鸮形目（Strigiformes）

夜行性猛禽。具钩嘴利爪，嘴基具蜡膜；具面盘，两眼前视；转趾型足，脚趾被羽；体羽柔软，飞行无声，羽色多褐；林栖，以昆虫、鼠类、小鸟等为食。

28. 鸱鸮科（Strigidae）　　特征同目。代表种类有长耳鸮（*Asio otus*）、斑头鸺鹠等。

（十三）夜鹰目（Caprimulgiformes）

夜行性攀禽。喙短而宽，口裂极大，口须极发达，适于飞行捕食；翼尖长，具有夜鹰式的飞行方式，迅速敏捷；尾长圆形；腿短弱，跗蹠被羽，并趾足，中趾爪内侧具栉缘；体羽松软，黑、褐、白色混杂斑驳；雏鸟晚成型。

29. 夜鹰科（caprimulgidae）　特征同目。代表种类如普通夜鹰。

（十四）雨燕目（Apodiformes）

小型攀禽。喙型多样；翼尖长适疾飞或短圆可悬停；腿短而弱，跗蹠多被羽；唾液腺发达；雌雄同色，羽多具光泽；雏鸟晚成型；广布全球。

30. 雨燕科（Apodidae）　体型似燕。喙短口裂大；跗蹠被羽或裸露；前趾型或后趾可转动，适于悬崖停息；体羽多黑褐；集大群活动；以唾液混合蕨类、草茎等物筑巢（燕窝）；雏鸟晚成。代表种类有白腰雨燕（*Apus pacificus*）、小白腰雨燕（*A. nipalensis*）等。

（十五）佛法僧目（Coraciiformes）

小型至大型攀禽。喙型多样；腿短、脚弱、并趾型；翅短圆；洞穴筑巢，雏鸟晚成；全球广布，温热带居多。

31. 翠鸟科（Alcedinidae）　中小体型。喙粗长而直，先端尖锐沾红；腿短弱，并趾型；翅短圆，常直线低平速飞；体羽紧密不沾水，以蓝、绿、栗、白色为主；多以伏击式捕食水中鱼类。代表种类有普通翠鸟（*Alcedo atthis*）、蓝翡翠等。

32. 佛法僧科（Coraciidae）　喙大，近尖端部分有缺刻，嘴峰圆形，鼻孔近嘴的基部。有长羽冠，翼长而阔，平尾型尾羽。腿短而弱，趾三前一后，外趾和中趾基部相并，内趾和中趾基节并合。雌雄相似，幼鸟与成鸟相似。羽色华丽。多洞巢，以大昆虫、小型哺乳动物和两栖类为食。代表种类三宝鸟等。

（十六）戴胜目（Upupiformes）

单科单属仅1种（戴胜）；中等攀禽；喙细长而尖端下曲；第三、四趾基部连并；翅宽圆、尾长呈方形；具扇状羽冠；体羽土棕色，翅、尾上具显著黑白斑；分布于平原、林区、高原等多种生境；广布于旧大陆温热带。

33. 戴胜科（Upupidae）　特征同目。仅有1种——戴胜。

（十七）䴕形目（Piciformes）

中小型攀禽。喙粗长直如凿状；舌可伸出口外钩取昆虫；趾对趾型；尾羽羽干坚硬支撑身体；以树皮下昆虫为食；森林活动；雏鸟晚成。

34. 啄木鸟科（Picidae） 特征同目。代表种类如大斑啄木鸟（*Dendrocopos major*）、灰头绿啄木鸟（*Picus canus*）等。

（十八）雀形目（Passeriformes）

中小型鸣禽。喙型多样以适合各种生活习性；鸣管、鸣肌结构复杂，善于鸣啭；离趾型足；跗蹠后鳞片整块愈合；大多筑巢精巧；雏鸟晚成；生活于多种生态环境中，有5000种之多，占鸟类种类的50%以上。

35. 百灵科（Alaudidae） 小型鸣禽。体型和羽色似麻雀；腿脚强健，后趾具长爪，地栖；喙短而直，啄食种子；翅长而尖，三级飞羽较长；尾羽中等长度，具浅叉；繁殖期雄性鸣声洪亮婉转，求偶飞行复杂，可悬停空中；地面营巢；多数种类见于旧大陆草原、荒漠、半荒漠地带。代表种类如凤头百灵（*Galerida cristata*）、云雀等。

36. 燕科（Hirundinidae） 小型鸣禽。喙短扁,基部宽阔；翅长而尖；尾叉形；腿短而弱；善高空疾飞啄取昆虫，迅速而敏捷；雌雄同色，体羽多黑色或灰褐；世界分布,高纬度地区为迁徙种类。代表种类有家燕(*Hirundo rustica*)、金腰燕(*Cecropis daurica*)等。

37. 鹡鸰科（Motacillidae） 小型鸣禽。体型纤细；喙细长；翅长而以三级飞羽为甚；尾细长而频繁上下晃动；腿细长而后趾具爪，适于地面行走；呈波浪式飞行；全球广布，高纬度地区具迁徙习性。代表种类有白鹡鸰、灰鹡鸰（*Motacilla cinerea*）、树鹨（*Anthus hodgsoni*）等。

38. 山椒鸟科（Campephagidae） 中小型鸣禽。体型细长；喙短宽先端下曲；翅中等；尾细长；腿短弱，喜停歇于乔木顶端；雏鸟、常呈较大群体于悬崖林冠上空飞行；体羽松软，腰羽羽干直而硬；雌雄异型，雄鸟红黑两色，雌鸟橄榄褐、黄色；见于旧大陆温热带地区，有迁徙行为。代表种类有长尾山椒鸟（*Pericrocotus ethologus*）、小灰山椒鸟（*P. cantonensis*）等。

39. 鹎科（Pycnonotidae） 中小型鸣禽。体型粗长；喙细尖，先端微下曲；翅短圆；尾细长，方形或圆形；腿短；体羽松软；某些种类具不显著羽冠；喜停歇于乔木顶端鸣唱；主要分布于非洲、南亚至热带地区。代表种类有黄臀鹎(*Pycnonotus xanthorrhous*)、领雀嘴鹎等。

40. 太平鸟科（Bombycillidae） 小型鸣禽。体羽松软，以灰褐、黑色为主，头顶具长羽冠；嘴短而基部宽；鼻孔圆形被以盖膜；翅圆或尖；腿短，爪长而曲；两性羽色相似；以浆果为食，兼食昆虫；广布于古北界北部。代表种类如太平鸟（*Bombycilla garrulus*）。

41. 伯劳科（Laniidae） 中小型鸣禽。嘴粗壮而侧扁，先端具利钩或齿突；翅短圆；尾长；跗蹠强健，趾具钩爪；常具过眼纹；性刚烈，以昆虫、鼠、蛙、蜥蜴或小鸟等为食；见于除澳洲、中南美之外的所有大陆，具迁徙行为。代表种类有红尾伯劳（*Lanius cristatus*）、棕背伯劳等。

42. 黄鹂科（Oriolidae） 中型鸣禽。喙约等于头长，粗壮而先端下曲；鼻孔裸露，覆以薄膜；翅尖长；尾短圆；体色艳丽，以黄、红、黑色等组合；常于树冠部隐身，鸣唱洪亮悦耳；以昆虫、浆果等为食；分布于欧、亚、非洲的温热带地区。代表种类如黑枕黄鹂。

43. 卷尾科（Dicruridae） 中型鸣禽。喙基宽阔，先端下曲并具锐钩，有口须；鼻孔被羽；翅尖，尾尖长呈叉形，某些种类外侧尾羽上卷；腿脚强健，爪钩状；性格凶猛，具较强的领域性；分布于旧大陆温热带地区。代表种类有黑卷尾、发冠卷尾（*Dicrurus hottentottus*）等。

44. 椋鸟科（Sturnidae） 中小型鸣禽。喙长直，先端稍下曲；翅圆或尖形；尾中等呈方形；羽色多具黑色金属光泽；喜集群；杂食性；广布于旧大陆；具迁徙行为。代表种类有灰椋鸟（*Sturnus cineraceus*）、八哥（*Acridotheres cristatellus*）等。

45. 鸦科（Corvidae） 中大型鸣禽。羽色以灰、褐、黑、蓝为主并闪烁金属光泽；喙长而粗壮，先端下曲；翅短圆；尾短而圆或长凸形；腿脚强健，适于地面行走；喜集群；鸣声嘶哑；智商高；杂食或腐食性，善清理城镇垃圾；分布遍及全球。代表种类有大嘴乌鸦（*Corvus macrorhynchos*）、灰喜鹊（*Cyanopica cyanus*）和松鸦等。

46. 河乌科（Cinclidae） 中小型鸣禽。喙长直而先端微下曲；鼻孔被盖膜；翅短圆；尾短；腿较长，趾爪长而健，适于水边行走；雌雄同色，黑褐为主；常于水面疾飞鸣叫；浅水中觅食昆虫，可潜水捕鱼；在欧、亚、美洲呈间断分布。代表种类如褐河乌（*Cinclus pallasii*）等。

47. 鹪鹩科（Troglodytidae） 小型鸣禽。喙细而侧扁；翅短圆；尾羽极短；腿脚趾强健，适于水边行走；羽色黑褐而具横斑；以昆虫为食；多见于美洲，欧、亚、非洲大陆仅有一种——鹪鹩（*Troglodytes troglodytes*）。

48. 岩鹨科（Prunellidae） 中小型鸣禽。喙细尖，中部明显侧扁；鼻孔斜形，具盖膜；翅尖；尾长而端部微凹；腿脚健壮，后趾具长爪；体羽多橄榄褐，有杂斑；以昆虫、果实、种子为食；习见于古北界。代表种类有棕胸岩鹨（*Prunella strophiata*）、鸲岩鹨等。

49. 鸫科（Turdidae） 中型鸣禽。喙较短健，平滑，上喙尖端常具小缺刻；鼻孔裸露，与额界限分明。翼长而平，尾外形不一。腿健壮，跗蹠部强而长，多数种类具有靴状鳞。多地栖性，善奔跑。杯状开放性巢，以昆虫盒植物果实为食。世界广布。代表种类有斑鸫（*Turdus naumanni*）等。

50. 鹟科（Muscicapidae） 小型至中型鸣禽。口裂大，喙基有须状羽，适于在空中飞捕昆虫。翅一般短圆，善飞。代表种类如白眉姬鹟（*Ficedula zanthopygia*）等。

51. 王鹟科（Monarchinae） 小型鸣禽。嘴扁，基部宽，许多种类有羽冠和眼部肉垂，尾相对较短；某些种的雄鸟在繁殖期尾羽长，羽衣呈带光泽的黑、白和赤褐色的混合色。足小。主要生活在温暖的林中，食昆虫，常在叶丛中啄食而不是在飞行中取食。代表种类有寿带（*Terpsiphone paradisi*）等。

52. 画眉科（Timaliidae） 中小型鸣禽。嘴通常很硬，嘴缘光滑，上嘴端部无钩，有时微具缺刻；嘴形大都直而侧扁，有时下曲。两翅短圆，整个翅形稍呈凹状。尾的长度一般适中，呈凸尾状，个别种类尾极短。两脚强健，善于奔驰和跳跃；跗蹠前缘具盾状鳞。主要在密林、树丛、竹丛、矮树，特别是林中灌木丛间活动。大多数种类在树木的枝桠或灌木丛间筑巢，主食昆虫，兼食果实及其他植物性物质。代表种类有画眉、大噪鹛（*Garrulax maximus*）等。

53. 鸦雀科（Paradoxornithidae） 中小型鸣禽。喙形短而特厚，嘴峰呈圆拱型。鼻小而全被细羽遮盖。翼短而圆，尾楔形，体羽丰满而软柔。跗蹠及趾、爪等均强壮，雌雄同色；幼鸟与成鸟也很相似。性好群栖，常结群匿栖或穿梭在芦苇、灌木丛及矮林间，飞行仅短距离。以昆虫为主食物，兼吃植物种子。杯状巢置于灌木的枝杈间，距地面约1米。代表种类有棕头鸦雀（*Paradoxornis webbianus*）等。

54. 扇尾莺科（Cisticolidae） 小型鸣禽。喙细尖，有两个短的嘴须，无副须，头前光滑。尾羽通常宽而较短，末端可能色浅，冬季明显长于夏季，有较大变异。栖居于草原、多刺灌木丛以及沼泽地。代表种类有棕扇尾莺（*Cisticola juncidis*）等。

55. 莺科（Sylviidae） 小型鸣禽。喙较细，边缘光滑。两翼短圆。跗蹠细而短，前缘具靴状鳞。生活于耕田、沼泽、草地、灌丛及森林等各种环境，以昆虫为食。

鸣声尖细而清晰。代表种类有黄腰柳莺（*Phylloscopus proregulus*）等。

56. 戴菊科（Regulidae） 小型鸣禽。小型鸣禽。喙小而直，嘴小于头长的一半，嘴须存在。翼短而圆，尾短于翼，体羽松软且厚，跗蹠部长。代表种类有戴菊（*Regulus regulus*）等。

57. 绣眼鸟科（Zosteropidae） 小型鸣禽。体多绿色；眼周具一圈白色羽毛；喙细小稍下曲；鼻孔被摸；翅尖尾短平；雌雄同色；以昆虫、果实为食；常呈小群在树丛中跳跃；见于东洋界。代表种类如暗绿绣眼鸟（*Zosterops japonicus*）、红胁绣眼鸟等。

58. 攀雀科（Remizidae） 小型鸣禽。喙尖锥状；翅短而尖；尾短呈方形或凹形；喜在树干上下攀爬觅食；营悬垂袋状巢；见于古北界。代表种类如火冠雀（*Cephalopyrus flammiceps*）等。

59. 长尾山雀科（Aegithalidae） 小型鸣禽。喙短略呈锥状；翅短圆；尾形长以至甚长；腿脚健壮，爪钝；长尾山雀性活泼，以昆虫种子为食。通常结小群生活。营袋状巢悬于树上。见于古北界和北美。代表种类红头长尾山雀（*Aegithalos concinnus*）、银脸长尾山雀等。

60. 山雀科（Paridae） 小型鸣禽。喙短略呈锥状；翅短圆；尾方或圆；腿脚健壮，爪钝；雌雄同色；性活跃，常于枝头鸣唱跳跃；非繁殖期成群；昆虫为食；见于古北界和北美。代表种类有大山雀（*Parus major*）、沼泽山雀（*P. palustris*）等。

61. 䴓科（Sittidae） 小型鸣禽。喙强直而尖；翅短圆；脚趾强健，爪长而弯；体羽灰蓝，具黑色过眼纹；雌雄同色；常在树干觅食昆虫；分布于全北界和东洋界。代表种类有普通䴓、白脸䴓（*Sitta leucopsis*）等。

62. 旋壁雀科（Tichidromidae） 中小体型鸣禽，体羽灰色。喙细长而较直，长于头。翼特大，圆而不尖，具醒目的绯红色斑纹，尾短。跗蹠部光滑，后爪大于后趾。可在岩崖峭壁上攀爬。代表种类红翅旋壁雀（*Tichodroma muraria*）等。

63. 旋木雀科（Certhiidae） 小型鸣禽。喙细长而下弯；鼻孔裂缝状；翅短圆；尾楔形；常沿树干绕圈螺旋上行觅食昆虫；营巢于树皮裂缝中；全北界分布。代表种类如欧亚旋木雀（*Certhia familiaris*）等。

64. 啄花鸟科（Dicaeidae） 旧大陆体型最小的鸟类。喙尖细,先端具锯齿翅、尾短；雌雄异色，雄性羽色艳丽；呈小群在树冠部穿梭飞行；鸣声尖细；食昆虫、花蜜和果实；营悬垂袋状巢；见于东洋界。代表种类如红胸啄花鸟（*Dicaeum ignipectus*）等。

六、秦岭地区鸟纲各目、科的简要特征

65. 花蜜鸟科（Nectariniidae）
小型鸣禽。体纤细；体态玲珑；喙细长而下弯；舌管状，先端分叉，富伸缩性；翅短圆；尾型多样；腿细长；雌雄异色，雄鸟羽色华丽且具金属光泽，雌鸟多橄榄绿色；性活跃，常呈小群在开花的树冠部吵杂觅食花蜜和昆虫；雄性营袋状巢；见于非洲、亚洲南部和大洋洲。代表种类如蓝喉太阳鸟（*Aethopyga gouldiae*）等。

66. 雀科（Passeridae）
小型鸣禽。喙粗壮呈圆锥形；9枚初级飞羽；12枚尾羽；腿脚强健，适于树栖和地面行走；羽色多样；非繁殖期成群；见于世界各地。代表种类有麻雀（*Passer montanus*）等。

67. 梅花雀科（Estrididae）
小型鸣禽。喙圆锥形，有鲜明色彩。体羽色彩华丽，有白斑。尾尖而长。栖息于林中，巢很大，出入口开于侧面，主要以植物种子为食。代表种类白腰文鸟（*Lonchura striata*）等。

68. 燕雀科（Fringillidae）
体形中小型。喙强而尖长，嘴峰直。鼻孔卵圆形，翼及尾均黑色，翼长，有醒目的白色"肩"斑和棕色的翼斑，且初级飞羽基部具白色点斑。尾微呈叉状。跗蹠部短而强健，粉褐色。于落叶混交林及林地、针叶林林间空地越冬。代表种类燕雀（*Fringilla montifringilla*）、金翅雀（*Carduelis sinica*）和酒红朱雀等。

69. 鹀科（Emberizidae）
小型鸣禽。喙短粗呈圆锥形；食性、行为、羽色变化较大；雌雄同色或异色，体色多似麻雀；尾长而外侧尾羽内侧白色；飞行时闪烁可见；常在灌丛、草地觅食植物种子；非繁殖期成群活动；见于世界各地。曾作为雀科的亚科——鹀亚科（Emberizinae），现独立成科，种类较多。代表种有黄喉鹀（*Emberiza elegans*）、小鹀（*E. pusilla*）和蓝鹀等。

七、秦岭地区的鸟类组成

（一）秦岭地区鸟类目、科、属、种的组成

秦岭地区拥有鸟类 18 目 69 科 218 属 494 种，具体科、属、种的组成见表 2。

表2　秦岭地区鸟类目科属种组成

目（Order）名称	科（Family）名称	数量	属（Genus）名称	数量	种数
I. 䴙䴘目 Podicipediformes	1. 䴙䴘科 Podicipedidae	1	Tachybaptus Podiceps	2	1 2 （3）
II. 鹈形目 Pelecaniformes	2. 鹈鹕科 Pelecanidae 3. 鸬鹚科 Phalacrocoracidae	2	Pelecanus Phalacrocorax	2	1 1 （2）
III. 鹳形目 Ciconiiformes	4. 鹭科 Ardeidae 5. 鹳科 Ciconiidae 6. 鹮科 Threskiornithidae	3	Ardea Butorides Ardeola Bubulcus Egretta Nycticorax Ixobrychus Dupetor Botaurus Ciconia Nipponia Platalea	12	3 1 1 1 2 1 2 1 1 2 1 1 （17）
IV. 雁形目 Anseriformes	7. 鸭科 Anatidae	1	Anser Cygnus Tadorna Nettapus Anas	13	4 2 2 1 10

续表

目（Order）名 称	科（Family） 名 称	数量	属（Genus） 名 称	数量	种数
IV. 雁形目 Anseriformes	7. 鸭科 Anatidae	1	Netta Aythya Aix Histrionicus Bucephala Clangula Mergellus Mergus		1 4 1 1 1 1 1 2 (31)
V. 隼形目 Falconiformes	8. 鹗科 Pandionidae 9. 鹰科 Accipitridae 10. 隼科 Falconidae	3	Pandion Milvus Pernis Aviceda Accipiter Buteo Butastur Aquila Spilornis Spizaetus Circaetus Aegypius Haliaeetus Circus Falco	15	1 1 1 1 5 3 1 2 1 1 1 1 2 3 6 (30)
VI. 鸡形目 Galliformes	11. 雉科 Phasianidae	1	Alectoris Coturnix Bambusicola Ithaginis Tragopan Pucrasia Phasianus Syrmaticus Chrysolophus	9	1 1 1 1 1 1 1 1 1 (9)
VII. 鹤形目 Gruiformes	12. 三趾鹑科 Turnicidae 13. 鹤科 Gruidae 14. 秧鸡科 Rallidae 15. 鸨科 Otididae	4	Turnix Grus Anthropoides Rallus Porzana Amaurornis Gallicrex Gallinula Fulica Otis	10	1 1 1 1 2 1 1 1 1 1 (11)
VIII. 鸻形目 Charadriiformes	16. 水雉科 Jacanidae 17. 彩鹬科 Rostratulidae 18. 鹮嘴鹬科 Ibidorhynchidae 19. 反嘴鹬科 Recurvirostridae 20. 燕鸻科 Glareolidae 21. 鸻科 Charadriidae 22. 鹬科 Scolopacidae	9	Hydrophasianus Rostratula Ibidorhyncha Himantopus Recurvirostra Glareola Vanellus Pluvialis Charadrius Numenius Xenus	22	1 1 1 1 1 1 2 2 6 3 1

续表

目（Order）名 称	科（Family） 名 称	数量	属（Genus） 名 称	数量	种数
VIII. 鸻形目 Charadriiformes	23. 鸥科 Laridae 24. 燕鸥科 Sternidae		Tringa Heteroscelus Arenaria Gallinago Calidris Scolopax Limosa Philomachus Larus Chlidonias Sterna		8 1 1 4 6 1 1 1 4 2 2 (51)
IX. 沙鸡目 Pterocliformes	25. 沙鸡科 Pteroclidae	1	Syrrhaptes	1	1 (1)
X. 鸽形目 Columbiformes	26. 鸠鸽科 Columbidae	1	Treron Columba Streptopelia	3	1 3 4 (8)
XI. 鹃形目 Cuculiformes	27. 杜鹃科 Cuculidae	1	Clamator Cuculus Eudynamys Centropus	4	1 6 1 1 (9)
XII. 鸮形目 Strigiformes	28. 鸱鸮科 Strigidae	1	Otus Bubo Ketupa Glaucidium Ninox Athene Strix Asio	8	2 2 1 2 1 1 1 2 (12)
XIII. 夜鹰目 Caprimulgiformes	29. 夜鹰科 Caprimulgidae	1	Caprimulgus	1	1 (1)
XIV. 雨燕目 Apodiformes	30. 雨燕科 Apodidae	1	Hirundapus Apus Aerodramus	3	2 3 1 (6)
XV. 佛法僧目 Coraciiformes	31. 翠鸟科 Alcedinidae 32. 佛法僧科 Coraciidae	2	Megaceryle Alcedo Halcyon Eurystomus	4	1 1 1 1 (4)
XVI. 戴胜目 Upupiformes	33. 戴胜科 Upupidae	1	Upupa	1	1 (1)
XVII. 䴕形目 Piciformes	34. 啄木鸟科 Picidae	1	Jynx Picumnus Picus Picoides	4	1 1 1 7 (10)
XVIII. 雀形目 Passeriformes	35. 百灵科 Alaudidae	35	Melanocorypha Calandrella Eremophila	104	2 2 1

七、秦岭地区的鸟类组成

续表

目（Order）名称	科（Family）		属（Genus）		种数
	名称	数量	名称	数量	
XVIII. 雀形目 Passeriformes	36. 燕科 Hirundinidae	35	Galerida	104	1
			Alauda		2
			Ptyonoprogne		1
			Hirundo		1
			Cecropis		1
			Riparia		1
	37. 鹡鸰科 Motacillidae		Delichon		1
			Dendronanthus		1
			Motacilla		4
			Anthus		9
	38. 山椒鸟科 Campephagidae		Coracina		1
			Pericrocotus		3
	39. 鹎科 Pycnonotidae		Pycnonotus		3
			Spizixos		1
			Hypsipetes		2
	40. 太平鸟科 Bombycillidae		Bombycilla		2
	41. 伯劳科 Laniidae		Lanius		6
	42. 黄鹂科 Oriolidae		Oriolus		1
	43. 卷尾科 Dicruidae		Dicrurus		5
	44. 椋鸟科 Sturnidae		Sturnus		3
			Acridotheres		1
	45. 鸦科 Corvidae		Garrulus		1
			Urocissa		1
			Cyanopica		1
			Pica		1
			Nucifraga		1
			Pyrrhocorax		1
			Corvus		5
	46. 河乌科 Cinclidae		Cinclus		1
	47. 鹪鹩科 Troglodytidae		Troglodytes		1
	48. 岩鹨科 Prunellidae		Prunella		6
	49. 鸫科 Turdidae		Brachypteryx		1
			Luscinia		7
			Tarsiger		2
			Phoenicurus		7
			Chaimarrornis		1
			Rhyacornis		1
			Hodgsonius		1
			Cinclidium		1
			Copsychus		1
			Enicurus		2
			Saxicola		3
			Oenanthe		2
			Monticola		4
			Myophonus		1
			Zoothera		4
			Turdus		9
	50. 鹟科 Muscicapidae		Ficedula		9
			Niltava		3
			Cyornis		1
			Muscicapa		4
			Eumyias		1
			Culicicapa		1
	51. 王鹟科 Monarchinae		Terpsiphone		1
	52. 画眉科 Timaliidae		Pomatorhinus		2
			Spelaeornis		1
			Pnoepyga		1
			Babax		1
			Garrulax		11
			Leiothrix		1

续表

目（Order）名称	科（Family）名称	数量	属（Genus）名称	数量	种数
XVIII. 雀形目 Passeriformes			Pteruthius	104	1
			Yuhina		4
			Alcippe		6
			Stachyris		1
	53. 鸦雀科 Paradoxornithidae		Conostoma		1
			Paradoxornis		7
	54. 扇尾莺科 Cisticolidae		Cisticola		1
			Prinia		1
			Rhopophilus		1
	55. 莺科 Sylviidae		Cettia		5
			Bradypterus		3
			Acrocephalus		4
			Sylvia		1
			Phylloscopus		20
			Abroscopus		1
			Seicercus		5
	56. 戴菊科 Regulidae		Regulus		1
	57. 绣眼鸟科 Zosteropidae		Zosterops		1
	58. 攀雀科 Remizidae		Cephalopyrus		1
	59. 长尾山雀科 Aegithalidae		Aegithalos		4
	60. 山雀科 Paridae		Parus		10
	61. 鳾科 Sittidae		Sitta		5
	62. 旋壁雀科 Tichidromidae		Tichodroma		1
	63. 旋木雀科 Certhiidae		Certhia		3
	64. 啄花鸟科 Dicaeidae		Dicaeum		1
	65. 花蜜鸟科 Nectariniidae		Aethopyga		1
	66. 雀科 Passeridae		Passer		3
	67. 梅花雀科 Estrildidae		Lonchura		1
	68. 燕雀科 Fringillidae		Fringilla		1
			Carduelis		2
			Leucosticte		1
			Carpodacus		8
			Loxia		1
			Uragus		1
			Pyrrhula		1
			Eophona		2
			Coccothraustes		1
			Mycerobas		1
	69. 鹀科 Emberizidae		Emberiza		14
			Melophus		1
			Latoucheornis		1 (289)
合计（In total）		69		218	494

（二）秦岭地区鸟类的区系组成

如附表所示，秦岭地区共有鸟类18目69科494种。其中国家Ⅰ级重点保护鸟类9种，占秦岭鸟类总数的1.82%。包括东方白鹳、黑鹳、朱鹮、中华秋沙鸭、金雕、白肩雕（*Aguila heliaca*）、玉带海雕（*Haliaeetus leucoryphus*）、白尾海雕（*H. albicilla*）和大鸨。国家Ⅱ级重点保护鸟类52种，占陕西省鸟类总数的10.53%。包括卷羽鹈鹕、白琵鹭、鸳鸯（*Aix galericulata*）、血雉、红腹锦鸡、勺鸡、白冠长尾雉、红腹角雉、灰鹤、蓑羽鹤、红翅绿鸠、灰喉针尾雨燕（*Hirundapus cochinchinensis*）和隼形目26种（鹗科1种、鹰科19种、隼科6种）以及鸮形目鸱鸮科12种。此外还有陕西省重点保护种类6种，省级一般保护种类120种，分别占秦岭鸟类总数的1.21%和24.29%。

从鸟类的居留特征看，秦岭地区（向北延伸至渭河谷地，向南至汉江盆地）有留鸟194种，夏候鸟119种，旅鸟114种，冬候鸟61种，迷鸟6种（附表）。分别占本区鸟类总种数的39.27%、24.09%、23.08%、12.35%和1.21%。留鸟的主要组成包括雉科、鸠鸽科、鸱鸮科（Strigidae）、啄木鸟科（Picidae）、伯劳科（Laniidae）、鸦科、岩鹨科（Prunellidae）、鹟科、画眉科和雀科（Fringillidae）的大部分种类；夏候鸟主要包括鹭科（Ardeidae）、秧鸡科（Rallidae）、杜鹃科（Cuculidae）、雨燕科（Apodidae）、百灵科（Alaudidae）、燕科（Hirundinidae）、山椒鸟科、卷尾科、莺科和鹟科的多数种类；冬候鸟包括鸭科和鸥科（Laridae）的多数种类；旅鸟包括鹰科部分种类、鸻科（Charadriidae）、鹬科、鹬鸻科部分种类以及鹟科、鸫科（Turdidae）的部分种类；迷鸟有6种，分别是中华秋沙鸭、毛腿沙鸡（*Syrrhaptes paradoxus*）、雪鸮（*Bubo scandiacus*）、黑喉岩鹨（*Prunella atrogularis*）、栗腹䴓（*Sitta castanea*）和凤头鹀（*Melophus lathami*）。

在秦岭地区繁殖的鸟类312种（留鸟194种，夏候鸟118种），其中古北界种类111种，占35.58%；东洋界种类156种，占50.00%；广布种45种，占14.42%。前文所述，秦岭不仅是我国地质、气候、生物、水系和土壤五大自然要素的天然分界线，是长江、黄河两大水系的分水岭，而且在世界动物地理区划中占有重要地位，是古北界和东洋界的分界线。鸟类区系的组成在本区显示出融合交汇和过渡性的特征，兼具东洋界和古北界动物区系组成的特点，由于秦岭南坡气候温暖湿润，植被类型繁多，地形地貌类型多样，从秦岭主脊到汉江河谷，汉江支流蜿蜒流长，绵延上百公里，同时具有高山、中山、低山、丘陵和平原等生态景观，而秦岭北坡山势陡峭，气候稍寒冷，渭河支流短而湍急，缺乏低山、丘陵到平原的过渡地带。因此秦岭地区从总体上更适合东洋界鸟类的生存（东洋种50.00%和古北种35.58%）。

此外，随着环境条件和气候因素的不断变化，秦岭鸟类的种类和分布格局出现了新的变化。表现为：①种类较数十年前显著增多，由338种（郑作新，1973）增加到494种；②分布区逐渐向秦岭北坡扩散，如栗耳凤鹛（*Yuhina castaniceps*）、红嘴相思鸟（*Leiothrix lutea*）、寿带（*Terpsiphone paradisi*）等出现在西安市郊；③陕西省鸟类新记录不断被发现，如作者在秦岭北坡西安市的浐灞生态区见到棉

凫（*Nettapus coromandelianus*）、水雉和长尾鸭（*Clangula hyemalis*），亦有作者发现大红鹳（*Phoenicopterus roseus*）（封托等，2010）；在秦岭南坡宁陕境内发现褐翅鸦鹃（*Centropus sinensis*）（杨亚乔，2012）；在秦岭主脊发现黑喉岩鹨（*Prunella atrogularis*）并采到标本（王开锋等，2011）；秦岭北坡眉县红河谷发现白斑尾柳莺（*Phylloscopus davisoni*）（高学斌等，2012）；在太白和洋县记录到四川旋木雀（*Certhia tianquanensis*）（孙悦华和Martens，2005）；在咸阳渭沣湿地记录到家麻雀（*Passer domesticus*）（孙承骞和冯宁，2009）；在陕西渭河杨凌段发现流苏鹬（*Philomachus pugnax*）（张征恺等，2011）。

此外，我们在巴山地区的化龙山自然保护区先后发现褐灰雀（*Pyrrhula nipalensis*）（龙大学等，2010）、灰头鸦雀（*Paradoxornis gularis*）（荣海等，2011）、黑头奇鹛（*Heterophasia melanoleuca*）（王卫东等，2012）、小太平鸟（*Bombycilla japonica*）（吕建荣等，2013）等陕西省从未记录的鸟种。作者于2014年4月在西安陕西师范大学长安校区发现了较大群体、迁徙停留的小太平鸟。其余种类是否在秦岭地区有分布尚需考察。因缺乏标本记录及对其生态习性的观察，因此上述巴山地区的新纪录种类未列入本书鸟类名录。作者认为西安浐灞生态区出现的大红鹳（仅1只）可能为动物园的逃逸个体，而且有作者质疑为美洲大红鹳（*Phoenicopferus ruber*）（朱磊等，2011），因此未列入本书鸟类名录。

八、秦岭地区鸟类的地理分布型

从鸟类的地理分布类型看，秦岭地区的鸟类更是体现着不同地理型的交汇分布。张荣祖（1999）根据种的分布区相对集中并与特定的自然地理区域相联系的客观存在将我国陆栖脊椎动物各纲中种的分布归纳为9种分布类型。

（1）北方型。分布区环绕北半球北部，横贯欧亚大陆寒温带，分布区南部通过我国最北部（新疆和东北北部），属古北界，为古北型（U）。其中有些种类的分布包括北美，此类型为全北型（C）。

（2）东北型。分布区位于我国东北及其邻近地区，向北可至极地，向东可达日本，向西可及乌拉尔山脉。根据情况又可分为东北地区东北型（M）和东部为主东北型（K）。有些种类向南延伸分布至华北地区，又可细分为东北—华北型（X）和华北型（B）。

（3）中亚型。位于亚洲大陆中心，我国主要分布于蒙新高原。包括西部荒漠—半荒漠地带的荒漠类型（D）和东部草原地带的草原类型（G）。

（4）高地型（P或I）。限于或主要分布于青藏高原及外围山地，北起昆仑山、祁连山至横断山脉北部和喜马拉雅山的高山区，属于古北界青藏区。

（5）喜马拉雅—横断山型（H）。横断山脉或延伸至喜马拉雅山南坡，属东洋界西南区。

（6）东洋型（W）。印度半岛、中南半岛及其附近岛屿，北缘伸入我国南部，属东洋界华南区。

（7）南中国型（S）。我国亚热带以南地区，是东洋界所特有或主要分布于的种类，属于东洋界华中区。

（8）岛屿型（J）。分为台湾、海南陆缘型和南海诸岛海洋型岛屿。

动物组成具有不同特点。

（9）不易归类的分布型（O）。有不少种类的分布与上述某些区域交叉重叠，但由不属于具体的地理型，有许多广布种和广义上的古北型种类。

张荣祖（1999）在研究中国动物地理分布时统计鸟类21目80科1 177种，涉及秦岭地区的鸟类有445种。但由于中国鸟类种（亚种）的修订以及新纪录的发现，秦岭地区鸟类在原有基础上增加了49种。作者根据这些种类在中国乃至世界范围内的分布状况和中国动物地理区划的划分原则对其地理分布型进行了重新划定，具体如下。

● **卷羽鹈鹕**（*Pelecanus crispus*）过去可能一直与同属的斑嘴鹈鹕（*P. philippensis*）相混淆。分布从欧洲东南部、非洲北部一直到中国。在陕西曾经见于陕西北部毛乌素风沙区的淡水湖泊（于晓平等，2001）和汉江盆地的安康（巩会生等，2007）。在中国的分布状况不能确定，分布型暂定为不易归类的分布型（O）。

● **东方鸻**（*Charadrius veredus*）曾被认为与红胸鸻（*C. asiaticus*）属同一种类（郑作新，1987）。但其个体稍大，分布区与红胸鸻完全不重叠，繁殖于蒙古和中国东北地区，因此将其定为东北型（M）。

● **长嘴剑鸻**（*Charadrius placidus*）曾被作为剑鸻（*C. hiaticula*）的亚种处理（郑作新，1987），但其个体稍大，尤其繁殖地在东北亚及华中、华东地区。而剑鸻繁殖区显著靠北（加拿大、格林兰及古北界北部极地地区）。因此可归入东北型（M）。

● **灰尾漂鹬**（*Heteroscelus brevipes*）曾被视为漂鹬（*H. incanus*）的亚种之一（郑作新，1987）。但其繁殖于西伯利亚，与漂鹬的繁殖区（阿拉斯加和美国西北部）相去甚远。其地理型应为古北型（U）。

● **红颈滨鹬**（*Calidris ruficollis*）为中国新增加的过境种类，繁殖于西伯利亚北部（马敬能等，2000），地理型应为古北型（U）。

● **短趾百灵**（*Calandrella cheleensis*）曾被作为小沙百灵（*C. rufescens*）的亚种之一（郑作新，1987），马敬能等（2000）将其独立为种，其繁殖区位于古北界南部至蒙古和中国（U）。

● **大短趾百灵**（*Calandrella brachydactyla*）曾被作为短趾百灵（*C. cheleensis*）的亚种处理（郑作新，1987）。分布于古北界南部至中国和日本（U）。

- 烟腹毛脚燕（*Delichon dasypus*）曾被作为毛脚燕（*D. urbicum*）的亚种（*D. d. dasypus*）（郑作新，1987）之一，后来独立为种（郑作新，1994）。繁殖区从喜马拉雅山脉向东直至日本，不同亚种见于中国的不同地区（O）。

- 黄腹鹨（*Anthus rubescens*）繁殖于古北界西部、东北亚及北美洲，冬季南迁。亚种 *A. japonicus* 繁殖于西伯利亚，越冬于中国东北至长江流域（C）。

- 布氏鹨（*A. godlewskii*）繁殖于蒙古、俄罗斯和中国东北经内蒙至青海、宁夏（M）。

- 达乌里寒鸦（*Corvus dauuricus*）曾被认为是寒鸦（*C. monedula*）的亚种之一（郑作新，1987）。见于俄罗斯东部及西伯利亚、中国西藏、东北及华中（U）。

- 白眉鸫（*Turdus obscurus*）繁殖于古北界中部和东部，冬季南迁至东南亚越冬（U）。

- 白喉矶鸫（*Monticola gularis*）曾被作为蓝头矶鸫（*M. cinclorhynchus*）的亚种之一（郑作新，1987）。繁殖于古北界东北部，国内常见，在东北、河北等地繁殖（M）。

- 金色鸦雀（*Paradoxornis verreauxi*）曾被作为黑喉（橙额）鸦雀（*P. nipalensis*）的亚种（郑作新，1994）。见于中国华中及东南部（S）。

- 点胸鸦雀（*Paradoxornis guttaticollis*）指名亚种（*P. g. guttaticollis*）留鸟于华中、西南地区，秦岭南坡较为常见（W）。

- 远东树莺（*Cettia canturians*）曾被视为短翅（日本）树莺（*C. diphone*）的亚种之一（郑作新，1987；Inskipp et al.，1996），Monroe 和 Sibley（1990）将其作为独立物种。繁殖于甘南、陕南（秦巴山地）、山西、河南、四川、湖北、安徽、江苏和浙江等地（O）。

- 厚嘴苇莺（*Acrocephalus aedon*）繁殖于古北界北部，越冬于中国南部、印度至东南亚，秦岭地区在迁徙季节偶见（U）。

- 淡黄腰柳莺（*Phylloscopus chloronotus*）有时被视为黄腰柳莺（*P. proregulus*）的青藏亚种（*P. p. chloronotus*）（郑作新,1987；Viney et al.，1994），之后独立为种（郑光美，2005）。繁殖于青海、甘肃、四川及西藏东部（P）。

- 四川柳莺（*P. forresti*）Alström、Olsson 和 Colston（1992）发表中国鸟类新种四川柳莺（*P. sichuanensis*），之后，Martens（2000）认为该物种与 La Touche（1925）命名的云南柳莺（*P. yunnanensis*）为同物异名，因此被废除。后来又将从淡黄腰柳莺的分离出的种类（Martens et al.，2004）命名为如今的四川柳莺，中国中部和东部特有种，夏候鸟于西藏东南部、青海东南部、四川中部和北部、云南、陕西南部。因此因归入高地型（P 或 I）。

• 淡眉柳莺（*P. humei*）曾被视为黄眉柳莺（*P. inornatus*）的亚种之一（郑作新，1987）。见于中亚、中国西北和中部（D）。

• 峨眉柳莺（*P. emeiensis*）由 Alström 和 Olsson（1995）发现的中国鸟类新种，中国中部的特有种。见于四川南部峨眉山及附近地区（W）。

• 双斑绿柳莺（*P. plumbeitarsus*）曾被视为暗绿柳莺（*P. trochiloides*）的亚种之一（郑作新，1987；Baker，1997）。繁殖于中国东北地区（M）。

• 淡尾鹟莺（*Seicercus soror*）是由 Alström 和 Olsson（1999）发现的中国鸟类新种。夏候鸟于云南南部、四川、江西、河南南部和陕西南部，迷鸟与福建和香港，应归入南中国型（S）。

• 比氏鹟莺（*Seicercus valentini*）曾被视为金眶鹟莺（*S. burkii*）的华南亚种（*S. b.valentini*），之后独立为种（郑光美，2005）。秦岭分布的应为指名亚种（*S. v. valentini*），夏候鸟，分布于陕西南部、甘肃南部、云南南部和四川，应归入喜马拉雅—横断山型（H）。

• 灰冠鹟莺（*Seicercus tephrocephalus*）曾被视为金眶鹟莺（*S. burkii*）的云南亚种（*S. b. tephrocephalus*）（郑作新，2000），之后独立为种（郑光美，2005）。地理型与金眶鹟莺相同（S）。

• 峨眉鹟莺（*Seicercus omeiensis*）是由 Martens 等（1999）发现的中国鸟类新种。夏候鸟于青藏高原边缘的甘肃南部、四川西部和陕西南部，应归入高地型（P 或 I）。

• 山鹪莺（*Prinia crinigera*）繁殖于中国南部至印度北部、阿富汗、缅甸。秦岭地区应为华南亚种（*P. c. parumstriata*）（W）。

• 绿背姬鹟（*Ficedula elisae*）曾被视为黄眉姬鹟（*F. narcissina*）东陵亚种（*F. n. elisae*）（郑作新，1994），后被提升为种（Zhang 等，2006），因此于黄眉姬鹟同（B）。

• 黑眉长尾山雀（*Aegithalos bonvaloti*）曾被视为棕额（黑头）长尾山雀（*A. iouschistos*）的亚种之一（郑作新，1987）。见于青藏高原东南部（M）。

• 四川旋木雀（*Certhia tianquanensis*）最早做为旋木雀（*Certhia familiaris*）在中国的新亚种——天全亚种（*C. f. tianquanensis*）（李桂垣，1995）。但之后通过形态、鸣声和 DNA 鉴定独立为种——四川旋木雀（Martens et al., 2002）。该种仅分布于四川中部、西北部（郑光美，2011）以及陕西秦岭地区的洋县和太白（孙悦华和 Martens，2005）。该种分布于青藏高原西北部狭窄的区域且为留鸟，分布海拔在

2000～2700m。因此可将此种归入高地型（P 或 I）。

● **栗耳鹀**（*Emberiza fucata*）常见于中国东北［指名亚种（*E. f. fucata*）］；华中、西南至西藏东南［亚南亚种（*E. arcuata*）］；江苏、福建、江西［挂墩亚种（*E. f. kuatunensis*）］（O）。

由图 12 可以看出，秦岭地区的鸟类组成融合了除岛屿型之外的所有地理型。作为古北界和东洋界的分界线，北方型种类从东北、华北、内蒙古高原向南分布至此，包括古北型（U）和全北型（C）共有 141 种（U94、C47），占 28.54%；代表华南成分的南中国型（S）和代表华中成分的东洋型（W）种类向北分布至此，各有 39 种和 100 种，分别占 7.89% 和 20.24%；东北型（M 或 K）的种类经华北和内蒙古东部草原区渗透至此，有 55 种，占 11.13%；中亚型（D）种类由西部荒漠区经黄土高原向东延伸至本区，但种类较少，有 13 种，占 2.63%；代表青藏高原成分的高地型（P 或 I）从青海高原沿西秦岭向东分布到达，有 16 种，占 3.24%；喜马拉雅—横断山型（H）的种类从云贵高原经川西高原、岷山山系分布至此，种类较多，达 62 种，占 12.55%；不易归类的地理型（O）在秦岭地区分布较多，有 57 种之多，包括许多广布种和广义上的古北种，占 11.54%；此外还有极少量的东部湿润地区的季风型（E）（朱鹮、鸳鸯、大嘴乌鸦和山斑鸠 4 种，占 0.81%），东北—华北型（X）［红尾伯劳、虎纹伯劳（*Lanius tigrinus*）、牛头伯劳（*L. bucephalus*）、北椋鸟（*Sturnia sturnina*）和灰椋鸟 5 种，占 1.01%］和华北型（B）［绿背姬鹟（*Ficedula elisae*）和山噪鹛 2 种，占 0.40%］。

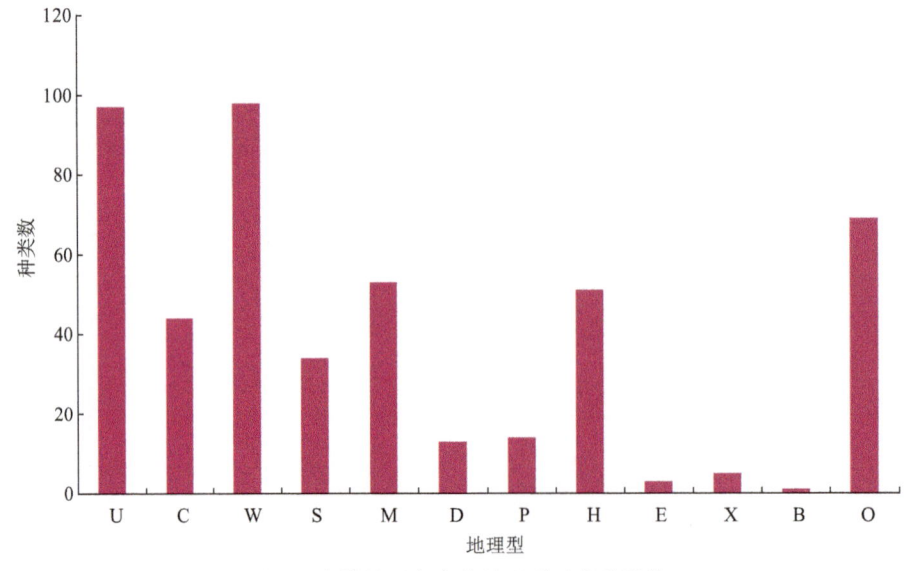

图 12　秦岭地区鸟类的地理型及其种类数

九、实习基地及其鸟类组成特点

  陕西师范大学秦岭生物学实习基地由具有不同自然景观特点和内容的环秦岭实习点组成（图13）。从陕西师范大学（西安）出发，经由陕西省珍稀野生动物抢救饲养研究中心、西北农林科技大学昆虫博物馆、太白山国家森林公园、佛坪大熊猫自然保护区和洋县朱鹮保护区，最终到达陕西宁陕旬阳坝秦岭生物学野外综合实习基地。该线路上的各个实习点横跨秦岭南北坡，穿越不同气候带，涵盖不同海拔高度。能使学生在短时间内对动植物的水平分布、垂直分布、生物多样性和生物与环境之间关系有一个宏观了解。

图13　实习基地的特点及路线

（一）陕西省珍稀野生动物抢救饲养研究中心（陕西省周至县楼观镇）

1993年经林业部批准正式建立，地处陕西省秦岭北麓周至县楼观镇。抢救中心分东、西两区，占地5hm²。其主要任务是对大熊猫（*Ailuropoda melanoleuca*）、川金丝猴（*Rhinopithecus roxellanae*）、羚牛（*Budorcas taxicolor*）、朱鹮等国家重点保护物种进行抢救、收容、饲养、繁殖和研究。

其中饲养的鸟类有朱鹮、褐马鸡、金雕、红腹锦鸡、大天鹅、秃鹫（*Aegypius monachus*）、蓝孔雀（*Pavo cristatus*）等。

（二）西北农林科技大学博览园（陕西杨凌）

西北农林科技大学博览园位于杨凌国家农业高新技术产业示范区，西宝高速中段，东距西安市82km。博览园建设占地200亩[①]，总建筑面积16 000m²，包括逸夫科技馆、动物博物馆和昆虫博物馆、土壤博物馆、植物博物馆、中国农业历史博物馆5个专业博物馆和蝴蝶园、植物分类园、树木园及多种种质资源圃等，是集教学、科研、科普于一体的重要学科基地。

2006年11月博览园全面建成并向社会开放，主要服务于教学和科研，面向公众开展科普教育，促进科技与文化相结合，提高民族科学文化水平。博物馆通过多种现代化展示手段和丰富的标本、模型、实物、文物展览，形象、系统、科学地介绍与人类关系密切的动物、植物、土壤知识和农业科技史，展示我国农业科技和生物技术发展取得的成就，面向公众传播农业文化和科学知识。目前博览园已经成为国内最大的以农业科技为主题的全国科普教育基地。

（三）太白山国家森林公园（太白山国家级自然保护区）（陕西省眉县汤峪镇）

位于太白、眉县、周至三县交界处，包括太白山主体。面积563.25km²。是以山地森林生态系统、水源涵养、珍稀动植物、第四纪冰川遗迹和自然风景区为主要保护对象的国家级森林公园。秦岭南北坡气候差异显著，植被垂直分带明显，野生

[①] 1亩≈667m²

动物资源十分丰富。区内东洋界和古北界种类以秦岭为分界线但又相互渗透，而且垂直分布现象较为明显。

特殊的地理位置和丰富的动植物资源使得鸟类学者一直关注太白山鸟类区系（陈服官等，1962；姚建初，1991）、垂直分布（姚建初和郑永烈，1986）以及物种多样性（高学斌等，2007）的研究。从山脚（海拔770m）到山顶（海拔3650m）大致可分为5个带，其中鸟类的分布状况如下：

（1）落叶阔叶林带（海拔770～1280m）　　根据生境的不同，可将本带的鸟类种类划分为4种类型：

①溪流水域附近的鸟类种类有红尾水鸲（*Rhyacornis fuliginosa*）、白颊噪鹛（*Garrulax sannio*）、小燕尾（*Enicurus scouleri*）、白冠燕尾（*E. leschenaulti*）、白鹡鸰、灰鹡鸰以及莺科的许多小型鸟类，如强脚树莺、褐柳莺（*Phylloscopus fuscatus*）等。

②农田附近灌丛中的三道眉草鹀（*Emberiza cioides*）、灰头鹀（*E. spodocephala*）、小鹀、黄喉鹀、麻雀、山麻雀（*P. rutilans*）、金翅雀等常到农田中觅食。

③林下灌丛中栖息多种噪鹛，附近的乔木上有领雀嘴鹎、灰喜鹊、红嘴蓝鹊、大山雀等活动；林缘农田附近和灌丛草甸中环颈雉数量较大。

④居民点附近的动物种类主要是伴随人类生活的种类，如山麻雀、北红尾鸲（*Phoenicurus auroreus*）、珠颈斑鸠等。

（2）松栎林带（海拔1280～2210m）　　其中的鸟类有领雀嘴鹎、绿背山雀（*Parus monticolus*）、沼泽山雀、煤山雀（*P. ater*）、噪鹃（*Eudynamys scolopacea*）、星鸦（*Nucifraga caryocatactes*）、蓝鹇、蓝喉太阳鸟等。红腹锦鸡则是本区的优势种类。

（3）松桦林带（海拔2200～3000m）　　混交林中白领凤鹛、酒红朱雀、灰头灰雀（*Pyrrhula erythaca*）、红翅旋壁雀、血雉、戴菊等比较常见。

（4）针叶林带（海拔3000～3500m）　　鸟类种类随海拔高度增高而递减。常见种类仅有鹪鹩、灰头灰雀、棕胸岩鹨等。

（5）灌丛草甸带（海拔3500～3650m）　　气候酷寒，植被低矮，鸟类种类更少。仅有领岩鹨和白顶溪鸲（*Chaimarrornis leucocephalus*）在冰川遗迹附近活动。

高学斌等（2007）对太白山北坡的鸟类物种多样性进行深入研究，夏秋季共发现鸟类144种。其中，留鸟102种、夏候鸟41种、冬候鸟1种。不同海拔高度鸟类的种类分布见表3。

表3 太白山北坡夏秋季鸟类的垂直分布

垂直带	物种数							
	夏季（5～7月）				秋季（9～10月）			
	留鸟	夏候鸟	冬候鸟	小计	留鸟	夏候鸟	冬候鸟	小计
农田交错带（750～860m）	47	21	0	68	35	3	1	39
人为干扰阔叶林带（1120～1560m）	49	16	0	65	39	4	0	43
阔叶林带（1620～2280m）	39	7	0	46	39	1	1	41
针阔混交林带（2340～2780m）	35	9	0	44	37	4	0	41
针叶林带（2840～3280m）	17	3	0	20	20	1	0	21
高山草甸带（3300～3767m）	6	2	0	8	—	—	—	6

资料来源：高学斌等，2007

（四）佛坪大熊猫国家级自然保护区（陕西省佛坪县）

该保护区位于佛坪县西北部，秦岭主峰太白山的东南侧，地理位置介于东经107°41′～东经107°56′，北纬33°32′～北纬33°44′，总面积292.40km²。是以大熊猫及森林生态系统为主要保护对象的国家级自然保护区。区内海拔1000～2904m，山岭南北延伸，地势由北向南逐渐降低。低海拔大部分地区小溪河流纵横，坡度较缓。较高山区多悬崖、深谷。区内年均温13℃左右，7月最高温度27℃，1月最低温度-2℃，极端最高温度37℃。全年无霜期180～220天，降雨量950～1200mm，降雪始于10月中旬，终于翌年3月底。

据调查（巩会生等，1997），保护区内拥有鸟类211种，隶属于15目40科。其中古北种96种，东洋种77种，广布种38种，分别占鸟类总数的45%、37%和18%，古北界种类稍多于东洋界种类，显示了秦岭地区动物区系组成具有交汇和过渡的特征。在居留型组成上，留鸟114种，夏候鸟59种，冬候鸟5种，旅鸟33种，分别占鸟类总数的54%、28%、2%和16%。说明保护区的鸟类主要由留鸟和夏候鸟组成。而且垂直分布特征也较为明显（表4）。

表4 佛坪自然保护区鸟类的垂直分布

垂直分带	种类数	区系成分（%）		
		古北种	东洋种	广布种
落叶阔叶林带（1000～1300m）	174	71（40.8）	69（39.7）	34（19.5）
落叶阔叶—混交林（1300～2200m）	85	36（42.4）	34（40.0）	15（17.6）
针叶林—草甸带（2200～2900m）	40	28（70.0）	7（17.5）	5（12.5）

资料来源：巩会生等，1997

（五）陕西汉中朱鹮国家级自然保护区（陕西省洋县）

洋县位于秦岭的南坡，北纬33°06′～北纬33°36′，东经107°17′～东经108°02′。本地区属暖温带向北亚热带过渡地区，气候温暖湿润，冬无严寒，夏无酷暑。年日照时数1800～2000h，年平均气温12～14℃，年平均降水量900～1000mm，无霜期238天。保护区位于洋县和城固县之间汉江以北的中山、丘陵和河谷地区，面积375.49km²。是以朱鹮及其栖息地（森林、湿地）为主要保护对象的国家级自然保护区。朱鹮主要活动于海拔470～1300m的汉江盆地、低山丘陵至中山地区。植被以北亚热带常绿阔叶林、暖温带落叶阔叶林和落叶阔叶混交林为主。水系属长江流域汉水水系，主要有汉江以及湑水河、溢水河、浣水河、酉水河等汉江支流，另有水库80座，池塘2232个。区内河流纵横，塘库密布，为朱鹮和其他湿地鸟类提供了良好的活动觅食场所。

朱鹮活动区的鸟类共计16目48科116属201种（丁长青等，2002）。按居留类型划分，有留鸟90种（44.78%），夏候鸟71种（35.32%），冬候鸟20种（9.48%），旅鸟20种（占9.95%）。其中䴙䴘、鸥䴘、雁鸭类和鸻鹬类为冬候鸟或旅鸟，冬季在汉江及附近的水库中越冬或作短期停留；鹭科、杜鹃科、鸥鸮科、雨燕科以及雀形目燕科、鹟科等鸟类多为夏候鸟，夏季在低山丘陵和中山地区的林地中繁殖。朱鹮、啄木鸟、鸭类和山雀等留鸟随季节的变化在研究区内也存在垂直迁移的现象。从区系成分考虑，本区共有东洋界鸟类70种（34.83%），古北界鸟类79种（39.30%），广布种52种（25.87%）。在动物地理学上，秦岭被认为是东洋界和古北界的分界线，洋县虽属秦岭南坡东洋界范围，但在动物区系组成上仍有大量古北界物种在此分布。

（六）宁东林业局（陕西省宁陕县城关镇旬阳坝村）

1. 基地概况

1）自然概况

基地位于陕西省宁陕县城关镇旬阳坝村宁东林业局境内，地处秦岭中段南麓，介于背侧的月河梁和南端的平河梁之间，国道210贯穿南北。地理位置位于108°16′16″E～108°56′43″E，33°14′26″N～33°50′32″N之间。地势南高北低，平均海拔1300m（1250～2679m），南北长约66.8km，东西宽约47.3km。境内山岭纵横，植被完整，森林覆盖率高达97%。1300～1800m为以栎类为主落叶阔叶林带，1800～2200m为由桦木、云、冷杉构成的针阔混交林带，2200m以上由下部的针叶林带和上部的亚高山灌丛和草甸组成。境内气候属北亚热带山地中温带和北温带气候，气候湿润，夏季凉爽，冬季寒冷而漫长。区内水系属长江水系，主要河流为发源于平河梁的旬河、长安河和池河。

2）脊椎动物概况

陕西师范大学旬阳坝生物学实习基地在中国动物地理区划中处于东洋界华中区西部山地高原亚区的秦岭山地省（张荣祖，1999）。秦岭山脉地处古北界和东洋界的分界线，因此在脊椎动物区系组成上具有南北过渡性和交汇分布的特征。优越的自然地理条件孕育了秦岭山地丰富的野生动物资源，在陕西省分布的28种两栖纲动物中秦岭地区有24种（85.7%），实习基地常见的两栖类有无尾目蟾蜍科的中华蟾蜍（*Bufo gargarizans*）、华西蟾蜍（*B. andrewsi*）以及蛙科的隆肛蛙（*Feirana quadranus*）和中国林蛙（*Rana chensinensis*）；陕西省拥有爬行纲动物49种，秦岭地区35种（71.4%），实习基地常见的爬行动物有蜥蜴目石龙子科的蝘蜓（*Spenomorphus indicus*），蛇目游蛇科的赤练蛇（*Dinodon rufozonatum*）、黑眉锦蛇（*Elaphe taeniura*）、王锦蛇（*E. carinata*）和蝰科的菜花烙铁头（*Protobothrops jerdonii*）；陕西省拥有哺乳纲动物148种，秦岭地区138种（93.2%），实习基地范围内虽然分布着众多的哺乳动物，如秦岭著名国家I级重点保护物种大熊猫最近在基地东南部的平和梁自然保护区被发现，海拔2300m以上的中高山区分布着羚牛和川金丝猴；国家II级重点保护物种黑熊（*Selenarctos thibetanus*）、鬣羚（*Capricornis sumatraensis*）、斑羚（*Naemorhedus goral*）等在中高山区也有分布。但在实习基地附近所能看到的哺乳动物较少，野猪（*Sus scrofa*）在秋季常至河谷地带损害庄稼。河流中偶见食虫目鼹科的长尾鼩鼹（*Scaptonyx fusicaudus*）和麝鼹（*Scaptochirus* moschatus）。最常见的种类当属啮齿目的小型哺乳类，如大林姬鼠（*Apodemus peninsulae*）、岩松鼠（*Sciurotamias davidianus*）、花鼠（*Eutamias sibiricus*）等；由于基地附近河流属于汉江支流的上游，河道狭窄，径流量小且水深较浅，因此鱼类均为小型种类，如鳅科的红尾副鳅（*Paracobitis variegatus*）、大斑花鳅（*Cobitis macrostigma*）、鲤科的拉氏鲹（*Phoxinus lagowskii*）和鲿科的黄颡鱼（*Pelteobaggrus fulvidraco*）等。

3）基地发展概况

2007年，在教育部和国家基金委资助下，陕西师范大学依托秦岭地区资源优势，以校企联合、共建共管方式建立了"秦岭生物学野外实习基地"，为国内26所理科基地院校的本科教学提供了得天独厚的野外实践教学场所。目前本基地已与北京大学、北京林业大学、中国农业大学、北京师范大学、东北师范大学、东北林业大学、内蒙古大学、南开大学、山东大学、兰州大学、浙江大学、厦门大学、中山大学、武汉大学、华中农业大学、中国科技大学、南京大学、南京师范大学、四川大学、云南大学、西北大学等基地院校及延安大学、榆林学院、渭南师院、青海师范大学等地方院校上千名师生联合开展野外实践教学。此外还与加拿大圣玛利亚大学（St Mary University）合作开展了大学生的野外科研教学，得到了国内外高校师生的认可。该基地已成为教育部国家级首批"国家理科野外实践教育共享平台"。

2. 鸟类的群落和区系组成

旬阳坝实习基地鸟类以雀形目森林鸟类群落为主，兼有少量农田（居民点）和湿地（溪流）类群。根据我们多年的调查，旬阳坝实习基地共有鸟类13目45科206种（附表1，表5），占秦岭鸟类总数的41.7%。在科的组成水平上，非雀形目14科，雀形目31科，分别占31.1%和68.9%。从种的组成水平看，非雀形目种类56种，雀形目种类150种，分别占27.2%和72.8%。海拔1300m的基地附近是处于落叶阔叶林林缘的河谷、农田带，最常见的鸟类40种左右，包括鹰科的赤腹鹰；雉科的灰胸竹鸡；啄木鸟科的大斑啄木鸟、灰头绿啄木鸟；翠鸟科的冠鱼狗（*Megaceryle lugubris*）、普通翠鸟、蓝翡翠；鸠鸽科的山斑鸠、珠颈斑鸠；鹃形目的大杜鹃、噪鹃；鹊鸽科的白鹡鸰、灰鹡鸰；伯劳科的灰背伯劳（*Lanius tephronotus*）；鸭科的领雀嘴鹎、黄臀鹎；鸦科的喜鹊、大嘴乌鸦、红嘴蓝鹊、松鸦；河乌科的褐河乌；鸫科的北红尾鸲、红尾水鸲；画眉科的画眉、白领凤鹛；莺科的强脚树莺；鸦雀科的棕头鸦雀；长尾山雀科的银脸长尾山雀、红头长尾山雀；山雀科的大山雀、绿背山雀、黄腹山雀；雀科的山麻雀；燕雀科的金翅雀；鹀科的黄喉鹀、小鹀。平和梁至山顶草甸带是野外实习的重要地点，海拔 2000～2500m，林相由低至高依次为针阔混交林、针叶林和亚高山草甸，常见的鸟类有红腹角雉、血雉、星鸦、橙翅噪鹛、冠纹柳莺（*Phylloscopus reguloides*）、灰头灰雀、酒红朱雀等。

表5　旬阳坝生物学实习基地鸟类群落组成

目（Order）	科（Family）	种数	代表物种
I. 鹳形目 Ciconiiformes	1. 鹭科 Ardeidae	1	池鹭
II. 隼形目 Falconiformes	2. 鹰科 Accipitridae	8	赤腹鹰
	3. 隼科 Falconidae	2	红隼
III. 鸡形目 Galliformes	4. 雉科 Phasianidae	7	环颈雉
IV. 鸻形目 Charadriiformes	5. 鹬科 Scolopacidae	2	矶鹬
V. 鸽形目 Columbiformes	6. 鸠鸽科 Columbidae	7	山斑鸠
VI. 鹃形目 Cuculiformes	7. 杜鹃科 Cuculidae	7	噪鹃、大杜鹃
VII. 鸮形目 Strigiformes	8. 鸱鸮科 Strigidae	7	斑头鸺鹠
VIII. 夜鹰目 Caprimugiformes	9. 夜鹰科 Caprimulgidae	1	普通夜鹰
IX. 雨燕目 Apodiformes	10. 雨燕科 Apodidae	1	白腰雨燕
X. 佛法僧目 Coraciiformes	11. 翠鸟科 Alcedinidae	3	冠鱼狗
	12. 佛法僧科 Coraciidae	1	三宝鸟
XI. 戴胜目 Upupiformes	13. 戴胜科 Upupidae	1	戴胜
XII. 䴕形目 Piciformes	14. 啄木鸟科 Picidae	8	大斑啄木鸟
XIII. 雀形目 Passeriformes	15. 百灵科 Alaudidae	4	凤头百灵
	16. 燕科 Hirundidae	4	金腰燕
	17. 鹡鸰科 Motacillidae	7	白鹡鸰、灰鹡鸰
	18. 山椒鸟科 Campephagidae	3	长尾山椒鸟
	19. 鹎科 Pycnontidae	3	领雀嘴鹎
	20. 伯劳科 Laniidae	4	灰背伯劳
	21. 黄鹂科 Oriolidae	1	黑枕黄鹂
	22. 卷尾科 Dicruridae	3	黑卷尾
XIII. 雀形目 Passeriformes	23. 椋鸟科 Sturnidae	3	灰椋鸟
	24. 鸦科 Corvidae	9	喜鹊、红嘴蓝鹊
	25. 河乌科 Cinclidae	1	褐河乌
	26. 鹪鹩科 Troglodytidae	1	鹪鹩
	27. 岩鹨科 Prunellidae	1	棕胸岩鹨
	28. 鸫科 Turdidae	24	北红尾鸲、红尾水鸲
	29. 鹟科 Muscicapidae	6	方尾鹟
	30. 画眉科 Timaliidae	19	画眉、红嘴相思鸟

续表

目（Order）	科（Family）	种数	代表物种
XIII. 雀形目 Passeriformes	31. 鸦雀科 Paradoxrnithidae	3	棕头鸦雀
	32. 扇尾莺科 Rhipiduridae	2	山鹛
	33. 莺科 Sylviidae	17	强脚树莺、冠纹柳莺
	34. 绣眼鸟科 Zosteropidae	1	暗绿绣眼鸟
	35. 攀雀科 Remizidae	1	火冠雀
	36. 长尾山雀科 Aegithalidae	3	银脸长尾山雀
	37. 山雀科 Paridae	10	大山雀、黄腹山雀
	38. 鳾科 Sittidae	1	普通鳾
	39. 旋壁雀科 Tichidromidae	1	红翅旋壁雀
	40. 啄花鸟科 Dicaeidae	1	红胸啄花鸟
	41. 花蜜鸟科 Nectariniidae	1	蓝喉太阳鸟
	42. 雀科 Passeridae	2	山麻雀
	43. 梅花雀科 Estrididae	1	白腰文鸟
	44. 燕雀科 Fringillidae	6	金翅雀
	45. 鹀科 Emberizidae	7	黄喉鹀
13	15	206	

在居留型方面，实习基地的206种鸟类中，留鸟126种，夏候鸟46种，旅鸟30种，冬候鸟3种，迷鸟仅1种，分别占61.2%、22.3%、14.6%、1.5%和0.4%。说明区内鸟类以留鸟和夏候鸟为主，也是本地鸟类的固有组成成分，由于秦岭是候鸟迁徙途中必须要跨越的地理屏障，因此有一定数量的旅鸟途经本区。因本区海拔较高，冬季较为寒冷，因此冬候鸟的种类极少。

在鸟类区系组成方面，本区繁殖鸟（留鸟和夏候鸟）种类172种，其中东洋种82种，古北种60种，广布种30种，分别占47.7%、34.9%和17.4%。如前文所述，本区地处东洋界华中区西部山地高原亚区的秦岭山地省，因此东洋界的鸟类占有一定优势（47.7%）。但是本区距北部东洋界和古北界的分界线（秦岭主脊）的直线距离约25km，加之本区海拔较高，因此古北界的鸟类也占有相当的比例（34.9%）。南北广泛分布的种类也有一定数量。这种分布格局与整个秦岭地区鸟类区系组成极为类似，充分体现了秦岭山脉对古北界种类的阻隔作用以及多种区系成分交汇分布的过渡性特征。

十、秦岭地区中国珍稀鸟类和特有鸟类

得天独厚的自然地理条件孕育了丰富多彩的鸟类资源，世界唯一的朱鹮野生种群生活在秦岭南坡的汉中地区，世界上首个朱鹮再引入种群见于秦岭南坡的宁陕县。还有雉类、猛禽类在该地区分布广泛。秦岭地区拥有中国珍稀保护鸟类61种，其中国家Ⅰ级重点保护物种9种，国家Ⅱ级重点保护物种52种。作为生物多样性保护的关键地区和物种分化中心之一，秦岭地区拥有众多的鹟科、鸫科、画眉科和莺科的种类，其中很多种类为中国所特有，加上雉科、雀科的部分种类，该地区共有中国特有鸟类32种，占中国特有鸟类总数（105种）的30.5%。现将秦岭地区所有保护鸟类和中国特有种叙述如下。

郭玉民 摄

1. 卷羽鹈鹕

学　　名：*Pelecanus crispus*

英 文 名：Dalmatian Pelican

分类地位：鹈形目 Pelecaniformes

　　　　　　鹈鹕科 Pelecanidae

形态特征：大型（175cm）游禽。体羽灰白；眼浅黄；喉囊橘黄；翼下白色，飞羽端部黑色；颈背具卷曲冠羽；虹膜浅黄，眼周裸出部粉红；上嘴灰，下嘴粉红；脚灰色。

生态分布：旅鸟。秦岭地区偶见于汉江流域安康段。

生态习性：喜群居，在开阔水面游憩、捕鱼。

数量状况：迁徙季节偶见，一般1～2只。

保护级别：国家Ⅱ级重点保护鸟类；IUCN（2010）易危（VU）；CITES附录：未列入。

2. 东方白鹳

学　　名：*Ciconia boyciana*
英 文 名：Oriental White Stork
分类地位：鹳形目 Ciconiiformes
　　　　　鹳科 Ciconiidae
形态特征：大型（105cm）白色涉禽。两翼及嘴黑色；腿红色；眼周裸出皮肤粉红；飞行时两翼黑色与白色体羽形成鲜明对比。

宁峰 摄

生态分布：旅鸟。迁徙季节罕见于黄河中游湿地（合阳）、渭河流域（浐灞生态区）和汉江支流流域（平利）。

生态习性：越冬结群觅食栖息于开阔的沼泽、鱼塘。

数量状况：冬季偶见。1988年安康平利曾采到2只标本；渭南市合阳县洽川镇曾2002年冬季见到7只与黑鹳混群。2012年冬季有2～3只在渭河支流灞河段短期停留觅食。

保护级别：国家Ⅰ级重点保护鸟类；IUCN（2010）濒危（EN）；CITES附录Ⅰ。

3. 黑鹳

学　　名：*Ciconia nigra*
英 文 名：Black Stork
分类地位：鹳形目 Ciconiiformes
　　　　　鹳科 Ciconiidae
形态特征：大型（100cm）黑色鹳。下胸、腹部和尾下白色；嘴及腿朱红；黑色体羽（亚成鸟黑褐色）闪烁绿紫色金属光泽；虹膜褐色。

林向荣 摄

生态分布：留鸟或冬候鸟。繁殖于黄土高原南端（铜川耀州区）的梢林区，冬季向南至黄河中游湿地（合阳、大荔等县地）、渭河谷地区（眉县霸王河、浐灞生态区等）以及汉江谷地越冬。

生态习性：营巢于悬崖上部的岩洞中；越冬季节成群活动于开阔的沼泽、鱼塘和近水农田。

数量状况：繁殖群体的数量150～200只；越冬季节黄河中游湿地合阳县洽川镇一带一般可见30～50只的群体，最大数量可达90余只。渭河支流西安的浐、灞河以及眉县的霸王河冬季可见3～5只的越冬个体。

保护级别：国家Ⅰ级重点保护鸟类；IUCN（2010）濒危（EN）；CITES附录Ⅱ。

4. 朱鹮

学　　名：*Nipponia nippon*
英 文 名：Crested Ibis
分类地位：鹳形目 Ciconiiformes
　　　　　鹮科 Threskiornithidae

形态特征：中等体型（55cm）白沾粉色涉禽。脸裸出部朱红色；嘴筒状，长而下弯，端部红色；冠羽延伸至颈后；腿部绯红；夏羽头部、颈部、背部铅灰色，冬羽白色沾粉红；幼鸟体羽乌灰色，脸部橙黄色。

生态分布：留鸟。野生种群仅分布于洋县以及周边的城固、西乡、南郑、佛坪、汉台区等。目前建立的再引入种群主要活动于陕西宁陕县城关镇寨沟村附近的针阔混交林以及稻田、河流等处，亦发现再引入种群的繁殖后代扩散至南部的石泉、汉阴觅食或栖息繁殖。

田宁朝　摄

于晓平　摄

于晓平　摄

于晓平 摄

于晓平 摄

生态习性：营巢于高大的栎树、松树或杨树。觅食于稻田、浅水河流、水库边缘或附近的草地中，秋季可至旱地获取少量食物。

数量状况：洋县野生种群的数量已有1981年的7只增加到目前的1000余只；2007年5月至2011年10月先后在宁陕县城关镇寨沟村放飞笼养个体56只，截至2014年已经形成25个繁殖配对，成功繁殖幼鸟79只，附近可见40只左右的再引入种群。扩散个体可飞至石泉、汉阴、佛坪以及宁陕北部的旬阳坝、江口等地。

保护级别：国家Ⅰ级重点保护鸟类；IUCN（2010）濒危（EN）；CITES附录Ⅰ。

雍严格 摄

5. 白琵鹭

学　　名：*Platalea leucorodia*
英 文 名：White Spoonbill
分类地位：鹳形目 Ciconiiformes
　　　　　鹮科 Threskiornithidae
形态特征：大型（84cm）白色涉禽。嘴灰黑而长且呈琵琶状，头部裸出部黄色；虹膜红色，脚黑色。
生态分布：冬候鸟。较大的越冬群体习见于关中东部的黄河中游湿地（合阳县洽川镇）；零星小群见于渭河谷地（如浐灞河流域）和汉江流域。
生态习性：冬季成群活动于芦苇沼泽、鱼塘和农田中，常与白鹭、大白鹭混群。
数量状况：一般可见20～30只的群体，最大群体数量120余只发现于渭南市合阳县洽川镇的黄河滩涂湿地。
保护级别：国家Ⅱ级重点保护鸟类；IUCN（2010）易危（VU）；CITES附录：附录Ⅱ。

张岩 摄

6. 鸿雁

学　　名：*Anser cygnoides*
英 文 名：Swan Goose
分类地位：雁形目 Anseriformes
　　　　　鸭科 Anatidae
形态特征：大型（88cm）而颈长的雁类。嘴长且与前额成一直线，嘴基有白色环绕。上体灰褐，羽缘皮黄。前颈白，头顶及颈背红褐。前后颈具显著界限。虹膜褐色，嘴黑色，腿粉红，脚深橘黄。
生态分布：冬候鸟或旅鸟。越冬群体主要见于关中东部的黄河中游湿地的黄河河心滩涂和沿岸的芦苇沼泽地带，零星个体偶见于秦岭山脉的渭河或汉江支流流域。
生态习性：冬季成群活动于黄河干流、附近沼泽、鱼塘。
数量状况：数量不是很多，而且年间变化较大。
保护级别：国家Ⅱ级重点保护鸟类；IUCN（2010）无危（LC）；CITES附录：未列入。

7. 大天鹅

学　　名：*Cygnus cygnus*

英 文 名：Whooper Swan

分类地位：雁形目 Anseriformes
　　　　　鸭科 Anatidae

王中强 摄

形态特征：大型（155cm）白色游禽。嘴黑，嘴基黄色延至上喙侧缘成尖形；亚成体体羽污白色；虹膜褐色；脚黑色。

生态分布：冬候鸟。越冬群体主要见于关中东部的黄河中游湿地的黄河河心滩涂和沿岸的芦苇沼泽地带，零星个体偶见于秦岭山脉的渭河或汉江支流流域。2010年12月渭河支流灞河下游出现的2只越冬个体属于罕见的记录。

生态习性：冬季成大群活动于黄河干流、附近沼泽、鱼塘。

数量状况：渭南韩城、合阳、大荔、潼关沿线的黄河湿地曾发现3000只的群体，黄河西岸芦苇沼泽、鱼塘区人为活动较多，群体数量较小（10～100只）。由于近年来陕西省黄河中游湿地的大规模开发，大面积的天然芦苇荡被垦为莲池和鱼塘，人为活动频繁，黄河外滩已很难见到越冬个体。黄河内滩大天鹅的越冬数量也急剧下降，大部分个体顺黄河干流至三门峡库区下游越冬。

保护级别：国家Ⅱ级重点保护鸟类；IUCN（2010）易危（VU）；CITES附录：未列入。

8. 小天鹅

学　　名：*Cygnus columbianus*

英 文 名：Tundra Swan

分类地位：雁形目 Anseriformes
　　　　　鸭科 Anatidae

于晓平 摄

形态特征：较大天鹅为小（142cm）的白色游禽。嘴黑基部黄色区域较大天鹅小；上喙侧缘黄色不成尖形；虹膜褐色；腿黑色。

生态分布：冬候鸟。黄河中游湿地和秦岭南北坡的小河流中。

生态习性：在黄河干流以及附近的沼泽、鱼塘觅食栖息。

数量状况：常与大天鹅混群，易混淆，个体数量较大天鹅甚少，具体数量不详。

保护级别：国家Ⅱ级重点保护鸟类；IUCN（2010）易危（VU）；CITES附录：未列入。

9. 鸳鸯

田宁朝 摄

学　　名：*Aix galericulata*

英 文 名：Mandarin Duck

分类地位：雁形目 Anseriformes
　　　　　　鸭科 Anatidae

形态特征：小型（40cm）而色彩艳丽的鸭类。雄性具醒目的白色眉纹和直立独特的棕黄色帆状饰羽；雌性体羽亮灰，具优雅的白色眼圈；虹膜褐色；嘴雄鸟红色，雌鸟灰色；脚黄色。

生态分布：旅鸟或冬候鸟。黄河中游湿地的鱼塘、渭河流域（包括秦岭北坡支流）、汉江流域（如宁陕县汉江二级支流长安河曾出现小群越冬个体）。

生态习性：冬季呈小群活动于鱼塘、水库和林间溪流。

数量状况：少见，一般群体数量5～8只。

保护级别：国家Ⅱ级重点保护鸟类；IUCN（2010）易危（VU）；CITES附录：未列入。

10. 中华秋沙鸭

于晓平 摄

学　　名：*Mergus squamatus*

英 文 名：Scaly-sided Merganser

分类地位：雁形目 Anseriformes
　　　　　　鸭科 Anatidae

形态特征：中等体型（58cm）黑白色具绿色光泽游禽。嘴长而窄，尖端具钩；两胁白色而具特征性鳞状纹；虹膜褐色；喙橘红色；脚橘红色。

生态分布：冬季迷鸟于秦岭山脉的佛坪。

生态习性：活动于湍急的多树的河谷溪流中。

数量状况：省内极罕见，曾在佛坪自然保护区境内采到1只标本，估计为迷鸟。

保护级别：国家Ⅰ级重点保护鸟类；IUCN（2010）濒危（EN）；CITES附录Ⅰ。

11. 鹗

学　　名：*Pandion haliaetus*
英 文 名：Osprey
分类地位：隼形目 Falconiformes
　　　　　鹗科 Pandionidae
形态特征：中等（55cm）褐、黑、白色猛禽。头及下体白色，具黑色贯眼纹和可竖立的短羽冠；上体暗褐色；虹膜黄色；喙黑，蜡膜灰；脚灰色。
生态分布：夏候鸟。秦岭南北坡的水域（河流、水库和鱼塘）。

李利伟 摄

生态习性：单独活动；营巢于高大乔木上；可俯冲于水中捕食鱼类。
数量状况：分布虽广泛但数量极少。
保护级别：国家Ⅱ级重点保护鸟类；IUCN（2010）无危（LC）；CITES 附录：附录Ⅱ。

12. 黑鸢

学　　名：*Milvus migrans*
英 文 名：Black Kite
分类地位：隼形目 Falconiformes
　　　　　鹰科 Accipitridae
形态特征：体型略大（65cm）的深褐色猛禽。尾略显分叉，飞行时初级飞羽基部具显著的浅色次端斑块。似黑鸢但耳羽黑色，体型稍大，翼上斑块较白。

于晓平 摄

生态分布：留鸟（普通亚种 *M. m. lineatus*）。秦岭南北坡均有分布。
生态习性：喜开阔的乡村、城镇，振翅缓慢，飞行姿态优雅，停歇于电杆、建筑物顶，有时在旅游区的垃圾堆放处寻找食物。
数量状况：数量较少，但喜结群活动。
保护级别：国家Ⅱ级重点保护鸟类。列入《中国鸟类红色名录》（2009）。

李利伟 摄

13. 凤头蜂鹰
学　　名：*Pernis ptilorhyncus*
英 文 名：Oriental Honey Buzzard
分类地位：隼形目 Falconiformes
　　　　　鹰科 Accipitridae
形态特征：中等体型（58cm）的深色猛禽。具不显著的羽冠；上体由白至赤褐色，下体满布斑点和横纹，尾具不规则横纹；浅色喉斑缘黑色纵纹；虹膜橘黄；嘴灰色；脚黄色。

生态分布：旅鸟（东方亚种 *P. p. orientalis*）。秦岭南坡至巴山山脉的林区。
生态习性：具振翅-滑翔的特征性飞行姿态，滑翔时两翼平伸；具偷袭蜂巢的习性。
数量状况：单独活动；少见。
保护级别：国家Ⅱ级重点保护鸟类；IUCN（2010）无危（LC）；CITES 附录：附录Ⅱ。

林向荣 摄

14. 黑冠鹃隼
学　　名：*Aviceda leuphotes*
英 文 名：Black Baza
分类地位：隼形目 Falconiformes
　　　　　鹰科 Accipitridae
形态特征：小型（32cm）黑白色猛禽。具显著的直立的黑色羽冠；通体黑色，胸具白色宽带，腹部具深栗色横纹，翼具白斑，两翼短圆；虹膜红色；嘴角质色；脚深灰。

生态分布：夏候鸟（南方亚种 *A. l. syama*）。仅见于秦岭南坡如洋县、宁陕县的中低山区（700～1500m）。
生态习性：营巢于高大乔木树冠的中上部，飞行姿态似乌鸦。
数量状况：繁殖前期可见 4～6 只的小群；繁殖期成对活动。
保护级别：国家Ⅱ级重点保护鸟类；IUCN（2010）无危（LC）；CITES 附录：未列入。

15. 凤头鹰

学　　　名：*Accipiter trivirgatus*
英　文　名：Crested Goshawk
分类地位：隼形目 Falconiformes
　　　　　鹰科 Accipitridae
形态特征：中等体型（42cm）。具短羽冠；成年雄性上体灰褐，下体棕色，胸部具白色纵纹；两翼及尾具横斑；颈部白色而带黑色纵纹；腹部及腿白色具黑色粗横斑；雌鸟似雄鸟但下体纵纹和

李利伟　摄

横斑褐色，上体褐色为淡；虹膜黄绿；嘴黑而蜡膜黄色；脚黄色。
生态分布：留鸟（普通亚种 *A. t. indicus*）。仅见于秦岭南坡的洋县和佛坪。
生态习性：栖息于茂密的林区；繁殖期常于森林上空翱翔并高声鸣叫。
数量状况：罕见。
保护级别：国家Ⅱ级重点保护鸟类；IUCN（2010）无危（LC）；CITES 附录：附录Ⅱ。

16. 赤腹鹰

学　　　名：*Accipiter soloensis*
英　文　名：Chinese Goshawk
分类地位：隼形目 Falconiformes
　　　　　鹰科 Accipitridae
形态特征：中等体型（33cm）。上体浅灰，下体白，胸及两胁染橙色，两胁具浅灰色横纹；飞行时，翼狭长而端甚尖，翼下全白

于晓平　摄

而仅初级飞羽羽端黑色；虹膜红或褐色；嘴灰而端黑；蜡膜和脚橘黄。
生态分布：留鸟。见于秦岭南坡各地林区。
生态习性：常单独活动于开阔林区，喜停歇于电杆、树冠横枝。从栖处捕食，快速追逐小鸟，偶捕青蛙，有时在空中盘旋。
数量状况：常见。
保护级别：国家Ⅱ级重点保护鸟类；IUCN（2010）无危（LC）；CITES 附录：未列入。

17. 雀鹰

学　　名：*Accipiter nisus*
英 文 名：Eurasian Sparrow Hawk
分类地位：隼形目 Falconiformes
　　　　　鹰科 Accipitridae
形态特征：中等体型（32cm）。雄鸟上体灰色，下体白而有棕色横斑，尾具横带，脸颊棕色；雌鸟体型较大，上体褐，下体白；腿上有灰褐色横斑，无喉中线，脸颊棕色较少；飞行时，翼略狭长而后缘稍圆凸，翼指6枚，尾收拢时较其他猛禽显长而尾端平；虹膜黄色；喙呈角质色而端黑；脚黄色。
生态分布：旅鸟（指名亚种 *A. n. nisosmilis*）。迁徙时可见于陕西各类生境。
生态习性：常活动于开阔林区和林缘，捕食鸟类和小型兽类。
数量状况：不常见，迁徙时单独活动。
保护级别：国家Ⅱ级重点保护鸟类；IUCN（2010）无危（LC）；CITES 附录：未列入。

18. 苍鹰

学　　名：*Accipiter gentilis*
英 文 名：Northern Goshawk
分类地位：隼形目 Falconiformes
　　　　　鹰科 Accipitridae
形态特征：体形较大（56cm）。成鸟体灰，无冠羽或喉中线，具白色的宽眉纹。下体白色具灰褐色细横纹；幼鸟上体褐色，羽缘色浅成鳞状纹，下体具黑色短粗纵纹；飞行时翼比鹰属其他种更宽长，6 枚翼指，收拢的尾端圆或略呈楔形；虹膜红色（幼鸟黄色）；喙灰色；脚粗壮，黄色。
生态分布：旅鸟（普通亚种 *A. g. schvedowi*）。迁徙时可见于各种生境。但 2013 年 5 月在宁陕发现其捕杀放飞朱鹮巢中雏鸟，是否在当地繁殖尚需进一步调查。
生态习性：典型的森林鹰类，凶猛，捕食鸠鸽类、野兔，敢于挑战更大的猛禽。
数量状况：罕见。
保护级别：国家Ⅱ级重点保护鸟类；IUCN（2010）无危（LC）；CITES 附录：未列入。

19. 松雀鹰

学　　名：*Accipiter virgatus*

英 文 名：Besra Sparrow Hawk

分类地位：隼形目 Falconiformes

　　　　　鹰科 Accipitridae

形态特征：中等体型（33cm）。雄鸟上体灰黑，有黑色髭纹，喉白而具黑色喉中线，下体白而两胁棕色并具褐色横斑，尾具粗横斑；雌鸟及幼鸟：背褐色，亚成鸟胸部具纵纹，两胁棕色淡而少，尾褐而具深色横纹；飞行时，翼下深色条带明显而连贯，翼后缘圆凸明显，翼指5枚；虹膜黄色；喙黑色；脚黄色。

生态分布：夏候鸟（南方亚种 *A. v. affinis*）。见于海拔300～2000m的多林丘陵山地，曾记录于周至、佛坪、太白、洋县等地。

生态习性：常活动于针阔混交林，也见于林缘。除繁殖时，均单独活动。主要捕食小鸟，也吃昆虫。繁殖期具有极强的护巢领域性。

数量状况：罕见。

保护级别：国家Ⅱ级重点保护鸟类；IUCN（2010）无危（LC）；CITES附录：未列入。

20. 大鵟

学　　名：*Buteo hemilasius*

英 文 名：Upland Buzzard

分类地位：隼形目 Falconiformes

　　　　　鹰科 Accipitridae

形态特征：大型（70cm）猛禽。有几种色型：浅色型的头、颈白而沾黄，具褐色羽干纹，髭纹褐色，背、肩、翅上覆羽灰褐色，尾上偏白并常有横斑，飞行时，翼角黑色，翼背面初级飞羽基部有白色斑块，腹部及腿形成一条深色横带，次级飞羽具清楚的深色条带；深色型几乎通体暗褐色，尾常为褐色；虹膜黄或偏白；喙蓝灰；跗蹠被毛，脚黄色。

生态分布：冬候鸟。迁徙时多见于开阔地而很少出现在林区，西安、华阴、佛坪、洋县、石泉、太白等地曾有记录。

生态习性：凶猛而机警，捕食野鼠、野兔，也食小鸟，迁徙时可成群。

数量状况：不常见。

保护级别：国家Ⅱ级重点保护鸟类；IUCN（2010）无危（LC）；CITES附录：未列入。

21. 普通𫛭

学　　名：*Buteo buteo*
英 文 名：Common Buzzard
分类地位：隼形目 Falconiformes
　　　　　鹰科 Accipitridae

形态特征：体型中等偏大（55cm）。体色变异大：浅色型的上体褐色，脸、颈侧、喉皮黄具红褐色细纹，眼后线褐色，髭纹栗色，下体偏白具棕色纵纹，两胁及大腿沾棕色，飞行时两翼宽而圆，翼角有深色斑，初级飞羽基部背面有白色块斑，胸腹面呈"白—褐—白"的三条色带；深色型：几乎通体红褐色，头褐色，髭纹黑色；尾近端处常具黑色横纹；虹膜黄色至褐色；喙灰色，端黑，蜡膜黄色；跗蹠无被羽，脚黄色。

生态分布：冬候鸟（普通亚种 *B. b. japonicus*）。迁徙时可见于省内各地各种生境，尤其常见于林地。

生态习性：森林型猛禽，飞行灵活，常在高空翱翔，发现猎物时俯冲猛扑，捕食鸟类、小型哺乳类。一般单独活动，迁徙时可成大群。

数量状况：常见。

保护级别：国家Ⅱ级重点保护鸟类；IUCN（2010）无危（LC）；CITES 附录：未列入。

22. 毛脚𫛭

学　　名：*Buteo lagopus*
英 文 名：Rough-legged Hawk
分类地位：隼形目 Falconiformes
　　　　　鹰科 Accipitridae

形态特征：中等体型（54cm）。体色较白，尤其是头部，而褐色不明显；飞行时，可见翼角黑斑明显，初级飞羽基部比普通𫛭更白，尾白而有明显的次端黑色横带，胸白而腹部、大腿深色；跗骨被羽；虹膜黄褐；喙深灰，蜡膜黄色；脚黄色。

生态分布：冬候鸟（北方亚种 *B. l. kamtschatkensis*）。曾记录于佛坪和黄河中游湿地，迁徙时可能见于省内低山带次生林、农田。

生态习性：喜开阔地带，主要捕食农田、山林中的鼠类、野兔，也食小鸟。单独活动，冬季迁徙时也不成群。

数量状况：少见。

保护级别：国家Ⅱ级重点保护鸟类；IUCN（2010）无危（LC）；CITES 附录：未列入。

23. 灰脸鵟鹰

学　　名：*Butastur indicus*

英 文 名：Grey-faced Buzzard

分类地位：隼形目 Falconiformes
　　　　　鹰科 Accipitridae

沈越摄

形态特征：中等体型（45cm）。脸深灰色，顶纹和髭纹黑色，眉纹白色，颏及喉白色；上体褐色并有黑色的纵纹及横斑；胸褐色而具黑色细纹；腹部具棕色横斑；飞行时，翼型长而尖，翼后缘平直，翼指5枚，翼尖略黑，尾细长而尾端近平型；虹膜黄色；喙灰色，蜡膜黄色；脚黄色。

生态分布：夏候鸟。南郑、石泉、安康曾有记录，户县的秦岭北坡也可见到。

生态习性：喜栖于开阔林区、草原荒地，喜从树上栖处捕食。筑巢于落叶松上。飞行缓慢沉重，少停栖。

数量状况：罕见。

保护级别：国家Ⅱ级重点保护鸟类；IUCN（2010）无危（LC）；CITES 附录：附录Ⅱ。

24. 金雕

学　　名：*Aquila chrysaetos*

英 文 名：Golden Eagle

分类地位：隼形目 Falconiformes
　　　　　鹰科 Accipitridae

张岩摄

形态特征：体型大（85cm）。通体栗褐色；头颈羽毛尖锐，金色；飞行时，翼极长，翼指显著，腰部白斑明显可见，尾长而圆；幼鸟白色翼斑和尾基部白色更显著；虹膜褐色；嘴巨大，灰色；脚黄色。

生态分布：留鸟（华西亚种 *A. c. daphanea*）。广泛分布于秦岭南北坡高山林区。

生态习性：栖于草原、森林、山崖。飞行高度极高，喜盘旋，常停栖于悬崖峭壁上。性凶猛，捕食大型鸟类、中小型哺乳类。

数量状况：分布广，但极罕见。

保护级别：国家Ⅰ级重点保护鸟类；IUCN（2010）无危（LC）；CITES 附录：附录Ⅱ。

25. 白肩雕

学　　名：*Aquila heliaca*
英 文 名：Imperial Eagle
分类地位：隼形目 Falconiformes
　　　　　鹰科 Accipitridae
形态特征：体型大（75cm）。成鸟通体暗褐色；头顶、颈背皮黄色，肩羽有白斑；尾基部具黑、灰色横斑；幼鸟皮黄色，体羽及覆羽具深色纵纹，下背及腰具大片乳白色斑；飞行时，身体及翼下黑色，翼甚宽长，7枚翼指显著，幼鸟翼上有狭窄的白色后缘，尾、飞羽均色深，仅初级飞羽最内3枚形成浅色翼窗；虹膜浅褐色；喙灰色，蜡膜黄色；脚黄色。

生态分布：冬候鸟。曾记录于西安、太白。

生态习性：单独活动，喜沼泽、森林草原、荒地。飞行缓慢，常在空中鼓翼滑翔。捕食中小型兽类和鸟类。

数量状况：极罕见。

保护级别：国家Ⅰ级重点保护鸟类；IUCN（2010）易危（VU）；CITES 附录：附录Ⅰ。

26. 蛇雕

学　　名：*Spilornis cheela*
英 文 名：Crested Serpent Eagle
分类地位：隼形目 Falconiformes
　　　　　鹰科 Accipitridae
形态特征：中等体型（50cm）。成鸟：头顶至枕部有短宽而蓬松的黑白相间的冠羽，上体深褐色，下体褐色，腹部、两胁及臀具白色细圆斑；亚成鸟似成鸟但褐色较浓，冠羽短，体羽多白色；飞行时两翼甚圆且宽，翼下黑白条带显著，而尾短而有一白色横带；虹膜黄色；脸部裸皮黄色；嘴灰褐色；脚黄色。

生态分布：留鸟（东南亚种 *S. c. ricketti*）。仅记录于佛坪。

生态习性：典型的热带、亚热带森林鹰类，飞行甚高，常边飞边鸣。主要捕食蛇类，也食小鸟和鼠类。

数量状况：罕见。

保护级别：国家Ⅱ级重点保护鸟类；IUCN（2010）无危（LC）；CITES 附录：附录Ⅱ。

27. 鹰雕

学　　名：*Spizaetus nipalensis*
英 文 名：Moutain Hawk-Eagle
分类地位：隼形目 Falconiformes
　　　　　鹰科 Accipitridae

形态特征：体型大（74cm）。枕部具短冠羽，颏、喉及胸白色，具黑色的喉中线及纵纹；上体灰褐或褐色，具黑白纵纹及、杂斑；下腹部、大腿具白色横斑；飞行时，翼甚宽短，翼下有黑色和白色窄条带，翼指不明显，尾长而圆；虹膜黄至褐色；嘴偏黑，蜡膜绿黄；腿被羽，脚黄色。

生态分布：留鸟（指名亚种 *S. n. nipalensis*）。记录于西安、佛坪、宁陕等地。

生态习性：典型的森林鹰类，尤喜原始林，从不在有人为干扰的地方筑巢。捕食雉类、野鸭、野兔，偶尔捕食鱼类。

数量状况：不常见。

保护级别：国家Ⅱ级重点保护鸟类；IUCN（2010）无危（LC）；CITES 附录：未列入。

28. 短趾雕

学　　名：*Circaetus gallicus*
英 文 名：Short-toed Snake Eagle
分类地位：隼形目 Falconiformes
　　　　　鹰科 Accipitridae

形态特征：体型大（65cm）。身体沉重，喉、胸褐色；上体灰褐；下体白而具深色纵纹，腹部具不明显的横斑；尾具不明显的宽阔横斑。亚成鸟体色较浅；飞行时，翼型宽，翼下白而具断续的褐色窄横纹；虹膜黄色；喙黑色；蜡膜灰色；脚偏绿。

生态分布：夏候鸟。仅记录于佛坪。

生态习性：喜开阔的沙漠、半沙漠、稀树山地，也栖于森林边缘及次生灌丛。常成对飞行，盘旋及滑翔时两翼平直，飞行轻捷，常像隼一样停在空中振羽搜寻爬行类、鼠类、小鸟。

数量状况：极罕见。

保护级别：国家Ⅱ级重点保护鸟类；IUCN（2010）无危（LC）；CITES 附录：附录Ⅱ。

29. 秃鹫

学　　名：*Aegypius monachus*
英 文 名：Cinereous Vulture
分类地位：隼形目 Falconiformes
　　　　　鹰科 Accipitridae
形态特征：体型巨大（100cm）。头颈裸露，喉及眼下有黑色羽毛；通体黑褐色；飞行时，两翼平直，甚长而宽，7枚翼指长而显著，后缘近初级飞羽处明显内凹，尾短呈楔形；虹膜深褐；喙强大而有力，角质色，蜡膜蓝色；脚灰色。
生态分布：留鸟。曾记录于洋县、佛坪；2011年3月秦岭北坡的长安县也有发现。
生态习性：常栖于山地、丘陵、草原、森林。主要以兽类尸体为食，偶尔捕捉活猎物。常在高空翱翔数小时。
数量状况：极罕见。
保护级别：国家Ⅱ级重点保护鸟类；IUCN（2010）近危（NT）；CITES 附录：附录Ⅱ。

30. 玉带海雕

学　　名：*Haliaeetus leucoryphus*
英 文 名：Pallas's Fish Eagle
分类地位：隼形目 Falconiformes
　　　　　鹰科 Accipitridae
形态特征：体型大（80cm）。头白色，耳覆羽、过眼线深褐，颈上矛状尖羽及胸浅棕白色；上体余部深褐色；下体灰褐色，有紫黑色金属光泽；亚成鸟棕褐色，腹面具白斑；飞行时，翼型很宽，黑色的小覆羽与浅色中覆羽形成对比，楔型尾黑色，尾基部有白色横带；虹膜黄色；喙及蜡膜灰色；脚黄白或灰色。
生态分布：旅鸟。曾见于西安、牛背梁保护区。
生态习性：喜丘陵、多山岳的开阔地带、河谷、高原湖泊，捕食鼠类、鱼、小鸟，偶尔盗食羊羔。
数量状况：极罕见。
保护级别：国家Ⅰ级重点保护鸟类；IUCN（2010）易危（VU）；CITES 附录：附录Ⅱ。

31. 白尾海雕

学　　名：*Haliaeetus albicilla*
英 文 名：White-tailed Sea Eagle
分类地位：隼形目 Falconiformes
　　　　　鹰科 Accipitridae

肖克坚 摄

形态特征：体型大（85cm）。成鸟头、颈、胸淡褐色，腹部褐色；幼鸟体羽褐色，体羽和尾随年龄不同具不规则白色点斑；飞行时，翼宽而长，近黑的飞羽与深栗色的翼下成对比，尾短呈楔形，成鸟尾全白，幼鸟白尾镶棕色边；虹膜黄色；喙及蜡膜黄色；脚黄色。

生态分布：旅鸟。曾记录于西安等地。

生态习性：喜海岸、湖泊、江河等近水地带，也见于山地草原。捕食鱼类、水禽、雉鸡、小型兽类。多单独活动，飞行缓慢，且呈直线，喜停息于河岸、岩石、乔木。

数量状况：罕见。

保护级别：国家Ⅰ级重点保护鸟类；IUCN（2010）无危（LC）；CITES 附录：附录Ⅱ。

32. 白尾鹞

学　　名：*Circus cyaneus*
英 文 名：Hen Harrier
分类地位：隼形目 Falconiformes
　　　　　鹰科 Accipitridae

郭玉民 摄

形态特征：中等偏大体型（50cm）。翼、尾窄长；雄鸟头、颈、上胸、尾浅灰至灰色，上胸和腹部白色，尾基部至腰白色，初级飞羽灰黑色；雌鸟褐色而斑驳，尾上覆羽白色，尾部有 3～5 条深褐色横带，飞行时课件翼下次级飞羽形成两条明显的深色条带；虹膜浅褐色；喙灰色；脚黄色。

生态分布：夏候鸟。见于西安、周至、洋县、汉台、安康等地。

生态习性：喜开阔地，可见其栖息于平原村落附近的高大乔木。喜食兽类、小鸟。

数量状况：不常见。

保护级别：国家Ⅱ级重点保护鸟类；IUCN（2010）无危（LC）；CITES 附录：未列入。

王天冶 摄

33. 白腹鹞
学　　名：*Circus spilonotus*
英 文 名：Eastern Marsh Harrier
分类地位：隼形目 Falconiformes
　　　　　鹰科 Accipitridae
形态特征：中等体型（50cm）。翼、尾窄长；雄鸟头部黑色或布满灰褐色短纵纹，喉及胸黑并满布白色纵纹，腹部白，尾上覆羽白色，尾灰色，初级飞羽末端黑色；雌鸟体羽深褐，头顶、颈背皮黄色具深褐色纵纹，初级飞羽基部色浅，末端具褐色横斑，尾具横带；虹膜黄色（雄）或浅褐色（雌、幼）；喙灰色；脚黄色。
生态分布：旅鸟。曾记录于西安。
生态习性：喜开阔的芦苇沼泽湿地，飞行高度较低，食性同白尾鹞。
数量状况：罕见。
保护级别：国家Ⅱ级重点保护鸟类；IUCN（2010）无危（LC）；CITES 附录：未列入。

李显达 摄

34. 鹊鹞
学　　名：*Circus melanoleucos*
英 文 名：Pied Harrier
分类地位：隼形目 Falconiformes
　　　　　鹰科 Accipitridae
形态特征：中等偏小体型（42cm）。翼、尾窄长；雄鸟头、颈、上背黑色，腹部白色，除中覆羽、初级飞羽黑色外，以上灰白，尾灰色；雌鸟上体褐色沾灰并具纵纹，下体皮黄具棕色纵纹，腰白，尾具灰色、褐色横斑，飞羽上面形成灰色斑块，下面具近黑色横斑；虹膜黄色；喙角质色；脚黄色。
生态分布：旅鸟。曾见于青木川自然保护区。
生态习性：常在开阔原野、沼泽地带、芦苇地及稻田低空滑翔，捕食两栖类、爬行类、小型兽类、小鸟。
数量状况：罕见。
保护级别：国家Ⅱ级重点保护鸟类；IUCN（2010）无危（LC）；CITES 附录：未列入。

35. 猎隼

学　　名：*Falco cherrug*

英 文 名：Saker Falcon

分类地位：隼形目 Falconiformes
　　　　　隼科 Falconidae

形态特征：中等偏大体型（50cm）。头、颈、下体黄白色，具褐色纵纹，背部褐色而略具横斑翼下大覆羽具黑色细纹，翼形略钝而色浅，翼尖深褐色；虹膜褐色；喙短，灰色，蜡膜浅黄；脚浅黄。

肖红 摄

生态分布：冬候鸟（北方亚种 *F. c. milvipes*）。曾见于太白山。

生态习性：主要栖息于山区、丘陵、草原，多单独活动，捕食中小型兽类、中型鸟类等。

数量状况：极罕见。

保护级别：国家Ⅱ级重点保护鸟类；IUCN（2010）易危（VU）；CITES 附录：附录Ⅱ。

36. 燕隼

学　　名：*Falco subbuteo*

英 文 名：Eurasian Hobby

分类地位：隼形目 Falconiformes
　　　　　隼科 Falconidae

形态特征：小型（30cm）黑白色隼。翼长，腿及臀棕色。上体深灰，胸乳白而具黑色纵纹。虹膜褐色，嘴灰色，脚黄色。

于晓平 摄

生态分布：夏候鸟。分布于秦岭南北坡（*F. s. subbuteo*）。

生态习性：喜开阔地或林缘地带，飞行迅速，常在空中捕捉昆虫或小型鸟类。

数量状况：不常见。

保护级别：国家Ⅱ级重点保护鸟类；IUCN（2010）无危（LC）；CITES 附录：附录Ⅱ。

37. 游隼

学　　名：*Falco peregrinus*
英 文 名：Peregrine Falcon
分类地位：隼形目　Falconiformes
　　　　　隼科　Falconidae

形态特征：中等体型（45cm）。强壮；眼下有一黑斑，耳后下方有一大白斑，头顶、脸、上体深灰具黑色点斑及横纹；下体白，胸具黑色纵纹，腹部、腿及尾下多具黑色横斑；雌鸟比雄鸟体大，亚成鸟褐色浓重，腹部具纵纹；各亚种在深色部位上有异；虹膜黑色；喙灰色，蜡膜黄色；腿及脚黄色。

生态分布：旅鸟（普通亚种 *F. p. calidus*）。曾记录于西安、太白。

生态习性：栖于森林、草原，也见于水库、沼泽，食性与猎隼相似。

数量状况：罕见。

保护级别：国家Ⅱ级重点保护鸟类；IUCN（2010）无危（LC）；CITES 附录：附录Ⅱ。

38. 红脚隼

学　　名：*Falco amurensis*
英 文 名：Amur Falcon / Eastern Red-footed Falcon
分类地位：隼形目　Falconiformes
　　　　　隼科　Falconidae

形态特征：中等偏小体型（31cm）。翼形窄而尖；雄鸟除翼下覆羽白色，腿、腹部及臀棕色之外，通体羽毛深灰色；雌鸟额白，头顶灰色具黑色纵纹，喉白，眼下具一偏黑色条斑，背及尾灰并有黑色横斑，下体乳白，胸具黑色纵纹，腹部具黑色横斑，翼下白色并布满黑色点斑及横斑；眼圈和蜡膜橘红色；虹膜褐色；喙灰色；脚红色。

生态分布：夏候鸟。曾记录于西安、周至、眉县、太白、华阴、洋县、佛坪、西乡等地。

生态习性：栖于稀疏林地、平原、沼泽湿地，主要捕食昆虫和鼠类。

数量状况：不常见。

保护级别：国家Ⅱ级重点保护鸟类；IUCN（2010）无危（LC）；CITES 附录：未列入。

注：依据郑光美等（2011），我国过去所称的"红脚隼"（*Falco vespertinus*）已分为两个种，其一是我国广泛分布的红脚隼（*F. amurensis*），其二是仅在新疆分布的西红脚隼（*F. vespertinus*）。

39. 灰背隼

学　　名：*Falco columbarius*
英 文 名：Merlin
分类地位：隼形目 Falconiformes
　　　　　隼科 Falconidae

傅 聪 摄

形态特征：中等偏小体型（30cm）。翼形窄而尖；眉纹白；无髭纹；雄鸟头顶、上体蓝灰，略带黑色纵纹，下体黄褐并多具黑色纵纹，尾蓝灰，具黑色次横带，尾端白；雌鸟及幼鸟上体灰褐，腰灰，喉白色，下体偏白而胸、腹部多深褐色斑纹，尾具近白色横斑；虹膜褐色；喙灰色；蜡膜黄色；脚黄色。

生态分布：旅鸟（普通亚种 *F. c. insignis*）。佛坪、太白曾有记录。

生态习性：喜开阔的林缘、草甸、草原、芦苇沼泽、农耕地、荒漠，主要捕食两栖类、爬行类、鸟类。

数量状况：罕见。

保护级别：国家Ⅱ级重点保护鸟类；IUCN（2010）无危（LC）；CITES 附录：未列入。

40. 红隼

学　　名：*Falco tinnunculus*
英 文 名：Common Kestrel
分类地位：隼形目 Falconiformes
　　　　　隼科 Falconidae

林向荣 摄

形态特征：中等偏小体型（33cm）。雄鸟头、颈灰色，上体赤褐略具黑色横斑，下体皮黄而有黑色纵纹，尾蓝灰，有一条黑色次端横斑；雌鸟体型略大，上体褐色，散布黑色斑点；虹膜褐色；喙灰黑色；蜡膜黄色；脚黄色。

生态分布：留鸟（普通亚种 *F. t. interstinctus*）。广布秦岭南北坡，西安城区的高大建筑物上也常见到。

生态习性：适应性强，可栖息于山区林地、开阔草地、农耕地，甚至城镇的居民区，常在高层建筑上营巢。以昆虫、两栖类、爬行类、鸟类、鼠类为食。

数量状况：常见。

保护级别：国家Ⅱ级重点保护鸟类；IUCN（2010）无危（LC）；CITES 附录：未列入。

41. 血雉

田宁朝 摄

学　　名：*Ithaginis cruentus*

英 文 名：Blood Pheasant

分类地位：鸡形目 Galliformes

　　　　　雉科 Phasianidae

形态特征：中等偏小体型（46cm）。形态似鹑类，雄鸟具显著的矛状长羽，冠羽蓬松。国内分布有 12 个亚种，诸亚种体色各异。陕西分布的为 *I. c. sinensis* 秦岭亚种，特征如下：雄鸟头顶土灰色，羽轴灰白，颈项浅土灰色，有灰白色羽干纹，上体余部灰色，各羽均有白色羽干纹，腰、尾上覆羽沾绿，尾羽多红色；雌鸟羽冠较短，通体褐色或沾灰色、皮黄色；虹膜黄褐；喙黑色，蜡膜红色；脚红色。

生态分布：留鸟（秦岭亚种 *I. c. sinensis*）。中国特有种，广布于秦岭南北坡的中高山区（2500～3200m）。

生态习性：栖息于海拔 1700～3200m 的针叶林、针阔混交林、杜鹃灌丛。常成群活动，不甚惧人。主要取食植物种子、浆果、苔藓、昆虫等。

数量状况：区域性常见。

保护级别：国家 II 级重点保护鸟类；IUCN（2010）无危（LC）；CITES 附录：未列入。

42. 红腹角雉

刘慧民 摄

学　　名：*Tragopan temminckii*

英 文 名：Temminck's Tragopan

分类地位：鸡形目 Galliformes

　　　　　雉科 Phasianidae

形态特征：体型大（68cm）。雄鸟几乎通体绯红或暗朱红色，上体多有带黑色外缘的白色小圆斑，下体带灰白色椭圆形点斑，头黑，眼后有一金黄色条纹，脸部裸皮蓝色，具可膨胀的围裙状肉垂及肉质角；雌鸟较小，通体褐色并有黑白杂斑，下体有大块白色点斑；虹膜褐色；喙黑色，嘴尖粉红；脚粉色至红色。

生态分布：留鸟。广布于秦岭、巴山的中高山区（2000～2800m）。

生态习性：栖于人迹罕至的红桦林、针阔混交林，常单独活动，主要以植物种子、果实、嫩叶、芽等为食。雄鸟在护巢时，常发出类似婴儿啼哭的"哇哇"声，又称娃娃鸡。

数量状况：区域性常见。

保护级别：国家 II 级重点保护鸟类；IUCN（2010）无危（LC）；CITES 附录：未列入。

43. 勺鸡

学　　名：*Pucrasia macrolopha*
英 文 名：Koklass Pheasant
分类地位：鸡形目 Galliformes
　　　　　雉科 Phasianidae

田宁朝 摄

形态特征：体型大（61cm）。雄鸟头顶及冠羽近灰，有明显的长耳羽束，过眼纹、枕及耳羽束、喉有绿色金属光泽，过眼纹下有一白色横斑，上背皮黄色，胸红褐色，其他部位的体羽白色并具黑色矛状纹；雌鸟体型较小，具冠羽但无长的耳羽束，体羽与雄鸟相似；虹膜褐色；喙褐色；脚紫灰。

生态分布：留鸟（陕西亚种 *P. m. ruficollis*）。广布秦巴山区（2000～2500m）。

生态习性：栖于高山针阔混交林，也活动于山脚的灌丛。食物以草籽、植物果实、担子菌类等为主。

数量状况：少见。

保护级别：国家Ⅱ级重点保护鸟类；IUCN（2010）无危（LC）；CITES 附录：未列入。

44. 白冠长尾雉

学　　名：*Syrmaticus reevesii*
英 文 名：Reeves's Pheasant
分类地位：鸡形目 Galliformes
　　　　　雉科 Phasianidae

战玉森 摄

形态特征：体型大（180cm）。雄鸟头部白色并有黑色过眼纹，上体金黄而具黑色羽缘，呈鳞状，腹中部及股黑色，并具长可至1.5m的带横斑尾羽；雌鸟褐色，胸部具红棕色鳞状纹，尾较雄鸟甚短；虹膜褐色；喙角质色；脚灰色。

生态分布：留鸟。中国特有种，曾记录于华阴、城固、洋县、佛坪、南郑、汉台、安康、宁陕、西乡、镇坪等地。

生态习性：栖于海拔1000m左右的山坡密林，也可见于林缘农耕地，单独或成小群活动。主要取食鳞翅目等昆虫、植物种子等。

数量状况：罕见。

保护级别：国家Ⅱ级重点保护鸟类；IUCN（2010）近危（VU）；CITES 附录：附录Ⅰ。

45. 红腹锦鸡

学　　名：*Chrysolophus pictus*

英 文 名：Golden Pheasant

分类地位：鸡形目 Galliformes

　　　　　雉科 Phasianidae

形态特征：中等偏小雉类（98cm）。雄鸟头顶及背有炫亮的金色丝状羽；颈部翎羽金色并具黑色羽缘；上背金属蓝绿色，下体绯红，翼为金属蓝色，尾长而弯曲，近黑而具皮黄色点斑；雌鸟体型较小，黄褐色，上体密布黑色带斑，下体淡皮黄色；虹膜黄色；喙绿黄；脚角质黄色。

生态分布：留鸟。中国特有种，广布秦巴山地的中低山区（1000～1600m）。

生态习性：栖于中低山斜坡的密林或灌丛中，平常单独或成对活动，秋季呈家族群，冬季形成大群。食物以蕨类植物、麦叶、胡颓子、草籽、大豆、药枣、野蒜、玉米等。

数量状况：较常见，冬季可见到数十只的群体。

保护级别：国家Ⅱ级重点保护鸟类；IUCN（2010）无危（LC）；CITES 附录：未列入。

46. 灰胸竹鸡

学　　名：*Bambusicola thoracica*

英 文 名：Chinese Bamboo Partridge

分类地位：鸡形目 Galliformes

　　　　　雉科 Phasianidae

形态特征：小型雉类（33cm）；额、眉纹及颈环蓝灰色，脸、喉及上胸的红棕色；上背、胸侧及两胁有椭圆形的大块褐斑；下体浅棕黄色；虹膜红褐；喙褐色；脚绿灰色。

生态分布：留鸟（指名亚种 *B. t. thoracicus*）。中国特有种，遍布秦岭南北坡的中低山区（900～1500m）。

生态习性：常成群于山坡树林、竹林中，取食植物种子。叫声似"地主婆"。

数量状况：较常见。

保护级别：国家"三有"物种；IUCN（2010）无危（LC）。CITES 附录：未列入。

47. 灰鹤

学　　名：*Grus grus*
英 文 名：Common Crane
分类地位：鹤形目 Gruiformes
　　　　　鹤科 Gruidae

宁　峰摄

形态特征：中等偏大体型（125cm）。顶冠前部黑色，中心红色，头、颈黑色，自眼后有一道宽的白色条纹伸至颈背；体羽余部灰色，背部及长而密的三级飞羽略沾褐色；虹膜褐色；喙污绿色，嘴端偏黄；脚黑色。

生态分布：旅鸟或冬候鸟（普通亚种 *G. g. lilfordi*）。西安、华阴、汉台、合阳有记录，曾于黄河中游湿地的河心滩见到较大越冬群体。

生态习性：栖于河滩和近水的平野地带，结成 5～6 只小群活动，冬季偶见 200～300 只大群。以鱼虾、蛙类、螺蚌、植物种子等为食。

数量状况：罕见。

保护级别：国家Ⅱ级重点保护鸟类；IUCN（2010）无危（LC）；CITES 附录Ⅱ

48. 蓑羽鹤

学　　名：*Anthropoides virgo*
英 文 名：Demoiselle Crane
分类地位：鹤形目 Gruiformes
　　　　　鹤科 Gruidae

形态特征：中等体型（105cm）。头顶白色，有白色丝状长耳羽簇，头、颈青灰色；胸部的黑色羽长而下垂，初级、次级飞羽黑色，三级飞羽灰色，形长，形如身披蓑衣；余部体羽浅灰色；虹膜红色或橘黄；喙黄绿；脚黑色。

肖　红摄

生态分布：旅鸟。西安、周至、合阳、城固等地曾有记录。

生态习性：常成对或以家族群在草地、沼泽湿地活动，取食鱼虾、螺、植物嫩叶、种子等。

数量状况：较罕见。曾于黄河湿地合阳县洽川镇黄河滩涂见到较大的迁徙群体，累计数量达到 185 只。

保护级别：国家Ⅱ级重点保护鸟类；IUCN（2010）无危（LC）；CITES 附录：附录Ⅱ。

张代富 摄

49. 大鸨
学　　名：*Otis tarda*
英 文 名：Great Bustard
分类地位：鹤形目 Gruiformes
　　　　　鸨科 Otididae
形态特征：体型硕大（100cm）。头灰；颈长，棕色；上体棕黄色具黑色横斑，下体及尾下白色；繁殖雄鸟颈前有白色丝状羽和棕色的颈侧丝状羽；飞行时翼偏白，次级飞羽黑色，初级飞羽羽尖深色；虹膜黄色；喙偏黄；脚仅有三趾，黄褐色。
生态分布：冬候鸟（普通亚种 *O. t. dybowskii*）。曾见于西安、周至、华阴、潼关、大荔、合阳。
生态习性：常成群栖息于离人甚远的河滩、荒草地，取食草籽、植物叶片等。
数量状况：罕见。1998 年 1 月曾于合阳县洽川镇黄河滩涂农田中见到 80 只的大群；2003 年冬季曾于灞河入渭三角洲见到 6 只越冬群体。
保护级别：国家Ⅰ级重点保护鸟类；IUCN（2010）易危（VU）；CITES 附录：附录Ⅱ。

焦小宁 摄

50. 红翅绿鸠
学　　名：*Treron sieboldii*
英 文 名：White-bellied Green Pigeon
分类地位：鸽形目 Columbiformes
　　　　　鸠鸽科 Columbidae
形态特征：中等体型（25cm）。头顶前部橙棕色，头、颈、胸黄绿色，背部暗黄绿色，上背略沾灰色；腹部黄白色；腹部两侧及尾下覆羽具暗灰绿色斑；雄鸟翼上的小、中覆羽暗紫红色；雌鸟几乎通体绿色；眼周裸皮淡蓝；虹膜红色；喙偏蓝；脚红色。
生态分布：留鸟（佛坪亚种 *T. s. fopingensis*），曾记录于眉县、周至、佛坪、太白、汉台、安康、洋县、西乡等地。
生态习性：常栖于海拔 1200～1800m 的山沟近水处的阔叶林、针阔混交林，主要取食植物种子。
数量状况：罕见且数量状况不详。2010 年 7 月曾于巴山地区的镇坪县发现 8～10 只的群体。
保护级别：国家Ⅱ级重点保护鸟类；IUCN（2010）无危（LC）；CITES 附录：未列入。

51. 红角鸮（东方角鸮）

学　　名：*Otus sunia*
英 文 名：Oriental Scops Owl
分类地位：鸮形目　Strigiformes
　　　　　鸱鸮科　Strigidae

形态特征：体型小（20cm）。分灰色型和棕色型；耳羽簇短但显著，并与眶上羽连为一体；通体灰褐色或红棕色，并满布深色斑纹；胸满布黑色纵纹；虹膜橙黄色；喙角质灰色；脚偏灰。

生态分布：夏候鸟（东北亚种 *O. s. stictonotus*）。华阴、佛坪、宁强、南郑、安康、周至、洋县、镇坪等地有记录。

生态习性：常栖于栎树等乔木林间、林缘、矮树丛，昼伏夜出，繁殖期彻夜鸣叫。主要捕食鼠类。

数量状况：不常见。

保护级别：国家Ⅱ级重点保护鸟类；IUCN（2010）无危（LC）；CITES 附录：未列入。

注：本种曾作为红角鸮 *O. scops* 的亚种（参见郑作新，1987），现提升为种，又称东方角鸮，而将 *O. scops* 称西红脚鸮（郑光美，2005）。

52. 领角鸮

学　　名：*Otus lettia*
英 文 名：Collared Scops Owl
分类地位：鸮形目　Strigiformes
　　　　　鸱鸮科　Strigidae

形态特征：体型中等（24cm）。额、面盘灰白，有灰褐色细斑；具明显耳羽簇及特征性的浅沙色领环；上体偏灰或沙褐，各羽具黑褐色羽干纹，羽面有黑褐色杂斑；肩羽、翅上外侧覆羽的端部具有棕色或白色的大形点斑；下体皮黄色，有黑色条纹；尾较短；虹膜深褐；喙角质黄色；脚污黄。

生态分布：留鸟（东北亚种 *O. l. ussuriensis*）。洋县、佛坪、安康、周至、太白有记录。

生态习性：多栖于山地林缘，昼伏夜出，从停栖处飞至地面捕食鼠类等。

数量状况：罕见。

保护级别：国家Ⅱ级重点保护鸟类；IUCN（2010）无危（LC）；CITES 附录：未列入。

子钧 摄

53. 雕鸮

学　　名：*Bubo bubo*
英 文 名：Eurasian Eagle-Owl
分类地位：鸮形目　Strigiformes
　　　　　鸱鸮科　Strigidae
形态特征：体型甚大（69cm）。耳羽簇长，外黑内棕；上体褐色并布满黑色杂斑；胸腹部浅棕黄色，多具深褐色纵纹，每片羽毛均具或多或少的褐色细横斑；虹膜橙黄；喙灰色；跗蹠被浅棕色羽，脚黄色。

生态分布：留鸟（华南亚种 *B. b. kiautschensis*）。眉县、西安、城固、佛坪、洋县等地曾有记录。

生态习性：平常在山地林间活动，冬季游荡至平原。昼伏夜出，捕食鼠类、小鸟、昆虫。筑巢于树洞。

数量状况：少见。

保护级别：国家 II 级重点保护鸟类；IUCN（2010）无危（LC）；CITES 附录：附录 II。

郑光武 摄

54. 雪鸮

学　　名：*Bubo scandiacus*
英 文 名：Snowy Owl
分类地位：鸮形目　Strigiformes
　　　　　鸱鸮科　Strigidae
形态特征：体型甚大（61cm）。面盘不甚明显；通体羽毛以白色为主，头顶、背、两翼及腹部有黑色斑点，雌鸟黑斑更多；虹膜黄色；喙灰色；脚黄色。

生态分布：迷鸟。仅在户县有记录。

生态习性：在北极附近地区为昼行性，捕食鼠类，营巢于地面。

数量状况：极罕见。

保护级别：国家 II 级重点保护鸟类；IUCN（2010）无危（LC）；CITES 附录：未列入。

55. 领鸺鹠

学　　名：*Glaucidium brodiei*

英 文 名：Collared Owlet

分类地位：鸮形目 Strigiformes

　　　　　鸱鸮科 Strigidae

卢宪 摄

形态特征：体型瘦小（16cm）。头顶灰色，具白或皮黄色的小斑点，无耳羽簇，头后有两枚黑褐色的大型眼状斑；颈圈浅黄褐色，喉白而满具褐色横斑；胸及腹部皮黄色，具黑色横斑；上体浅褐色而具橙黄色横斑；大腿及臀白色具褐色纵纹；虹膜黄色；喙角质色；脚灰色。

生态分布：留鸟（指名亚种 *G. b. brodiei*）。周至、洋县、佛坪、太白等地曾有记录。

生态习性：单独活动，白天常停息于阴面山沟的树林，隐秘难见。夜晚常彻夜鸣叫。捕食昆虫和鼠类。

数量状况：罕见。

保护级别：国家Ⅱ级重点保护鸟类；IUCN（2010）无危（LC）；CITES 附录：未列入。

56. 斑头鸺鹠

学　　名：*Glaucidium cuculoides*

英 文 名：Asian Barred Owlet

分类地位：鸮形目 Strigiformes

　　　　　鸱鸮科 Strigidae

于晓平 摄

形态特征：体型较小（24cm）。额至头顶多褐色和黑色横斑，颏纹白色；上体棕色或褐色沾灰而具赭色横斑，沿肩部有一道白色线条；下体两侧几全褐，具赭色横斑；臀白色；尾较短，黑褐色，有白色细横纹。虹膜黄褐；喙偏绿而端黄；脚绿黄色。

生态分布：留鸟（华南亚种 *G. c. whitelyi*）。广布秦岭中低山区。

生态习性：主要为夜行性，有时也在白天活动，常在清晨、黄昏鸣叫。常栖于山地林区及林缘、近山的农耕地。主要捕食昆虫、鼠类。

数量状况：较常见。

保护级别：国家Ⅱ级重点保护鸟类；IUCN（2010）无危（LC）；CITES 附录：未列入。

57. 鹰鸮

田宁朝 摄

学　　名：*Ninox scutulata*
英 文 名：Brown Hawk-Owl
分类地位：鸮形目 Strigiformes
　　　　　鸱鸮科 Strigidae
形态特征：中等体型（30cm）。头相对其他鸮类较小，面盘甚不明显，似鹰类；头及上体深褐色；下体皮黄，具宽阔的红褐色纵纹；颏及嘴基部、臀有白色斑点；虹膜亮黄；喙蓝灰，蜡膜绿色；脚黄色。
生态分布：留鸟（华南亚种 *N. s. burmanica*）。曾记录于佛坪、安康、洋县、宁陕、镇坪等地。
生态习性：昼行性，常栖于海拔 800m 左右的山地林缘，从栖处飞起捕食飞行的昆虫。

数量状况：罕见。
保护级别：国家Ⅱ级重点保护鸟类；IUCN（2010）无危（LC）；CITES 附录：未列入。

58. 纵纹腹小鸮

雍严格 摄

学　　名：*Athene noctua*
英 文 名：Little Owl
分类地位：鸮形目 Strigiformes
　　　　　鸱鸮科 Strigidae
形态特征：体型小（23cm）。头顶平，有褐色纹，眉纹平，偏白，髭纹宽，白色；上体褐色，具白色纵纹和点斑，肩上有两道白色或皮黄色的横斑；白色的下体有褐色杂斑和纵纹；虹膜亮黄色；喙角质黄色；脚被白色羽毛。
生态分布：留鸟（普通亚种 *A. n. plumipes*）。周至、宁强、南郑、安康、洋县、佛坪、太白、镇坪等地有记录。
生态习性：在部分地区为昼行性，常停栖于丘陵荒坡、村边农耕地的大乔木上。主要捕食鼠类。
数量状况：较常见。
保护级别：国家Ⅱ级重点保护鸟类；IUCN（2010）无危（LC）；CITES 附录：未列入。

59. 灰林鸮

学　　名：*Strix aluco*
英 文 名：Tawny Owl
分类地位：鸮形目 Strigiformes
　　　　　鸱鸮科 Strigidae

岳明摄

形态特征：中等体型（43cm）。无耳羽簇，面盘显著，眼区内侧灰白；通体具浓红褐色的杂斑及棕纹，或通体灰色而具灰褐色杂斑；胸、腹部羽毛具复杂的纵纹及横斑；虹膜深褐；喙黄色；脚黄色。

生态分布：留鸟（华南亚种 *S. a. nivicola*）。佛坪、南郑、安康、洋县、太白、西乡等地有记录。

生态习性：夜行性，白天潜伏于林间，居民区可见其活动。捕食鼠类。

数量状况：罕见。

保护级别：国家Ⅱ级重点保护鸟类；IUCN（2010）无危（LC）；CITES 附录：未列入。

60. 长耳鸮

学　　名：*Asio otus*
英 文 名：Long-eared Owl
分类地位：鸮形目 Strigiformes
　　　　　鸱鸮科 Strigidae

刘好学摄

形态特征：中等体型（36cm）。圆盘显著而甚圆，边缘镶以黑色和白色边，眼区内侧白色，耳羽簇粗而显著，但有时不可见；上体褐色，具深色块斑及皮黄色和白色的点斑；下体皮黄色，具棕色杂纹及褐色纵纹或斑块；虹膜橙黄；喙角质灰色；脚近肉色。

生态分布：旅鸟（指名亚种 *A. o. otus*）。西安、太白、华阴、洋县、安康、镇坪曾有记录。

生态习性：喜栖于多柏树的高大乔木林中，夜行性。主要捕食鼠类、小鸟。

数量状况：较少见。

保护级别：国家Ⅱ级重点保护鸟类；IUCN（2010）无危（LC）；CITES 附录：未列入。

61. 短耳鸮

学　　名：*Asio flammeus*
英 文 名：Short-eared Owl
分类地位：鸮形目　Strigiformes
　　　　　　　鸱鸮科　Strigidae
形态特征：中等体型（38cm）。面盘圆而显著，皮黄色而带有褐色细纹；头顶的耳羽簇短小而几不可见；上体黄褐，满布黑色和皮黄色纵纹；下体皮黄色，具深褐色纵纹；飞行时翼角的黑斑显而易见；虹膜黄色；喙深灰；脚偏白。
生态分布：旅鸟（指名亚种 *A. f. flammeus*）。曾见于西安、佛坪、西乡等地。
生态习性：常见于近水域的开阔草地。捕食鼠类、小鸟。
数量状况：较罕见。
保护级别：国家Ⅱ级重点保护鸟类；IUCN（2010）无危（LC）；CITES 附录：未列入。

62. 长嘴百灵

学　　名：*Melanocorypha maxima*
英 文 名：Tibetan Lark
分类地位：雀形目　Passeriformes
　　　　　　　百灵科　Alaudidae
形态特征：体型略大（22cm）。眉纹白色，两颊有一浅锈红色斑块和一黑色小横斑；上体羽毛灰褐而沾锈红色，羽缘白色；胸部有不明显的黑斑；下体偏白；尾部甚多白色，外侧尾羽白；虹膜褐色；喙黄白色，基部粗而喙骤尖；脚深褐。
生态分布：留鸟（指名亚种 *M. m. maxima*）。中国特有种，秦岭地区曾有文献记载。
生态习性：喜湿润的草甸草原、沼泽草地。取食草籽和昆虫。叫声洪亮而悦耳。
数量状况：罕见。
保护级别：国家"三有"物种；IUCN（2010）无危（LC）；CITES 附录：未列入。

63. 领雀嘴鹎

学　　名：*Spizixos semitorques*
英 文 名：Collared Finchbill
分类地位：雀形目 Passeriformes
　　　　　鹎科 Pycnonotidae

形态特征：中等偏大（23cm）的鹎。头部近黑色而羽尖灰色，有白色领环，余部羽毛黄绿色，浅黄色的喙粗短似雀类的喙。虹膜褐色，嘴浅黄，脚偏粉。

生态分布：中国有 2 个亚种，均为留鸟。中国鸟类特有种，指名亚种（*S. s. semitorques*）见于华中、华南、东南；台湾亚种（*S. s. cinereicapillus*）于台湾。陕西省内主要分布于秦岭南坡以南各地，关中平原近年来分布区有扩大趋势。

生态习性：成群活动于阔叶林中上部，主要取食野果，也吃昆虫。

数量状况：极为常见的留鸟。

保护级别：国家"三有"物种；IUCN（2010）无危（LC）；CITES 附录：未列入。

64. 白头鹎

学　　名：*Pycnonotus sinensis*
英 文 名：Light-vented Bulbul
分类地位：雀形目 Passeriformes
　　　　　鹎科 Pycnonotidae

形态特征：中等体型（19cm）而有短羽冠的鹎。

头黑色，眼后有一白色宽纹向后延至枕部，上体橄榄色，飞羽缘黄绿色，喉白色，胸部至腹部有浅褐色转为白色，有时沾黄绿色。臀羽白色或极淡的黄色。虹膜褐色，嘴及脚黑色。

生态分布：中国有 3 个亚种，均为留鸟。中国鸟类特有种，指名亚种（*P. s. sinensis*）分布于除了黑龙江、吉林、新疆、西藏和台湾之外的其他省份，该种 15 年前仅见于秦岭以南地区，但目前分布区显著向北扩散，在辽宁的旅顺也可见到；两广亚种（*P. s. hainanus*）分布于广东南部、广西西南部和海南；台湾亚种（*P. s. formosae*）见于台湾。陕西省内几乎遍布各地，秦岭北坡尤其西安城市园林区的密度很大，成为城市鸟类群落的优势种群之一。

生态习性：与领雀嘴鹎、黄臀鹎分布区域有重叠，但白头鹎更倾向于城镇的各种绿地环境，习性似黄臀鹎。

数量状况：极为常见留鸟。

保护级别：国家"三有"物种；IUCN（2010）无危（LC）；CITES 附录：未列入。

65. 棕头歌鸲

学　　名：*Luscinia ruficeps*
英 文 名：Rufous-headed Robin
分类地位：雀形目 Passeriformes
　　　　　　鸫科 Turdidae
形态特征：中等偏小体型（15cm）。雄鸟头顶及颈背暗橙红色，颏及喉白而边缘黑色；上体灰色，尾栗色而尾端近黑；下体近白，胸至两胁染深灰色；雌鸟上体褐色，头侧及颈深灰褐，喉具鳞状斑纹；虹膜深褐；喙黑色；脚粉红。

生态分布：秦岭地区留鸟。中国特有种，仅记录于佛坪。
生态习性：栖于中山区植被较好的森林，喜低矮树丛。取食昆虫。
数量状况：极罕见，省内至今仅一次记录。
保护级别：国家"三有"物种；IUCN（2010）易危（VU）；CITES 附录：未列入。

66. 金胸歌鸲

学　　名：*Luscinia pectardens*
英 文 名：Firethroat
分类地位：雀形目 Passeriformes
　　　　　　鸫科 Turdidae
形态特征：中等偏小体型（15cm）。雄鸟喉、胸亮橙红色；颈侧具苍白色块斑；上体青灰色，两翼及尾色更深；腹部近白；尾基部两侧白色；雌鸟上体褐色，下体浅黄褐色，腹偏白，尾基部无白斑；虹膜深褐；喙黑色；脚粉褐。

生态分布：秦岭地区为夏候鸟。中国特有种，记录于太白。
生态习性：喜栖于茂密灌丛及竹林，取食森林地面的昆虫。
数量状况：罕见。
保护级别：国家"三有"物种；IUCN（2010）近危（NT）；CITES 附录：未列入。

67. 宝兴歌鸫

学　　名：*Turdus mupinensis*

英 文 名：Chinese Thrush

分类地位：雀形目 Passeriformes
　　　　　鸫科 Turdidae

形态特征：中等体型（23cm）。脸颊皮黄色而有黑色细纹，耳羽后侧具黑色斑块；上体褐色，翼上有两道近白色斑；下体皮黄而具明显的近圆形黑斑；虹膜褐色；喙污黄；脚暗黄。

李　飏　摄

生态分布：秦岭地区留鸟。中国特有种，见于山阳、洋县、佛坪、太白等地。

生态习性：喜溪旁栎林、林下灌丛，单独活动，主要取食昆虫。

数量状况：不常见。

保护级别：国家"三有"物种；IUCN（2010）无危（LC）；CITES 附录：未列入。

68. 棕腹大仙鹟

学　　名：*Niltava davidi*

英 文 名：Fujian Niltava

分类地位：雀形目 Passeriformes
　　　　　鹟科 Muscicapidae

形态特征：中等体型（18cm）。雄鸟脸颊黑色，额、颈侧、翼角及腰部有闪亮的蓝色斑块，上体深蓝，下体橘红而臀渐白；雌鸟灰褐，喉上具白色领环纹，颈侧具蓝色闪光斑块，尾及两翼棕褐；虹膜褐色；喙黑色；脚黑色。

罗永川　摄

生态分布：秦岭地区夏候鸟。中国特有种，周至、佛坪、镇坪等地有记录。

生态习性：单个或成对隐秘于常绿或落叶阔叶林的林下和林缘灌丛，主要捕食昆虫。

数量状况：不常见。

保护级别：国家"三有"物种；IUCN（2010）无危（LC）；CITES 附录：未列入。

69. 山噪鹛

学　　名：*Garrulax davidi*
英 文 名：Plain Laughingthrush
分类地位：雀形目 Passeriformes
　　　　　　画眉科 Timaliidae
形态特征：中等体型（29cm）。通体灰褐色，尾长；虹膜褐色；喙下弯，浅黄色，嘴端偏绿；脚浅褐。

生态分布：秦岭地区留鸟（指名亚种 *G. d. davidi*）。中国特有种，华阴、周至、佛坪、太白、西乡等地有记录。
生态习性：常栖于多灌丛和多矮树的山坡，擅鸣叫，主要取食植物种子。
数量状况：不常见。
保护级别：国家"三有"物种；IUCN（2010）无危（LC）；CITES 附录：未列入。

70. 斑背噪鹛

学　　名：*Garrulax lunulatus*
英 文 名：Barred Laughingthrush
分类地位：雀形目 Passeriformes
　　　　　　画眉科 Timaliidae
形态特征：中等体型（23cm）。白色眼纹显著；几乎通体草黄色，背、胸、腹布满黑色鳞状纹；初级飞羽、外侧尾羽的羽缘灰色，尾有黑色的次端横斑，尾端白色；虹膜深灰；嘴浅黄色；脚肉色。

生态分布：秦岭地区留鸟（指名亚种 *G. l. lunulatus*）。中国特有种，西安、周至、华阴、城固、洋县、佛坪、太白、安康、宁陕、西乡等地有记录。
生态习性：栖于中高山区的阔叶林、针叶林和林下竹丛。取食昆虫、种子、植物嫩叶等。
数量状况：罕见。
保护级别：国家"三有"物种；IUCN（2010）无危（LC）；CITES 附录：未列入。

71. 大噪鹛

学　　名：*Garrulax maximus*

英 文 名：Giant Laughingthrush

分类地位：雀形目 Passeriformes
　　　　　画眉科 Timaliidae

形态特征：体型大（34cm）。头顶、颈背及髭纹深灰褐色，头侧及额锈红色，背羽栗褐色布满黑色和白色点斑；飞羽及尾部有栗色斑纹，尾羽长而末端白色；虹膜黄色；喙角质色；脚粉红。

崔月摄

生态分布：秦岭地区留鸟。中国特有种，周至、太白、宁强等地有分布记录。

生态习性：性羞怯，常于海拔 2300～3200m 的灌丛间活动，叫声洪亮。取食植物种子、昆虫等。

数量状况：罕见。

保护级别：国家"三有"物种；IUCN（2010）无危（LC）；CITES 附录：未列入。

72. 画眉

学　　名：*Garrulax canorus*

英 文 名：Hwamei

分类地位：雀形目 Passeriformes
　　　　　画眉科 Timaliidae

形态特征：中等偏小体型（22cm）。通体羽毛棕褐色，头顶、颈背有偏黑色纵纹；眼圈白色且向眼后延长为狭窄的眉纹。虹膜黄色；喙浅黄；脚偏黄。

李夏摄

生态分布：留鸟（指名亚种 *G. c. canorus*）。中国特有种，尤其秦巴山区极为常见。

生态习性：高可至海拔 1500m，常单独或结小群于灌丛活动，擅鸣叫。杂食性，以昆虫为主，也吃草籽、野果。

数量状况：常见。

保护级别：国家"三有"物种；IUCN（2010）无危（LC）；CITES 附录：附录 II。

73. 橙翅噪鹛

李 夏 摄

学　　名：*Garrulax elliotii*
英 文 名：Elliot's Laughingthrush
分类地位：雀形目 Passeriformes
　　　　　　画眉科 Timaliidae
形态特征：中等体型（26cm）。几乎通体灰褐色，脸部颜色略深，下腹部及尾下覆羽黄褐色或棕红色；初级飞羽基部的羽缘黄色，羽端蓝灰；尾羽黄色而末端白色；虹膜乳白色；喙褐色；脚褐色。
生态分布：秦岭地区留鸟（指名亚种 *G. e. elliotii*）。中国特有种，几乎遍及全省山区。
生态习性：单独或成对活动于 1250～2300m 的山坡竹林、乔木林、灌丛，取食植物种子和昆虫。
数量状况：较常见。
保护级别：国家"三有"物种；IUCN（2010）无危（LC）；CITES 附录：未列入。

74. 高山（中华）雀鹛

肖克坚 摄

学　　名：*Alcippe striaticolis*
英 文 名：Chinese Mountain Fulvetta
分类地位：雀形目 Passeriformes
　　　　　　画眉科 Timaliidae
形态特征：体型较小的（12～14cm）雀鹛。上体褐色，头及背具暗褐色纵纹。喉及胸白色且沾褐色纵纹，腹部浅褐色。虹膜乳黄或黄色，上嘴暗褐，下嘴肉色，先端角色，脚角色。
生态分布：秦岭地区留鸟。中国特有种，仅记录于周至老县城自然保护区。
生态习性：栖息于海拔 2500～3200m 的冷杉林下灌丛。杂食性，单独或成对活动，秋冬成小群。繁殖资料不详。
数量状况：数量稀少。
保护级别：国家"三有"物种；IUCN（2010）无危（LC）；CITES 附录：未列入。

75. 棕头雀鹛

学　　名：*Alcippe ruficapilla*

英 文 名：Spectacled Fulvetta

分类地位：雀形目 Passeriformes
　　　　　画眉科 Timaliidae

田宁朝 摄

形态特征：中等偏小体型（12cm）。头顶至后颈棕红色，并有黑色的边纹，眼先暗黑，眼圈白色，喉近白而微具纵纹；上体灰褐；下体余部灰褐色而沾酒红色，腹中心偏白，翅上覆羽羽缘赤褐，初级飞羽羽缘灰白，尾褐色；虹膜褐色；上嘴角质色，下嘴偏白；脚偏粉。

生态分布：秦岭地区留鸟（指名亚种 *A. r. ruficapilla*）。中国特有种，西安、周至、太白、佛坪、洋县、西乡等地可见。

生态习性：单独或结小群于海拔 1250～2500m 的常绿栎树林灌丛活动。

数量状况：较常见。

保护级别：国家"三有"物种；IUCN（2010）无危（LC）；CITES 附录：未列入。

76. 白领凤鹛

学　　名：*Yuhina diademata*

英 文 名：White-collared Yuhina

分类地位：雀形目 Passeriformes
　　　　　画眉科 Timaliidae

形态特征：中等略偏大体型（17cm）。头部具蓬松的羽冠，眼先黑色，白色宽眼圈在眼后的白纹向后延伸至后颈，几乎通体土褐色，飞

于晓平 摄

羽黑而羽缘近白，下腹部和尾下腹羽偏白，尾羽深褐色；虹膜偏红；喙近黑；脚粉红。

生态分布：秦岭地区留鸟（指名亚种 *Y. d. diademata*）。中国特有种，几乎遍布秦岭山地以南各地。

生态习性：结群海拔 1100～3200m 的林冠或灌丛，取食昆虫及种子、果实、花、花蕊等。

数量状况：常见。

保护级别：国家"三有"物种；IUCN（2010）无危（LC）；CITES 附录：未列入。

77. 三趾鸦雀

学　　名：*Paradoxornis paradoxus*

英 文 名：Three-toed Parrotbill

分类地位：雀形目 Passeriformes
　　　　　　鸦雀科 Paradoxornithidae

形态特征：中等偏大体型（23cm）。头部有短而蓬松的冠羽，眼圈白色，颏、眼区及宽眉纹近黑；几乎通体褐色沾灰色，腹部颜色略浅；飞羽和尾羽灰色，初级飞羽羽缘近白；虹膜近白；喙橙黄；脚褐色，近具3趾。

生态分布：秦岭地区留鸟（太白亚种 *P. p. taipaiensis*）。中国特有种，周至、太白、佛坪、汉阴、安康等地曾有记录。

生态习性：成对或结小群于海拔1500～2000m的山地灌丛活动，喜鸣叫。取食果实和昆虫。

数量状况：极罕见。

保护级别：国家"三有"物种；IUCN（2010）无危（LC）；CITES 附录：未列入。

78. 白眶鸦雀

学　　名：*Paradoxornis conspicillatus*

英 文 名：Spectacled Parrotbill

分类地位：雀形目 Passeriformes
　　　　　　鸦雀科 Paradoxornithidae

形态特征：中等偏小体型（14cm）。头顶至颈后为红褐色，眼圈白色，喉具黑褐色的短粗纵纹；上体橄榄褐色，颏至上腹部粉褐色，其下转为棕灰色；翼与尾暗褐色；虹膜褐色；喙黄色；脚暗黄褐色。

生态分布：秦岭地区留鸟（指名亚种 *P. c. conspicillatus*）。中国特有种，周至、洋县、佛坪、太白、西乡等地有记录。

生态习性：栖于海拔1900m左右的山地竹林、灌丛，取食种子、昆虫。

数量状况：罕见。

保护级别：国家"三有"物种；IUCN（2010）无危（LC）；CITES 附录：未列入。

79. 山鹛

学　　名：*Rhopophilus pekinensis*
英 文 名：Chinese Hill Warbler
分类地位：雀形目 Passeriformes
　　　　　扇尾莺科 Rhipiduridae
形态特征：中等偏大体型（17cm）。眉纹灰白，髭纹黑色；上体灰褐色而密布黑褐色、红褐色纵纹，颏至胸白色；下体余部白色，并有锈红色纵

林向荣 摄

纹；尾极长而硬直，尾羽灰褐而末端羽缘白色；虹膜褐色；喙角质色；脚黄褐色。
生态分布：秦岭地区留鸟（甘肃亚种 *R. p. leptorhynchus*）。中国特有种，周至、眉县、西安、洋县等地有记录。
生态习性：结小群活动于低山矮灌丛，甚至可见于城市中的荒草地。性活跃，常鸣叫，尾常斜向上翘。主要取食昆虫。
数量状况：常见。
保护级别：国家"三有"物种；IUCN（2010）无危（LC）；CITES 附录：未列入。

80. 云南柳莺

学　　名：*Phylloscopus yunnanensis*
英 文 名：Chinese Leaf Warbler
分类地位：雀形目 Passeriformes
　　　　　莺科 Sylviidae
形态特征：体型小（10cm）。眉纹长而白，耳羽上无浅色点斑，顶纹偏白而略模糊；体羽灰绿，不鲜亮，大覆羽中央色彩较淡，两道白色翼斑，第二道翼斑较浅，三级飞羽羽缘及羽端

李飏 摄

偏白；虹膜褐色；上嘴色偏黑，下嘴色浅；脚褐色。
生态分布：秦岭地区夏候鸟。中国特有种，周至、佛坪、宁强有记录。
生态习性：性活跃，常活动于低地落叶林，取食昆虫等。
数量状况：本种极难与黄腰柳莺种组的其他种相鉴别，数量不详。
保护级别：国家"三有"物种；IUCN（2010）无危（LC）；CITES 附录：未列入。

81. 峨眉柳莺

学　　名：*Phylloscopus emeiensis*
英 文 名：Emei Leaf Warbler
分类地位：雀形目 Passeriformes
　　　　　　莺科 Sylviidae
形态特征：体型小（10cm）。眉纹黄白色，贯顶纹灰白色而不显著，耳羽边缘色深；体羽暗绿而沾黄，腰近绿，两道翼斑较细长，偏黄，三级飞羽色深而不具明显的浅色缘；下体灰白；虹膜褐色；上嘴偏黑，下嘴肉色；脚粉褐。

生态分布：秦岭地区夏候鸟。中国特有种，仅记录于佛坪。
生态习性：常活动于树冠层及灌丛层，振翼快速，主要取食昆虫。
数量状况：不易与冠纹柳莺相区别，数量不详。
保护级别：国家"三有"物种；IUCN（2010）无危（LC）；CITES 附录：未列入。

82. 银脸长尾山雀

学　　名：*Aegithalos fuliginosus*
英 文 名：Sooty Tit
分类地位：雀形目 Passeriformes
　　　　　　长尾山雀科 Aegithalidae
形态特征：小型山雀（12cm）。灰色的喉与白色上胸对比成项纹；顶冠两侧及脸银灰；具灰褐色领环；小型颈背皮黄褐色；头顶及上体褐色；尾褐色而侧缘白色；两胁棕色；下体余部白色。幼鸟色浅，额及顶冠纹白色。虹膜黄色，嘴黑，脚粉色至黑色。

生态分布：无亚种分化，是中国中西部特有种，留鸟于我国中西部的狭小地区：甘肃南部、陕西南部、湖北并南至四川。陕西秦岭地区较常见于海拔 1000～2600m 的落叶阔叶林和针阔混交林带。
生态习性：群栖于落叶阔叶林，主要以昆虫为食。
数量状况：较为常见留鸟。
保护级别：国家"三有"物种；IUCN（2010）无危（LC）；CITES 附录：未列入。

83. 黄腹山雀

学　　名：*Parus venustulus*
英 文 名：Yellow-bellied Tit
分类地位：雀形目 Passeriformes
　　　　　山雀科 Paridae
形态特征：体型小（10cm）。雄鸟头、喉部黑色，颊斑及颈后点斑白色，背灰蓝而有黑色点半，下体黄色，腰银白，两道翼斑白色；雌鸟头部灰色，喉白，背灰色，余部与雄鸟相似；虹膜褐色；喙黑色；脚蓝灰。

于晓平 摄

生态分布：秦岭地区留鸟。中国特有种，遍布省内有林地区。
生态习性：常结小群于海拔 500～1800m 的山地活动，取食昆虫和野果。
数量状况：常见。
保护级别：国家"三有"物种；IUCN（2010）无危（LC）；CITES 附录：未列入。

84. 白眉山雀

学　　名：*Parus superciliosus*
英 文 名：White-browed Tit
分类地位：雀形目 Passeriformes
　　　　　山雀科 Paridae
形态特征：体小（13cm）。头顶、喉黑色，长眉纹白色，脸颊和下体黄褐色沾红；上体深灰沾橄榄色；虹膜褐色；喙黑色；脚略黑。
生态分布：秦岭地区留鸟。中国特有种，曾见于佛坪。

王天冶 摄

生态习性：常栖于海拔 3000～4000m 的多灌丛山地，取食草籽和昆虫。
数量状况：罕见。
保护级别：国家"三有"物种；IUCN（2010）无危（LC）；CITES 附录：未列入。

85. 酒红朱雀

学　　名：*Carpodacus vinaceus*
英 文 名：Vinaceous Rosefinch
分类地位：雀形目 Passeriformes
　　　　　燕雀科 Fringillidae
形态特征：中等偏小体型（15cm）。雄鸟通体葡萄酒红色，眉纹及三级飞羽羽端浅粉色；雌鸟橄榄褐色而具深色纵纹，眉纹和三级飞羽羽端浅皮黄色；虹膜褐色；喙角质色；脚褐色。
生态分布：秦岭地区留鸟（指名亚种 *C. v. vinaceus*）。中国特有种，周至、华阴、太白、洋县、佛坪等地有记录。
生态习性：常成对活动于海拔 1000m 的林地，取食种子等。
数量状况：罕见。
保护级别：国家"三有"物种；IUCN（2010）无危（LC）；CITES 附录：未列入。

86. 斑翅朱雀

学　　名：*Carpodacus trifasciatus*
英 文 名：Three-banded Rosefinch
分类地位：雀形目 Passeriformes
　　　　　燕雀科 Fringillidae
形态特征：中等偏大体型（18cm）。雄鸟脸灰黑而下颊部和喉有很多米粒状白斑，头顶、颈背、胸、腰及下背深绯红，上体具黑色纵纹，腹部偏白；雌鸟及幼鸟上体深灰，满布黑色纵纹；两性都具两道显著的浅色翼斑，肩羽边缘及三级飞羽外侧白色；虹膜褐色；喙角质色；脚深褐。
生态分布：秦岭地区留鸟。中国特有种，曾见于太白、留坝、宁强。
生态习性：活动于海拔 1200m 以上的高山针阔混交林。
数量状况：极罕见。
保护级别：国家"三有"物种；IUCN（2010）无危（LC）；CITES 附录：未列入。

87. 蓝鹀

学　　名：*Latoucheornis siemsseni*
英 文 名：Slaty Bunting
分类地位：雀形目 Passeriformes
　　　　　鹀科 Emberizidae

形态特征：体型小（13cm）。雄鸟除腹部、臀及尾外缘白色外，余部体羽深蓝灰色；雌鸟头及胸棕色，背暗褐色而有黑色羽干纹，两道翼斑浅黄褐，腰灰；虹膜深褐；喙铅灰色或黑色；脚浅粉色。

生态分布：秦岭地区夏候鸟。中国特有种，周至、太白、宁陕、安康、留坝、洋县、佛坪有记录。

生态习性：常栖于海拔 1000m 左右的次生林灌丛，鸣叫时发出高调的金属音。取食昆虫和草籽。

数量状况：不常见。

保护级别：国家"三有"物种；IUCN（2010）无危（LC）；CITES 附录：未列入。

田宁朝 摄（雄）　　林向荣 摄（雌）

十一、秦岭地区常见鸟类

秦岭地区自然地理条件优越，陕西境内秦岭以南汉江贯穿而过，汉江支流源远流长，孕育了肥沃的汉江盆地；北坡与广袤富饶的关中平原接壤，渭河横贯平原中部，南部支流水短而湍急；秦岭主脊及南北坡地形地貌复杂，气候、水文条件优越，植被类型多样，垂直分布明显。本区从高山至平原，拥有草甸、灌丛、森林、河流、水库、农田等多种栖息地类型，因此几乎全部的鸟类生态类群均出现在区内，现将秦岭地区常见的220种鸟类简要介绍如下。

1. 小䴘䴘 Little Grebe （*Tachybaptus ruficollis*）

小型（27cm）深色䴘䴘。繁殖期喉及前颈偏红，头顶深褐色，上体褐色，下体灰色，具明显黄色嘴斑；非繁殖期羽色变淡，上体灰褐，下体近白色；虹膜黄，嘴黑，脚蓝灰。见于中国各地，新疆亚种（*T. r. capensis*）留鸟于新疆东部、西藏南部和云南西部；台湾亚种（*T. r. philippensis*）见于台湾；而普通亚种（*T. r. poggei*）在秦岭南北坡均可见到，多为留鸟。喜清澈的河流、水库、湖泊等水域，善潜水，常单独或呈分散小群活动于水面。

2. 凤头䴙䴘 Great Crested Grebe （*Podiceps cristatus*）

大型（50cm）而优雅的䴙䴘。颈长而具显著深色羽冠，上体灰褐，下体近白，繁殖期成体颈背栗色，颈部具鬃状饰羽；虹膜红色，嘴黄色，脚黑色。习见于秦岭地区的旅鸟（2013年冬季在西安浐灞生态区发现有越冬个体），秦岭南北坡常见，迁徙季节常成对活动于开阔的河流、湖泊和鱼塘。

于晓平 摄

3. 黑颈䴙䴘 Black-necked Grebe （*Podiceps nigricollis*）

中等体型（30cm）的䴙䴘。繁殖期具显著延伸至耳羽后的黄色耳簇；冬季颏部白色延伸至眼后呈月牙形；具醒目的红色虹膜，嘴黑，脚灰黑。繁殖于中国东北、内蒙古及天山西部；冬季见于多数地区，偶见迁徙季节途经秦岭南北坡的河流、湖泊、水库、鱼塘等水域。

雍严格 摄

4. 普通鸬鹚 Great Cormorant （*Phalacrocorax carbo*）

于晓平 摄

体大（90cm）而闪烁黑色光泽的鸬鹚。脸颊及喉白色，下嘴基部裸出皮肤显著黄色；繁殖期头颈部饰以白色丝状羽；亚成体深褐色，胸腹部污白色；虹膜蓝，嘴黑，脚黑。繁殖于中国各地的适宜生境，尤以青海湖数量巨大；迁徙途经中国中部至南部越冬。秦岭北坡的渭河湿地局部地区如浐灞生态区可见500～1200只的越冬大群；秦岭南坡的汉江流域（如月河汇流安康段）亦可见到数十只的越冬群体，关中东部黄河中游湿地亦为常见冬候鸟。常密集停歇于树冠部、冰面或河滩等处，日光下有展翅凉翼行为；在水中觅食时群体分散；飞行队形呈"人"或"一"字形。

5. 苍鹭 Grey Heron （*Ardea cinerea*）

陈旭 摄

体大（92cm）而喙、颈、脚细长的灰色鹭。眉纹及辫状冠羽、翼角、飞羽黑色。虹膜黄色，嘴黄绿色，脚灰黑。见于中国各地。秦岭地区为夏候鸟，汉江盆地如洋县、西乡、城固、勉县等地有较大的繁殖群体，常与白鹭、夜鹭、池鹭形成混合繁殖地（Heronry 或 Colony），各种鹭类占据树冠的不同层次。叫声粗哑，常成群活动于各类型湿地。

6. 池鹭 Chinese Pond Heron （*Ardeola bacchus*）

中等偏小（47cm）的褐色鹭。颈、背具褐色纵纹，飞羽白色，停栖时收拢不可见，上喙黑色，下喙黄绿色，脚黄绿色，虹膜褐色。繁殖期颈栗色，胸、背偏黑。分布于中国中部、东部。陕西省内主要于秦岭以南繁殖。常成群栖于稻田附近。

王中强 摄

7. 牛背鹭 Cattle Egret （*Bubulcus ibis*）

中等偏小（50cm）的白色鹭。喙、颈、脚较其他鹭粗短。非繁殖羽白色，繁殖羽头颈部橙黄色，余部白色，喙黄色，脚黑色。广布于黄河以南地区。陕西省内于秦岭南坡繁殖。常于农耕地中与水牛等家畜为伴，取食家畜体表的蚊蝇和惊起的昆虫。

雍严格 摄

8. 大白鹭 Great Egret （*Egretta alba*）

喙、颈、脚细长的白色大型（95cm）鹭。喙黄色，颈部有显著的结状膨凸。繁殖期时，喙变为黑色，背部有披纱状蓑羽；虹膜黄，腿脚黑。全国大部分地区可见。陕西省内夏候鸟见于渭河、汉江及其支流沿岸。栖于各类开阔的浅水湿地，迁徙、越冬时成群。

9. 白鹭 Little Egret （*Egretta garzetta*）

中等偏小（60cm）的白色鹭。体羽白色，喙、脚黑色，脸部裸皮、脚趾黄色，虹膜黄色。繁殖期头部生出两枚细长冠羽，胸部垂细长蓑羽，脸部裸皮变为纷红。国内仅有指名亚种（*E. g. garzatta*）广布于除新疆、西藏之外的大部分地区。陕西省内主要见于渭河流域以南地区，省内见于各类水域，秦岭南坡有较大的繁殖群体，与苍鹭、夜鹭等鹭科鸟类混群繁殖，多为夏候鸟。栖于各类湿地，捕食鱼类。

10. 夜鹭 Black-crowned Night Heron （*Nycticorax nycticorax*）

中等体型（61cm）。头颈、喙粗壮的鹭。头顶、背黑色而有蓝绿色金属光色，余部灰白色，繁殖期枕后有两枚细长白色冠羽；虹膜鲜红，嘴黑，脚污黄色。国内见于东北至横断山一线以东大部地区。陕西省内主要见于秦岭以南，渭河流域少量分布。繁殖期与白鹭、苍鹭混群繁殖，常营巢于白鹭巢位上层独立树枝的上部。单独或结小群栖于各类湿地，飞行无明显队形，叫声单一而响亮。白天于树上停歇，傍晚取食鱼、虾、蛙等，育雏期白天也觅食。

李飏 摄

11. 大麻鳽 Eurasian Bittern （*Botaurus stellaris*）

中等偏粗大体型（75cm）的褐色鹭。体大部皮黄色而布满褐色杂斑，头顶、髭纹黑色；虹膜黄色，嘴黄色，脚黄绿色。主要见于中国东部，越冬时长江以南各地可见。陕西省内越冬期见于渭河、黄河、汉江沿岸。常单独藏匿于芦苇丛中静立，喙斜向上，难以发现。

廖小凤 摄

12. 豆雁 Bean Goose （*Anser fabalis*）

灰色的大型（80cm）雁。头颈部色深近黑，臀及尾羽基部白色，喙黑色而有黄色次端条带为其特征，脚橘黄色,虹膜暗棕。繁殖于俄罗斯，迁徙时途径中国东北部只中部，于朝鲜半岛和中国的新疆、黄河中游、长江中下游等地越冬。陕西省内为旅鸟或冬候鸟，见于无定河、西安、合阳、潼关、汉江流域等地。栖于开阔湿地，植食性为主。

13. 斑头雁 Bar-headed Goose （*Anser indicus*）

中等偏小（70cm）的浅灰色雁。头部的白色沿颈侧延伸至颈基部，眼后、枕部各有一条黑色横纹；虹膜褐色，嘴鹅黄而短黑，脚橙黄。繁殖于俄罗斯和中国的东北、新疆、西藏，迁徙时见于中国中部（包括渭河谷地和汉江流域的开阔水域）、西南部，越冬于印度北部、缅甸及中国的长江中游地区。繁殖时选择湖泊沼泽，越冬时栖于各类湿地，主要取食植物。

14. 赤麻鸭 Ruddy Shelduck （*Tadorna ferruginea*）

大型（63cm）鸭类。通体赤黄，雄鸟颈中下部有一黑色窄环，飞行时可见白色的翼上覆羽和黑色飞羽、尾羽，三级飞羽有绿色金属光泽，喙、脚黑色，虹膜褐色。广布于全国大部，数量多。陕西省内各地可见，冬候鸟。栖于各类湿地，植食性为主，叫声洪亮。

李砺 摄

15. 翘鼻麻鸭 Common Shelduck （*Tadorna tadorna*）

大型（60cm）鸭类。体大部白色，头颈、肩羽、飞羽、尾羽末端黑色，有不同程度的金属光泽，胸部有一宽阔的栗色环带，喙鲜红，雄鸟额部有红色瘤状突起，虹膜浅褐色，嘴红色，脚粉红。国内繁殖于东北、内蒙、甘肃等地，迁徙时见于东部各地，越冬于长江以南大部，除陕北有繁殖种群外。陕西省内主要为冬候鸟，见于黄河及支流、汉江及其支流，西安灞河流域近年可见近千只的越冬大群。栖于各类湿地，主要取食昆虫和藻类等。

肖红 摄

16. 针尾鸭 Northern Pintail （*Anas acuta*）

中等体型（55cm）的鸭。雄鸟身体大部白色，但由于密布黑色细纹而显灰色，头至颈中段棕色，胸部的白色沿颈侧上延至枕部为本种的显著特征之一，肩羽矛状，尾黑色，中央尾羽显著延长。雌鸟褐色而有黑斑，与相似种的区别主要是灰色而略显上弯的喙；虹膜褐色，嘴蓝灰，脚灰色。繁殖于西伯利亚，迁徙时经中国东部及中部只长江以南越冬。陕西省内为旅鸟，见于黄河流域及其支流。栖于各类湿地，植食性。

17. 绿翅鸭 Green-winged Teal （*Anas crecca*）

中国分布的体型最小（37cm）的野鸭。雄鸟体羽多灰色，头栗色而有绿色金属光泽的粗过眼纹。雌鸟灰褐而有褐色斑，腹部偏白，过眼纹黑色而不显著。飞行时覆羽和三级飞羽形成特征性的白、黑、绿组合翼斑；虹膜褐色，嘴灰色，脚灰色。繁殖于俄罗斯及中国东北，迁徙和越冬时国内可见于除青藏高原、新疆、内蒙外的大部地区。省内最早抵达的越冬雁鸭，可见于各地较大水域。常结大群栖息于各类湿地，最大群体数量可达 6000 只。

18. 花脸鸭 Baikal Teal （*Anas formosa*）

中等体型（42cm）的鸭。常被误认为鸳鸯。雄鸟头顶近黑，嘴基至眼有黄色斑块，过眼纹绿色而分叉，前叉由眼向下至颔，后叉向眼后延展至颈中段弯向前，两叉间为月形黄斑，胸腹部白而胸部染棕，颈侧和体侧灰色沾蓝。雌鸟体褐色，脸部眼下有白色延至颔，近觜基部有一白色圆斑；虹膜褐色，嘴、脚灰色。繁殖于东北亚，越冬于长江中下游至北部湾。陕西省内较罕见，西安、户县、汉台等地。常成对或单只与其他种混群，偶见结大群，主要栖于开阔河道。

19. 罗纹鸭 Falcated Duck （*Anas falcata*）

大型（50cm）鸭。雄鸟脸部有绿色金属光泽，颔及颈白色，颈中段有一黑色领环，体白色而密布黑色螺旋细纹以致通体显灰色，肩羽向后极度延长至尾，形成特征性流苏状。雌鸟通体棕褐而密布黑斑，胸前有黑色螺旋纹，额比其他种雌鸭更高凸；虹膜褐色，嘴黑，脚暗灰。繁殖于东北亚，越冬于我国黄河、长江下游及沿海等地。陕西省内见于西安、渭南、汉中、洋县等地水域。常数十只与其他种混群，偶见百只以上的大群，栖于各类开阔水域。

20. 绿头鸭 Mallard （*Anas platyrhynchos*）

于晓平 摄

大型（58cm）鸭。为家鸭的祖先之一。雄鸟体灰白，喙亮黄色，头至颈中段有鲜艳的绿色金属光泽，白色颈环后的颈部下段至胸棕色。雌鸟通体棕褐色，过眼纹黑色，喙赤色沾黑色；虹膜褐色，嘴黄色。飞行时翼镜蓝紫色。繁殖于横断山—黄河一线以北，越冬于该线以南地区。陕西省见于各地水域。常数十只与其他种混群。栖于各类水域。

21. 斑嘴鸭 Spot-billed Duck （*Anas poecilorhyncha*）

王中强 摄

大型（60cm）鸭类。与绿头鸭同为家鸭祖先。通体褐色，脸皮黄色或白色，黑色过眼纹显著，喙黑色而喙端具黄色斑为本种特征；飞行时可见蓝紫色翼镜和赤红色脚，虹膜褐色。繁殖区自南亚、东南亚向我国东北延伸，越冬于西藏、广西等地。陕西省内有繁殖种群且迁徙时各地可见。常数十只至数百只呈单一群体或与其他鸭类混群，栖于各类开阔水域。

22. 琵嘴鸭 Northern Shoveler （*Anas clypeata*）

大型（50cm）鸭。甚延长而末端匙状的喙为本种特征。雄鸟喙黑色，头颈有蓝绿色金属光泽，背棕色，腹部赤黄，余部白色。雌鸟喙橙色，体羽灰褐而有红褐、黑色斑；虹膜褐色，脚橘黄。飞行时可见特征性天蓝色翼上
覆羽和绿色翼镜。繁殖于西伯利亚，迁徙时中国东部和中部可见。陕西省内越冬于西安、渭南、潼关等地。栖于各类开阔湿地。

23. 赤嘴潜鸭 Red-crested Pochard （*Netta rufina*）

大型（55cm）鸭。赤红色的狭窄喙为本种特征。雄鸟头部赤黄色，眼红色，颈、胸和腹部黑色，背浅赭石色，翅及两胁白色。雌鸟灰褐色，头部眼上方为棕褐色，眼下方为白色，喙近黑色末端浅黄；虹膜红褐，脚雄鸟粉红，雌鸟灰色。飞行时可见白色飞羽。繁殖于中西伯利亚、新疆、内蒙古，主要
越冬于地中海、中东、印度和缅甸，迁徙时国内有零散记录。陕西省内曾见于渭南、潼关。喜栖于多芦苇的平缓水域。

24. 白眼潜鸭 Ferruginous Duck （*Aythya nyroca*）

雍严格 摄

中等体型（41cm）的潜鸭。除腹部、尾下位白色外，余部棕色，虹膜白色，喙灰黑，脚灰色。飞行时可见白色飞羽。繁殖于中西伯利亚附近、内蒙、西藏等地，迁徙时黄河中游以南可见，国内越冬于长江中游。陕西省内可见于渭河、汉江流域，西安有少量繁殖种群，冬季灞河可见500只的越冬群体。常成对或结小群栖于静水湿地。

25. 凤头潜鸭 Tufted Duck （*Aythya fuligula*）

李 飑 摄

中等偏小（42cm）的潜鸭。雌雄枕后都有短辫状冠羽为本种特征。雄鸟除两胁白色外，余部近黑色，头颈有紫色金属光泽。雌鸟通体棕褐色，喙基部染白色；虹膜黄色，嘴、脚灰色。飞行时可见白色飞羽。繁殖于俄罗斯，迁徙时几乎全国可见，越冬于长江以南。陕西省内各水域可见过境种群。常结数十至上百只大群活动于各类开阔水域，潜水取食水生植物和无脊椎动物。

26. 红头潜鸭 Common Pochard （*Aythya ferina*）

中等偏大（46cm）的潜鸭。雄鸟头颈栗红色，胸部黑色，余部白色。雌鸟深灰褐色，以灰色喙部、喙基浅褐色斑和近皮黄色眼周为特征；虹膜雄鸟红而雌鸟褐，嘴黑而端黑，脚灰色。繁殖于西伯利亚，迁徙时中国大部可见，越冬于长江以南。陕西省内各水域可见大群过境种群，西安灞河冬季可见1 000余只的大群栖于开阔水域。

27. 鹊鸭 Common Goldeneye （*Bucephala clangula*）

中等体型（48cm）的潜鸭。喙短而头部高耸，虹膜金色为本种特征。雄鸟头、颈、背和尾部黑色而有不明显的绿色金属光泽，喙基部有特征性的椭圆形白斑块，体余部白色。雌鸟头棕色，喙灰黑而端部黄色，体大部染深灰色；嘴黑脚黄。繁殖于西伯利亚，迁徙时可见于中国中部和东部，越冬于黄河以南大部地区。陕西省内见于渭河和汉江流域。常成对与其他种混群活动，于各开阔水域潜水取食水生植物和螺贝。

28. 斑头秋沙鸭（白秋沙鸭）Smew （*Mergellus albellus*）

中等偏小（40cm）而喙略短的秋沙鸭。雄鸟体大部白色，头部有短而略耸的冠羽，眼罩、冠羽纹和背部黑色。雌鸟头顶棕色，耳下至颊、胸白色，体余部染灰褐色；虹膜褐色，嘴黑，脚灰。繁殖于内蒙古东北部，越冬于新疆、黄河流域、长江流域及东南沿海。陕西省内可见于渭河流域、汉江流域、黄河湿地等地。常成对或四五只的小群混入其他鸭群活动，栖于各类开阔水域，潜水捕鱼。

29. 普通秋沙鸭 Common Merganser （*Mergus merganser*）

中等偏大（68cm）而具红色尖喙的秋沙鸭。雄鸟头部黑色而有绿色金属光泽，背部黑色，余部白色。雌鸟头部棕色，颏白色，胸腹部白色，背部染深灰色；虹膜褐色，嘴、脚红色。繁殖于西伯利亚、中国东北、新疆、青藏高原，迁徙时中国大部分地区可见，越冬于黄河以南。陕西省内可见于渭河、汉江、黄河湿地。常成数十只至上百只的群体活动于各类水域潜水捕鱼。

30. 棉凫 Cotton Pygmy Goose （*Nettapus coromandelianus*）

体小（30厘米）的深绿及白色鸭.雄鸟头顶、颈带、背、两翼及尾皆黑而带绿色；体羽余部近白。飞行时白色翼斑明显。雌鸟棕褐色取代闪光黑色，皮黄色取代白色；有暗褐色过眼纹；无白色翼斑。繁殖于长江及西江流域、华南及东南部沿海，包括海南岛及云南西南部。越冬于广东、广西、海南等地。陕西省鸟类新纪录，仅在浐灞河流域见到1次。常活动于多水草的池塘、河道、水坑或稻田。食性杂，以植物为主。

31. 环颈雉 Ring-necked Pheasant （*Phasianus colchicus*）

体大（85厘米）的雉种。雄鸟头部具黑色光泽，有显眼的耳羽簇，宽大的眼周裸皮鲜红色。有些亚种有白色颈圈。身体披金挂彩，满身点缀着发光羽毛，从墨绿色至铜色至金色；两翼灰色，尾长而尖，褐色并带黑色横纹。雌鸟形小（60厘米）而色暗淡，周身密布浅褐色斑纹。被赶时迅速起飞，飞行快，声音大。中国有19个亚种，除海南外遍及各地。陕西有三个亚种，内蒙古亚种（*P. c. kiangsuensis*）见于陕西北部，甘肃亚种（*P. c. strauchi*）和华东亚种（*P. c. torquatus*）分布于秦岭地区。栖于不同高度的开阔林地、灌木丛、半荒漠及农耕地。

32. 普通秧鸡 Water Rail （*Rallus aquaticus*）

中等偏小（29cm）的秧鸡。红而染黑色的喙略细长，脸至胸烟灰色，背部黄褐色而有黑色粗条纹，腹部至尾下布满黑白相间横纹，尾常上翘，肉红色的脚较长。新疆亚种（*R. a. korejewi*）留鸟于甘肃、新疆、青海和四川西南部；东北亚种（*R. a. indicus*）繁殖于东北亚，迁徙时除西藏外，几乎全国可见，但数量较稀少，越冬于长江中游以南至东南沿海。陕西省内为夏候鸟（亚种不明），曾记录于周至、洋县、佛坪等地。单独隐匿于稻田、多芦苇的浅水湿地，取食水生植物、无脊椎动物。

33. 白胸苦恶鸟 White-breasted Waterhen （*Amaurornis phoenicurus*）

中等体型（33cm）的苦恶鸟。脸至腹部白色，臀及尾下棕红色，余部黑色，喙黄绿色，额甲红色，脚暗黄色。国内仅有指名亚种（指名亚种 *A. p. phoenicurus*）分布，繁殖于黄河以南大部地区。陕西省内为夏候鸟，广布各地。常成对或结小群活动于稻田、灌草丛生的浅水湿地，隐秘难见，但聒噪，声如一连串的"苦恶—苦恶—苦恶"，故名。取食水生植物、无脊椎动物。

34. 黑水鸡 Common Moorhen （*Gallinula chloropus*）

中等体型（31cm）的水鸡。体羽大部黑色，翅、背略显棕色，两胁条纹及尾下两侧白色，喙前段黄色，后端及额甲红色，脚绿色。国内仅分布指名亚种（*G. c. chloropus*）国内除青藏高原、内蒙古高原外几乎均有繁殖。陕西省内主要为留鸟夏候鸟（部分夏候鸟），各地可见。常成对栖于稻田、多草丛的沼泽、湖滨等湿地，取食水草、无脊椎动物。

35. 骨顶鸡 Common Coot （*Fulica atra*）

中等偏大（40cm）的黑色水鸡。体羽黑色，喙及额甲白色，脚灰绿，具瓣蹼。繁殖区广布亚欧大陆北部，迁徙时，除青藏高原外，各地可见，国内仅有指名亚种（*F. a. atra*）。陕西省内各地可见，主要为冬候鸟（部分旅鸟），有少量繁殖种群。常成对或结小群栖于开阔的多芦苇沼泽，取食水草、无脊椎动物。

36. 彩鹬 Greater Painted Snipe （*Rostratula benghalensis*）

中等偏小（25cm）而形似沙锥的鹬。雌鸟鲜艳，头至胸栗红色，眼周及过眼纹白色，腹部白色，背褐色沾绿而有黑色和白色细横纹；雄鸟除腹部白色外，余部褐色，眼周及过眼纹皮黄色，背及翅较雌鸟更多皮黄色圆斑。喙及脚肉色。国内仅分布指名亚种（*R. b. benghalensis*），广泛繁殖于中国中部和东部沿海及以其南地区，但数量少。陕西省内为夏候鸟，渭河谷地的周至有记录。成对栖息于稻田、沼泽，取食泥沙中的无脊椎动物。

37. 水雉 Pheasant-tailed Jacanas （*Hydrophasianus chirurgus*）

体型略大（33厘米）、尾特长的深褐色及白色水雉。飞行时白色翼明显。非繁殖羽头顶、背及胸上横斑灰褐色；颏、前颈、眉、喉及腹部白色；两翼近白。黑色的贯眼纹下延至颈侧，下枕部金黄色。初级飞羽羽尖特长，形状奇特。繁殖于中国北纬32°以南包括台湾、海南岛及西藏东南部的所有地区。部分鸟在台湾及海南越冬。陕西省鸟类新纪录，夏候鸟，见于西安浐灞生态区、洋县等地。常在小型池塘和湖泊的浮游植物如睡莲及荷花的叶片上行走。挑挑拣拣地找食，间或短距离跃飞到新的取食点。鸣叫似猫的"喵喵"声。

38. 凤头麦鸡 Northern Lapwing　（*Vanellus vanellus*）

中等偏大（30cm）而飞行剪影似猛禽的鸻。脸白或沾皮黄色，头顶和细长冠羽黑色，眼周的黑色可延伸至胸，背及翅有暗绿色金属光泽，腹部白色，臀及尾下橙黄，尾黑色而尾基白；虹膜褐色，嘴黑，腿脚橙褐。繁殖于内蒙古及其以北，迁徙时中国胶州湾一带可见，越冬于长江以南大部分地区。陕西省内陕西北部北夏候鸟，南部其他地区为旅鸟，渭河谷地和汉江流域部分湿地可见，个别年份可见数百只的大群。常结群栖息于近水的耕地、矮草地或滩涂，主要取食昆虫，也吃嫩芽、草籽。

林向荣 摄

39. 灰头麦鸡 Grey-headed Lapwing　（*Vanellus cinereus*）

大型(35cm)鸻类。喙黄色，喙尖黑色，上嘴基部有不甚明显的圆形黄色肉瘤，头至胸部灰色，有黑色胸带，背部灰褐，腹部白色，初级飞羽和尾黑色，脚黄色，虹膜褐色。主要繁殖于我国东北，近年在武汉、陕西发现少量繁殖种群，迁徙时中国中部及东部可见，越冬区主要在西江及其以南地区。陕西省内见于西安、周至、洋县、渭南等地，陕西北部鄂尔多斯风沙区为夏候鸟，秦岭地区关中渭河谷地为冬候鸟（部分为夏候鸟），秦岭以南汉江流域冬候鸟或旅鸟。常结十只左右的小群栖于河滩和近水的开阔地、农田、草地，取食昆虫、嫩芽、草籽，常边飞边发出洪亮的叫声。

陈旭摄

40. 长嘴剑鸻 Long-billed Ringed Plover （*Charadrius placidus*）

中等偏大（22cm）的鸻。黑色的喙略细长，额白色，头顶前沿染黑色，模糊的眉纹白色，贯眼纹深褐色，脸、头顶、背部浅褐色，喉部白色向枕后延成环，黑褐色的胸带较窄，腹部白色，脚浅肉色，虹膜褐色。繁殖于中国东部，于长江以南越冬。陕西省内为旅鸟，关中地区渭河谷地可见。单独或结五六只的小群栖息于河滩，取食水生无脊椎动物。

41. 金眶鸻 Little Ringed Plover （*Charadrius dubius*）

善奔走的小型（16cm）鸻。喙略细，黑色，额白色，黑色过眼纹在眼前上部延至头顶前沿联合，眼眶金黄色，头顶和背部浅褐色，喉部白色向头后延成环，胸带黑色，脚浅黄色，虹膜褐色。西南亚种（*C. d. jerdoni*）繁殖于西藏东南部、云南、四川西南和贵州。普通亚种（*C. d. curonicus*）繁殖于除新疆和内蒙的中国大部分地区，越冬于东南沿海。陕西省内为旅鸟，各地水域可见。单独或结小群活动于各类湿地滩涂，常疾走，取食无脊椎动物。

42. 翘嘴鹬 Terek Sandpiper （*Xenus cinereus*）

中等体型（23cm）的鹬。黑色而基部黄色的细长喙略上翘为本种特征。头颈白色而有略多的灰色细纹，背部灰褐色而有黑色羽干纹，腹部白色，脚橘黄色，虹膜褐色。飞行时可见初级飞羽近黑，次级飞羽端部白色，腰两色白色。繁殖于欧亚大陆北部，迁徙时中国西部和东部沿海可见。陕西省内为罕见旅鸟，记录于关中。常单独或成对活动于各类滩涂，与其他种混群取食水生无脊椎动物。

43. 白腰草鹬 Green Sandpiper （*Tringa ochropus*）

中等体型（23cm）而略显矮胖的鹬。略长的喙橄榄绿色，眼圈的白色向前延伸至喙基，眼先黑色，头、颈、胸及背部羽毛灰褐沾绿，背部颜色更深而缀以白点斑，腹部白色，尾端黑色，脚橄榄绿色，繁殖期头颈白色较多；虹膜褐色，嘴暗橄榄色。飞行时白色腰部与深色背部对比强烈。主要繁殖于西伯利亚，迁徙时除新疆外，国内各地可见，越冬于黄河以南。陕西省内主要为旅鸟或冬候鸟，广布各地水域。常单独活动与各类静水湿地滩涂，取食泥中的无脊椎动物。

44. 红脚鹬 Common Redshank （*Tringa totanus*）

中等体型（28cm）的鹬。喙黑色而基部红色，除腹部白色、尾具黑白斑外，余部羽毛灰褐而密布褐色纵纹，较长的脚红色，虹膜褐色。飞行时背中央和翼后内缘白色。郑作新（1994）认为指名亚种（*T. t. totanus*）繁殖于中国西北、青藏高原及内蒙古东部，迁徙时中部和东部可见，越冬于长江中下游和东南沿海。而 Hale（1971）认为中国有4个亚种，*T. t.ussuriensis* 和 *T. t.terrignotae* 在中国为过境旅鸟，*T. t.craggi* 繁殖于新疆西北，*T. t.eurhinus* 于中国西部的内蒙、宁夏、甘肃、青海、四川等省繁殖。郑光美（2011）沿用了这4个亚种，否定了指名亚种的存在。陕西省内为旅鸟或冬候鸟（亚种有待进一步确认），零星记录于各地水域。常成对或结小群栖息于河岸、海滩、盐田、干涸的沼泽及鱼塘等生境，取食水生无脊椎动物。

45. 青脚鹬 Common Greenshank （*Tringa nebularia*）

中等偏大（32cm）的鹬。灰色而末端黑的长喙较厚，略上翘，头颈白色而密布灰色细纹，背部羽毛灰色而有白色缘，脚黄绿色，虹膜褐色。繁殖于西伯利亚，迁徙时全国可见，越冬于长江以南。陕西省内为旅鸟，各地可见。常单独或成对与其他种混群，喜栖于沼泽滩涂，取食水生无脊椎动物。

46. 矶鹬 Common Sandpiper （*Actitis hypoleucos*）

中等偏小（20cm）的鹬。喙深灰，具脸部具黑色过眼纹和白色眉纹，喉、颈中线、腹部白色，胸部的白色向上延进肩内，脸、颈侧和背部灰褐，尾近黑，脚橄榄绿色，虹膜褐色。飞行时可见翼近后缘有一道白纹。繁殖于西伯利亚和中国北部，迁徙时除新疆外的国内

李飏 摄

各地可见。陕西省内主要为旅鸟，少数个体终年居留，各地可见。单独或成小群栖于各类湿地多砾石滩地，取食水生无脊椎动物，觅食时尾部常翘动。

47. 扇尾沙锥 Common Snipe （*Gallinago gallinago*）

中等体型（26cm）而喙甚直长的鹬。喙基部黄绿色而端部黑色，喙长约为头长的2倍。脸皮黄色，过眼纹黑褐色，眼靠近头顶，头顶灰褐色而具1道顶纹，顶纹和眉纹皮黄色。背部深褐色遍布锈色和黑色杂纹，背部覆羽及肩羽形成3到皮黄

雍严格 摄

色纵纹。颈部和腹部偏白，缀满褐色和黑色细纹，两胁有黑色横纹，尾较其他沙锥略长，锈红色而有黑色次端横带，虹膜褐色，嘴褐色，脚橄榄色。飞行时可见染白色的翼下覆羽。繁殖于西伯利亚及中国东北，迁徙时中国中部和东部可见，越冬于长江以南地区。陕西省内为旅鸟，主要见于黄河及其以南地区。常单独或成对活动于多草的湿地沼泽、滩涂，较隐秘，取食水生无脊椎动物。

48. 针尾沙锥 Pintail Snipe （*Gallinago stenura*）

林向荣 摄

中等偏小（24cm）而喙甚直长的鹬。形态和体色极似扇尾沙锥，仅体型略小，喙略短，翼下无白色横纹，但野外难辨。可靠的特征为外侧尾羽狭窄似针状，故名；虹膜褐色，嘴褐端色深，脚偏黄。繁殖于东北亚，迁徙时全国可见，越冬于东南沿海。陕西省内为罕见旅鸟，曾记录于西安、华阴、太白等地。常单独栖于稻田、林间沼泽、滩涂等生境，取食无脊椎动物。

49. 反嘴鹬 Pied Avocet （*Recurvirostra avosetta*）

肖红 摄

体型大（43cm）而长喙显著上翘的鹬。喙黑色，头顶至颈后中线黑色，肩羽、飞羽、翼上次级覆羽黑色，余部白色，脚灰色，虹膜褐色。繁殖于中国北部，迁徙时途径中国中部，越冬于东南沿海、西藏等地。陕西省内在北部鄂尔多斯风沙区（如红碱淖为夏候鸟），南部其他地区为旅鸟，记录于黄河湿地、渭河谷地、汉江流域以及秦岭山区的支流。常成群在各类滩涂活动，善游泳，取食时头左右摇摆探寻无脊椎动物。

50. 鹮嘴鹬 Ibisbill （*Ibidorhyncha struthersii*）

中等偏大（40cm）而长喙显著下弯的鹬。喙绯红，头顶、眼先至颏黑色，胸部有黑色细环带，腹部白色，余部羽毛灰色，脚绯红，虹膜褐色。飞行时可见翼中心的白色翼窗。繁殖于中国西部和中部的高海拔山区，冬季垂直降至低海拔。陕西省内为留鸟，偶见于周至、西乡、洋县、佛坪、安康等地的小河流中。单独或结小群栖于多卵石而流速较快的取食河流，取食无脊椎动物，偶尔吃小鱼。

雍严格 摄

51. 红嘴鸥 Black-headed Gull （*Larus ridibundus*）

中等体型（40cm）而显纤巧的鸥。喙深红色，颈及腹部白色，背灰色，繁殖期头部黑色而眼圈白，冬季头白色，耳羽黑色，脚深红色。亚成鸟色型多而复杂。虹膜褐色。繁殖于西伯利亚，迁徙时中国中部、东部、西南部可见，越冬于长江以南地区。陕西省内为冬候鸟或旅鸟，各地可见，黄河中游湿地可见数百只的迁徙或越冬群体。越冬时常在河流、湖泊觅食，主要取食鱼虾，也吃垃圾中的废弃食物。

于晓平 摄

52. 棕头鸥 Brown-headed Gull （*Larus brunnicephalus*）

王中强 摄

中等体型（42cm）的鸥。甚似红嘴鸥，区别于虹膜白色，喙较钝而端部黑色，繁殖期头部棕色，飞行时第1、2枚初级飞羽黑色末端中部形成白色翼斑。嘴深红而脚朱红。繁殖于亚洲中部，迁徙时中国大部分地区可见，但数量少。陕西省北部鄂尔多斯风沙区（如红碱淖）为夏候鸟，南部其他地区内为旅鸟，偶见于关中东部的黄河湿地。常与其他鸥混群，栖于湖泊、河口、海上，主要捕食鱼虾。

53. 普通燕鸥 Common Tern （*Sterna hirundo*）

于晓平 摄

中等偏小（35cm）的燕鸥。喙红色，喙尖黑色，头顶及枕部黑色，余部羽毛灰白，飞羽边缘略黑，尾叉深。虹膜褐色，脚偏红。指名亚种（*S. h. hirundo*）繁殖于中国西北；西藏亚种（*S. h.tibetana*）繁殖于中国中北部、中部、青海、西藏；东北亚种（*S. h.longipennis*）繁殖于西伯利亚和中国东北及华北北部，冬季南迁至南美洲、非洲、印度洋、印度尼西亚和澳大利亚。这些亚种在迁徙时均有可能途经秦岭地区。陕西省北部、渭河谷地为夏候鸟，秦岭以南为旅鸟或冬候鸟。陕西省北部（红碱淖）繁殖的个体有可能是指名亚种，而在渭河谷地（如浐灞生态区）繁殖个体的亚种尚需进一步确认。常结数十只以上的群体于飞行于开阔水面俯冲捕鱼。

54. 岩鸽 Hill Pigeon （*Columba rupestris*）

中等体型（31cm）的鸽。形似家鸽，头、颈和背部灰色，颈部有绿色和紫色金属光泽，背、腹部灰色较浅，翼上有两道黑色横纹，尾灰白而尾端黑色为其区别于原鸽和家鸽的重要特征。虹膜浅褐色，嘴黑色而蜡膜肉色，腿红色。广泛分布于中国北方，新疆亚种（*C. r. turkestanica*）留鸟于新疆、青海和西藏；指名亚种（*C. r. rupestris*）广布于我国东北、华北、西北、西南等地。陕西省内为留鸟，广布于各地山区。常成群栖息于高山悬崖处，于地面取食植物种子。

55. 山斑鸠 Oriental Turtle Dove （*Streptopelia orientalis*）

中等体型（32cm）的斑鸠。头顶灰色，颈侧有黑白相间的横纹组成的块状斑，背部及翅上覆羽黑褐色而有较宽的浅栗红色羽缘，余部体羽为沾灰的淡粉色，尾羽灰褐色而末端白色。虹膜黄色，嘴黑，腿粉红。不同亚种广布于中国大陆、台湾及海南。云南亚种（*S. o. agricola*）见于云南西部及南部；新疆亚种（*S. o. meena*）仅分布于新疆西北部和西部；台湾亚种（*S. o. orii*）留鸟于台湾；指名亚种（*S. o. orientalis*）广布于除新疆、台湾之外的各个省份。陕西省内为留鸟，各地常见。繁殖期常成对活动，其他季节呈松散群体停栖于开阔农耕区、村庄及寺院周围的乔木上，取食于地面，主要吃种子。

56. 珠颈斑鸠 Spotted Dove （*Streptopelia chinensis*）

于晓平 摄

中等体型（30cm）的斑鸠。头顶灰色，颈部和腹部浅粉色，颈部有缀以白点的黑色斑块，背部褐色而有不明显的浅色羽缘，尾较长，除中央尾羽外的尾羽末端白色。虹膜橘黄，嘴黑色，脚红色。不同亚种终年居留于除新疆、西藏外的其他省份。郑作新（1994）认为珠颈斑鸠可划分为4个亚种，其中滇西亚种（*S. c. tigrina*）于云南西南部怒江以西；西南亚种（*S. c. vacillans*）于云南其余地区和四川南部；海南亚种（*S. c. hainana*）于海南；台湾亚种（*S. c. fprmosana*）；指名亚种（*S. c. chinensis*）见于分布区域的其他区域（包括陕西）。而郑光美（2011）沿用了除西南亚种之外的其他3个亚种。陕西省内为留鸟，各地均常见。常结小群栖于公园、农耕地、村庄和寺院周围的乔木上，取食于地面，主要吃种子。

57. 四声杜鹃 Indian Cuckoo （*Cuculus micropterus*）

林向荣 摄

中等体型（30cm）的杜鹃。形态、体色与灰色型大杜鹃相似，但腹部黑色横纹较粗而略稀疏，其叫声四音节，听似如"光棍好苦"。国内仅分布指名亚种（*C. m. micropterus*）广泛繁殖于中国中部和东部。陕西省内为夏候鸟，各地可见。通常单独藏匿于森林上层，只闻其声，难见其踪，捕食昆虫。

58. 大杜鹃 Common Cuckoo （*Cuculus canorus*）

中等体型（32cm）的杜鹃。灰色型：头、颈和背部灰色，腹部白色而密布黑色细纹，飞羽和尾灰黑色，尾末端白色。棕色型雌鸟：头、
颈和背棕红色而布满黑色细纹，余部与灰色型相近。虹膜及眼周黄色，嘴上喙深色，下喙黄色，脚黄色。郑作新（1994）认为大杜鹃在我国可划分为4个亚种，新疆亚种（*C. c. subtelephonus*）在新疆至内蒙古中部；华西亚种（*C. c. bakeri*）在青海、四川、西藏南部和云南；华东亚种（*C. c. fallax*）见于华东及东南；而指名亚种（*C. c. canorus*）见于新疆北部、东北、陕西及河北。而郑光美（2011）将华东亚种并入华西亚种。陕西省内为夏候鸟，陕西北部分布指名亚种，而秦岭至陕西南部分布华西亚种。栖于农田、果林、森林，甚至城镇、校园等处，发出"布谷"声，故名"布谷鸟"，有巢寄生行为，捕食昆虫。

59. 噪鹃 Common Koel （*Eudynamys scolopacea*）

体型大（42cm）而尾长的杜鹃。雄鸟体羽黑色而有不明显的蓝色金属光泽；雌鸟体羽深灰褐色密布白色点斑。喙黄绿色，虹膜血红色。华南亚种（*E. s. chinensis*）繁殖于中国北纬35°以南地区；海南亚种（*E. s. harterti*）为海南留鸟。
陕西省内为夏候鸟，多见于秦岭南坡以南各地，但近几年在秦岭北麓的关中平原偶有出现。常单独隐匿于红树林、次生林、原始林、园林及人工林中，发出一连串响亮而声声渐高如"酷唔"的叫声，取食昆虫和野果。

60. 白腰雨燕 Fork-tailed Swift （*Apus pacificus*）

沈 越 摄

中等偏大（18cm）的雨燕。翼狭长而尖，尾略短而叉深。除颏部灰褐和腰部白色外，几乎通体黑褐色。虹膜深褐色，嘴黑，脚偏紫色。指名亚种（*A. p. pacificus*）繁殖于中国东北、华北、华东、西藏东部及青海；华南亚种（*A. p. kanoi*）繁殖于包括陕西在内的华中、西南、华南及台湾。陕西省内为夏候鸟，各地可见。成群飞行于开阔区的高空，在崖壁、建筑物檐下筑巢，捕食飞行中的昆虫。

61. 普通雨燕 Common Swift （*Apus apus*）

张 岩 摄

体型较大（17cm）的雨燕。翼狭长而尖，尾叉深。额及颏偏白，余部棕褐色。虹膜褐色，嘴、腿黑色。中国仅分布北京亚种（*A. a. pekinensis*），繁殖于长江以北地区。秦岭地区为夏候鸟，各地可见，尤其西安古城区的古建筑上数量较多。常成群飞行于城镇高空，喜集群筑巢于古建筑檐下，捕食飞行中的昆虫。

62. 冠鱼狗 Crested Kingfisher （*Megaceryle lugubris*）

体型甚大（41cm）的翠鸟。高耸的近扇形羽冠为本种特征。颊斑、喉和腹部白色，余部青黑而密布白色点斑，棕黄色的翼下覆羽在飞行时可见。喙黑色，喙基部和尖端发白，虹膜褐色，腿黑色。指名亚种（*M. l. lugubris*）仅分布于辽宁南部；普通亚种（*M. l. guttulata*）分布于中国中部、东部和南部。陕西省内见于渭河谷地以南各地。常单独站于河边树木和电线上，有时也鼓翼悬停于水面上空，伺机俯冲入水捕食鱼类。

于晓平 摄

63. 普通翠鸟 Common Kingfisher （*Alcedo atthis*）

体型较小（15cm）的翠鸟。上体蓝绿色而有金属光色，贯眼纹和腹部橙红色，耳羽和喉部白色。虹膜褐色，喙黑色（雌鸟下嘴红色），脚红色。指名亚种（*A. a. atthis*）分布于新疆北部和西部；普通亚种（*A. a. bengalensisi*）见于全国其他省区。陕西省内为留鸟，广布各地，秦岭地区常见。常单独站立于水边植物或鼓翼悬停，伺机俯冲入水捕食鱼类。

雍严格 摄

64. 蓝翡翠 Black-capped Kingfisher （*Halcyon pileata*）

体型中等（30cm）的翠鸟。亮红色的喙粗大，头顶、肩羽、初级和飞羽末端黑色，喉和脸白色，背和尾部宝蓝色，腹部橙黄色。虹膜深褐色，腿红色。分布于除新疆、西藏和青海之外的其他各省。陕西省内见于各地水域。常单独站立于水边植物上伺机俯冲入水捕食鱼类。

65. 戴胜 Eurasian Hoopoe （*Upupa epops*）

中等体型（30cm）而喙细长且下弯的鸟类。头顶具显著的浅棕红色而末端黑色的长羽冠（可如扇子般展开），头、上背、肩及下体浅棕红色，翼及尾具黑白相间的条纹。虹膜褐色，嘴、脚黑色。指名亚种（*U. e. epops*）留鸟于除海南外的其他各省；华南亚种（*U. e. longirostris*）仅分布于云南、广西西南部和海南。陕西省内为留鸟，各地极为常见。栖息于低山、丘陵、农耕地、果园甚至城市绿地等生境，取食昆虫，在树洞或岩洞中营巢，巢内甚臭。

66. 蚁䴕 Eurasian Wryneck （*Jynx torquilla*）

林向荣 摄

体型较小（17cm）而喙短且不啄木的啄木鸟。体羽为难以描述的灰、褐、黑色斑驳状，似树皮，棕褐色的过眼纹向后延接背两侧的褐色纵条带。虹膜淡褐色，嘴角质色，腿褐色。指名亚种（*J. t. torquilla*）繁殖于中国东北，迁徙时见于南部各省；西藏亚种（*J. t. himalayana*）见于西藏南部。陕西省内为旅鸟，全省可见，但数量很少。常单独栖息于低山、林缘、果园的灌木和低矮乔木，不攀爬树干也不啄木，捕食蚂蚁等昆虫，也用长舌舔食花蜜。见人靠近时头部常向两侧扭动。

67. 灰头绿啄木鸟 Grey-headed Woodpecker （*Picus canus*）

于晓平 摄

中等偏大（27cm）的啄木鸟。头部灰色（雄鸟头顶红色），上背和尾黄绿色，腹部浅灰色。虹膜红褐，喙浅黄色或沾灰色，脚灰色。国内有10个亚种分布，均为留鸟。指名亚种（*P. c. canus*）于新疆北部；东北亚种（*P. c. jessoensis*）于东北；河北亚种（*P. c. zimmermanni*）于华北东部；青海亚种（*P. c. kogo*）于青海、西藏东部；西南亚种（*P. c. sordidior*）于西南、西藏东部；滇南亚种（*P. c. hessei*）于云南南部；华南亚种（*P. c. sobrinus*）于东南；海南亚种（*P. c. hainanus*）于海南；台湾亚种（*P. c. tancolo*）于台湾；而华东亚种（*P. c. guerini*）遍及包括陕西在内的北方其他地区。陕西省内为留鸟，各地可见。常单独活动于低山阔叶林或果园，繁殖期常发出响亮的叫声，主要捕食昆虫，冬季也吃柿子。

68. 大斑啄木鸟 Great Spotted Woodpecker （*Dendrocopos major*）

王中强 摄

中等体型（24cm）的啄木鸟。头顶、上背和尾部黑色，脸白色，脸和颈部有一黑色"人"字纹。雄鸟枕部有一红斑块。肩部有一大白斑，飞羽黑色而有白色窄横带，腹部灰白或沾褐色、粉色，臀及尾下腹羽红色。虹膜近红，嘴灰色，脚灰色。中国有9个亚种，各地均为留鸟。其中新疆亚种（*D. m. tianshanicus*）于新疆北部；北方亚种（*D. m. brevirostris*）于黑龙江、内蒙古；东北亚种（*D. m. japonicus*）于大兴安岭；华北亚种（*D. m. cabanisi*）于华北北部；乌拉山亚种（*D. m. wulashanicus*）仅于内蒙古西部；西北亚种（*D. m. beicki*）于华中北部；西南亚种（*D. m. stresemanni*）于中南及西南；东南亚种（*D. m. mandarinus*）于华南及东南；海南亚种（*D. m. hainanus*）于海南。陕西省内各地终年可见，陕西北部为西北亚种，秦岭及以南地区为东南亚种。常单独攀爬于阔叶林的树干上凿洞捕虫。

69. 赤胸啄木鸟 Crimson-breasted Woodpecker （*Dendrocopos cathpharius*）

于晓平 摄

中等偏小（cm）的啄木鸟。形似大斑啄木鸟，但略显短粗，黑色"人"字纹不与头顶黑色相接，而下端延至胸前相汇，且胸部有一醒目的鲜红色斑，腹部有黑色纵纹。虹膜略红，嘴暗灰，脚近绿色。中国有5个亚种，各地均为留鸟。指名亚种（*D. c. cathpharius*）于西藏东南部雅鲁藏布江以南；西藏亚种（*D. c. ludlowi*）于西藏东南雅鲁藏布江以北至云南西北；云南亚种（*D. c. tenbrosus*）于云南中部、西部；西南亚种（*D. c. pernyii*）于甘肃南部、四川西北、南部和云南西北部；湖北亚种（*D. c. innixus*）于陕西南部秦岭山脉、湖北西部神龙架地区和四川东北部。陕西省内曾记录于西安、周至、留坝、宁陕等地。常单独栖于海拔1000～2800m的森林，具啄木鸟的典型习性。

70. 星头啄木鸟 Grey-capped Woodpecker （*Dendrocopos canicapillus*）

廖小凤 摄

体型较小（15cm）的啄木鸟。头顶、背和尾黑色，脸颊灰褐色，腹部皮黄色或灰色而有黑色短纵纹，以上有数条白色横带。虹膜淡褐色，嘴灰色，脚绿灰色。中国有8个亚种，各地均为留鸟。东北亚种（*D. c. doerriesi*）于中国东北；华北亚种（*D. c. scintilliceps*）于辽宁及华东；西南亚种（*D. c. omissus*）于中国西南；云南亚种（*D. c. obscurus*）于云南南部；华南亚种（*D. c. nagamichii*）于华南及东南部；海南亚种（*D. c. swinhoei*）于海南；台湾亚种（*D. c. kaleensis*）于台湾；而四川亚种（*D. c. szetschuanensis*）于包括陕西在内的华中地区。陕西省内见于秦巴山区。常单独栖于阔叶林和果园，具啄木鸟的典型习性。

71. 凤头百灵 Crested Lark （*Galerida cristata*）

李飏 摄

中等偏大（18cm）的百灵。尖三角形的羽冠耸立，脸部有两道黑褐色髭纹，上体浅灰褐色而有黑褐色纵纹，腹部白色，喙较长，浅黄色。虹膜深褐色，嘴黄粉色，端部色深，脚粉色。新疆亚种（*G. c. magna*）留鸟于新疆、内蒙古西部、宁夏北部、甘肃西北部和青海东北部；东北亚种（*G. c. leauyungensis*）繁殖于东北、华北、西北（包括陕西），越冬于华中、华东长江中下游地区。陕西省内见于陕北、关中南部、陕南。常结小群活动于沙漠边缘、草原、矮草河滩、农田，擅鸣，取食昆虫和草籽。

72. 云雀 Eurasian Skylark （*Alauda arvensis*）

中等体型（18cm）的百灵。上体皮黄色而有黑色斑块，腹部白色，头顶密布黑色细纹，有时可见耸起的短羽冠，脸颊有浅红褐色斑块。虹膜深褐色，嘴、脚角质色。国内有6个亚种，新疆亚种（*A. a. dulcivox*）夏候鸟于新疆西北部；北方亚种（*A. a. kiborti*）繁殖于东北的沼泽平原；东北亚种（*A. a. intermedia*）繁殖于东北的山区；北京亚种（*A. a. pekinensis*）、日本亚种（*A. a. japonica*）和萨哈林亚种（*A. a. lonnbergi*）繁殖于西伯利亚，但分别于北京、河北、天津和江苏越冬或停歇。陕西省内为冬候鸟（东北亚种），全境可见。栖于草原、泥沼、农田，甚擅鸣，取食草籽和昆虫。

73. 家燕 Barn Swallow （*Hirundo rustica*）

中等体型（20cm）的长叉尾的燕。上体近黑而有蓝色金属光泽，下体白，额和喉部暗赤红色，尾长而分叉，尾近端处具白色点斑。虹膜褐色，嘴及脚黑色。中国有4个亚种，指名亚种（*H. r. rustica*）繁殖于新疆和西藏西部；普通亚种（*H. r. gutturalis*）夏候鸟于包括陕西在内的全国各省；北方亚种（*H. r. tytleri*）于远东地区繁殖，迁徙途径中国东北、华北等地；东北亚种（*H. r. mandschurica*）夏候鸟于黑龙江。陕西省内为夏候鸟，全省可见。常成群飞于城镇上空，筑巢于屋檐下，捕食飞行中的昆虫。

74. 金腰燕 Red-rumped Swallow （*Cecropis daurica*）

中等体型（18cm）长叉尾的燕。头顶及背近黑而有蓝色金属光泽，脸和腹部白色而有黑褐色细纹，眉纹、耳后和腰浅赤红色。虹膜褐色，嘴及脚黑色。中国有4个亚种，均为夏候鸟，其中指名亚种（*C. d. daurica*）繁殖于东北；青藏亚种（*C. d. gephryi*）繁殖于青藏高原东部至甘肃、宁夏、四川  及云南北部；西南亚种（*C. d. nipalensis*）繁殖于西藏南部及云南西部；普通亚种（*C. d. japonica*）繁殖于包括陕西在内的中国东部。陕西省内各地可见，习性似家燕，但更常结群飞行于近山地的村镇。

75. 淡色崖沙燕 Sand Martin （*Riparia diluta*）

体型较小（12cm）而尾叉浅的燕。上体灰褐色，褐色胸带在中部断开。虹膜褐色，嘴及脚黑色。中国有3个亚种，指名亚种（*R. d. diluta*）夏候鸟于新疆、青海西北部；青藏亚种（*R. d. tibetana*）留鸟于青藏高原；福建亚种（*R. d. fokiensis*）留鸟于包括陕西在内的华中及华东地区。陕西省内为留鸟，主要见于关中、陕南。成群栖息于河流、沼泽，掘穴筑巢于砂质河岸，捕食昆虫。

76. 烟腹毛脚燕 Asian House Martin （*Delichon dasypus*）

林向荣 摄

体型小（13cm）而尾叉浅的燕。上体近黑而有蓝色金属光泽，下体近白而胸部沾烟灰色，翼下覆羽灰黑色，白色腰部在飞行时显著（体型比白腰雨燕小，翅显短，常低飞）。虹膜褐色，嘴黑，脚粉色。中国有3个亚种，均为夏候鸟或留鸟。指名亚种（*D. d. dasypus*）繁殖于黑龙江，迁徙时途经东部沿海；西南亚种（*R. d. cashmiriensis*）繁殖于包括陕西在内的中国中东部及青藏高原，冬季南迁；福建亚种（*R. d. nigrimentalis*）留鸟于台湾、华南及东南。陕西省内为留鸟，秦巴山区可见。常单独或结群活动于山区、农田，筑巢于岩壁和建筑物，捕食昆虫。

77. 白鹡鸰 White Wagtail （*Motacilla alba*）

于晓平 摄

中等体型（20cm）而色型多样的鹡鸰。上体黑色或灰色，脸部黑白花纹多变，下体白色，尾长，外侧尾羽白色，中间尾羽黑色，虹膜褐色，嘴及脚黑色。中国有7个亚种，西方亚种（*M. a. dukhunensis*）迁徙时途经中国西北；新疆亚种（*M. a. personata*）繁殖于中国西北；东北亚种（*M. a. baicalensis*）繁殖于中国极北部及东北，迁徙时途经包括陕西在内的中国南部大部分地区；眼纹亚种（*M. a. ocularis*）迁徙途经包括陕西在内的大部分地区，在中国南部包括海南、台湾越冬；西南亚种（*M. a. alboides*）繁殖于华北、西北（包括陕西）、西南；普通亚种（*M. a. leucopsis*）繁殖于全国各省；黑背眼纹亚种（*M. a. lugens*）迁徙时途经我国东北、华北及东南沿海。陕西省内可见4个亚种，东北亚种、眼纹亚种为旅鸟，西南亚种和普通亚种为留鸟，常见于各地。常单独活动于近水的开阔地带、稻田、溪流边及道路上，尾上下摇动，飞行时，轨迹成上下波浪状，常边飞边叫，主要取食昆虫。

78. 灰鹡鸰 Grey Wagtail　（*Motacilla cinerea*）

中等体型（19cm）的鹡鸰。上体灰色，腹部和腰黄色，眉纹白色，颏白色（雄鸟繁殖期黑色），外侧尾羽白色，中间尾羽黑色，虹膜褐色，嘴黑褐，脚肉色。国内仅有普通亚种（*M. cinerea robusta*），繁殖于西伯利亚、中国中部和东北部，越冬于长江以南。陕西省内主要为夏候鸟，见于各地。常栖于山区溪流、河流，习性似白鹡鸰。

于晓平 摄

79. 黄鹡鸰 Yellow Wagtail　（*Motacilla flava*）

中等体型（18cm）的鹡鸰。色型多样，总体似灰鹡鸰，但上体橄榄绿色或褐色，虹膜褐色，嘴褐色，脚黑褐色。国内有10个亚种，准噶尔亚种（*M. f. leucocephala*）迁徙途经新疆北部；极北亚种（*M. f. plexa*）迁徙途经中国东北；天山亚种（*M. f. melanogrisea*）夏候鸟于新疆西部和西北部；北方西部亚种（*M. f. beema*）繁殖于西伯利亚，迁徙途经中国中西部；斋桑亚种（*M. f. zaissanensis*）夏候鸟于新疆北部；北方东部亚种（*M. f. angarensis*）繁殖于西伯利亚，迁徙途经华北至四川、云南；东北亚种（*M. f. macronyx*）繁殖于中国东北，迁徙时途经包括陕西在内的南部大部分省区；勘察加亚种（*M. f. simillima*）繁殖于俄罗斯远东地区，迁徙时途经东北、华北、华中、西南、华南（包括台湾）等地；台湾亚种（*M. f. taivana*）迁徙时途经包括陕西在内的中国东部，越冬于台湾、海南；阿拉斯加亚种（*M. f. tschuschensis*）繁殖于西伯利亚，迁徙时经过北京至东部沿岸。陕西省内两个亚种均为旅鸟，陕北和秦岭山区可见。具鹡鸰的典型习性。

田宁朝 摄

80. 黄头鹡鸰 Citrine Wagtail （*Motacilla citreola*）

王中强 摄

中等偏小（18cm）的鹡鸰。背灰色，头、胸和腹部为鲜艳的黄色，外侧尾羽白色，中间尾羽黑色，虹膜深褐色，嘴及脚黑色。中国有3个亚种，均为夏候鸟。新疆亚种（*M. c. werae*）繁殖于新疆北部；指名亚种（*M. c. citreola*）繁殖于中国北方及东北，迁徙时途经包括陕西在内的大部分省份，越冬于华南沿海；西南亚种（*M. c. calcarata*）繁殖于中国中部及青藏高原，冬季迁至西藏东南部及云南。陕西省内为旅鸟，几乎全境可见，但数量不集中。具鹡鸰的典型习性。

81. 树鹨 Olive-backed Pipit （*Anthus hodgsoni*）

于晓平 摄

中等体型（16cm）的鹨。眉纹皮黄色，耳附近有一皮黄色斑，髭纹近似黑色三角形，背部淡黄褐或浅橄榄色而有黑色纵纹，胸部和腹部皮黄色，胸部缀满较大的黑色点斑，两胁有黑色纵纹，尾褐色而两侧白色。虹膜褐色，嘴上喙角质色，下嘴粉色，脚粉红。中国有2个亚种，东北亚种（*A. h. yunnanensis*）繁殖于中国东北、华北、陕西南部及云南及西藏南部；指名亚种（*A. h. hodgsoni*）繁殖于山西、陕西南部、青海、云南。陕西省内为夏候鸟，全境可见。常单独或结小群活动于各类林地，也在农耕地和园林活动，常上下摆尾，以昆虫和草籽为食。

82. 田鹨 Richard's Pipit （*Anthus richardi*）

体型较大（18cm）而显粗壮的鹨。上体褐色而略显红，有褐色和黑色纵纹，胸部和腹部皮黄色而略沾锈红（尤其是两胁），胸部有米粒状黑斑。虹膜褐色，嘴粉红褐，脚粉红，后趾趾甲极长。中国有3个亚种，指名亚种（*A. r. richardi*）除西藏、台湾外，见于各省，北部省份（东北、华北、西北各省）为夏候鸟，冬季南迁；新疆亚种（*A. r. centralasiae*）繁殖于新疆西北、甘肃、内蒙古西部、青海西北部；华南亚种（*A. r. sinensis*）繁殖于北方，迁徙途经包括陕西在内的大部分地区。陕西省内为夏候鸟或旅鸟，常见于陕南。单独或结小群活动于河边开阔草地，常在疾走后做出特征性的挺直站立姿势，取食昆虫和草籽。

注：马敬能等（2000）将本种称作理氏鹨，而把 *A. rufulus* 称作田鹨。

83. 长尾山椒鸟 Long-tailed Minivet （*Pericrocotus ethologus*）

体大（20cm）而尾长的山椒鸟。雄鸟头部、上背和内侧尾羽黑色而有深蓝色金属光泽，臀羽白色，余部艳红，停栖时可见翅上有"刀"字形红色翼纹。雌鸟除喉部和眼先白色而略黄外，余部以灰色、柠檬黄色分别代替雄鸟的黑色和艳红色。虹膜褐色，嘴及脚黑色。中国有3个亚种，均为夏候鸟。指名亚种（*P. e. ethologus*）繁殖于华北、西北、华中、西南；西藏亚种（*P. e. laetus*）繁殖于西藏南部；云南亚种（*P. e. yvettae*）繁殖于云南西部。陕西省内分布于秦岭南坡和大巴山。常单独或成对栖于林中高大乔木中上部，主要取食昆虫。

84. 黄臀鹎 Brown-breasted Bulbul （*Pycnonotus xanthorrhous*）

中等体型（20cm）而有短羽冠的鹎。头部黑色，耳羽和上体灰褐色，喉、胸部和腹部白色，胸部有浅褐色横带，臀羽黄色。虹膜褐色，嘴及脚黑色。中国有2个亚种，均为留鸟。指名亚种（*P. x. xanthorrhous*）分布于西藏东南部、云南、四川西部；华南亚种（*P. x. andersoni*）分布于华中、华东及华南。陕西省内见于秦巴山区。成群活动于阔叶林地、园林、果园，常站立于树顶鸣唱，主要取食野果，也吃昆虫。

85. 绿翅短脚鹎 Mountain Bulbul （*Hypsipetes mcclellandii*）

中等偏大（24cm）的而有蓬松短羽冠的鹎。喙较长，头颈、胸部、腹部浅棕色，喉部有白色纵纹，背部灰褐，飞羽和尾部黄绿色。虹膜褐色，嘴黑，脚偏粉。中国有3个亚种，均为留鸟。指名亚种（*H. m. mcclellandii*）于西藏；云南亚种（*H. m. similis*）于云南、海南；华南亚种（*H. m. holtii*）于包括陕西在内的华南及东南大部。陕西省内见于秦岭南坡以南的秦巴山区，不甚常见。单独或结小群活动于阔叶林中下层，常发出较尖厉的叫声，主要取食野果，也吃昆虫。

86. 白喉红臀鹎 Sooty-headed Bulbul （*Pycnonotus aurigaster*）

中等体型（20cm）而有短羽冠的鹎。头顶及眼周黑色，背部灰褐色，下体近白，臀羽红色，尾部灰褐而末端白色。虹膜红色，嘴及脚黑色。国内有3个亚种，均为留鸟。西南亚种（*P. a. latouchei*）与中国西南和海南；砜州亚种（*P. a. resurrentus*）于广东西部；东南亚种（*P. a. chrysorrhoides*）

林向荣 摄

于中国东南和香港。陕西省内近年在汉江以南巴山的低山区（城固县）有记录（西南亚种）。成群活动于阔叶林中上部，较吵嚷，主要取食野果，也吃昆虫。

87. 太平鸟 Bohemian Waxwing （*Bombycilla garrulous*）

体型略大（18cm）的粉褐色太平鸟。雄性成鸟：额及头顶前部栗色；上嘴基部、眼先、围眼至眼后形成黑色纹带，并与枕部的宽黑带相连构成一环带；背、肩羽灰褐色；腰及尾上覆羽褐灰至灰色；初级飞羽黑色；尾羽黑色，羽端有黄端斑；颏、喉黑色；雌性成鸟：羽色似雄但颏、喉的黑色斑较小，并微杂有褐色。虹膜褐色，嘴及脚褐色。国内冬候鸟或旅鸟（普通亚种 *B. g. centralasiae*）见于大部分地区。陕西秦岭地区冬季仅在西安地区有过记录，较为罕见。在中国多数地区见于冬季和春、秋迁徙

王中强 摄

季节，除繁殖期成对活动外，其他时候多成群活动，有时甚至集成近百只的大群。通常活动在树木顶端和树冠层。

88. 红尾伯劳 Brown Shrike （*Lanius cristatus*）

中等体型（20cm）的伯劳。上体棕褐或灰褐色；两翅黑褐色；头顶灰色或红棕色、具白色眉纹和显著的黑色贯眼纹。尾上覆羽红棕色，尾羽棕褐色，尾呈楔形；颏、喉白色，其余下体棕白色。虹膜褐色，嘴灰色，脚黑色。国内有4个亚种，指名亚种（*L. c. cristanus*）在中国为旅鸟或冬候鸟，迁徙时途经包括陕西在内的大部分地区；东北亚种（*L. c. confusus*）繁殖于黑龙江，迁徙经中国东部；普通亚种（*L. c. lucionensis*）夏候鸟于东北、华北、华中（包括陕西）和华南，冬季南迁；日本亚种（*L. c. supercilliosus*）为过境鸟，云南、海南越冬。陕西秦岭地区夏季不常见（普通亚种），迁徙季节常见（指名亚种）。一般生活于温湿地带森林鸟类、常见于平原、丘陵至低山区以及林缘、开阔地附近。主要食物为昆虫以及少量草籽。

89. 虎纹伯劳 Tiger Shrike （*Lanius tigrinus*）

中等体型（19cm）背部棕色的伯劳。雄鸟顶冠及颈背灰色；背、两翼及尾浓栗色而多具黑色横斑；过眼纹宽且黑；下体白，两胁具褐色横斑。雌鸟似雄鸟但眼先及眉纹色浅。亚成鸟为较暗的褐色，眼纹黑色具模糊的横斑；眉纹色浅；下体皮黄，腹部及两胁的横斑较红尾伯劳为粗。虹膜褐色，嘴蓝而端黑，脚灰色。繁殖于我国东北、华北、华中地区。陕西省秦岭地区较常见的夏候鸟。喜多林地带，性凶猛，食物以昆虫为主，偶尔捕食小型鸟类和鼠类。

90. 牛头伯劳 Bull-headed Shrike （*Lanius bucephalus*）

中等体型（19cm）的褐色伯劳。头顶褐色，尾端白色。飞行时初级飞羽基部的白色块斑明显。雄鸟过眼纹黑色，眉纹白，背灰褐；下体偏白而略具黑色横斑，两胁沾棕。雌鸟褐色较重，与雌红尾伯劳的区别为具棕褐色耳羽，夏季色较淡而较少赤褐色。虹膜深褐色，嘴灰而端黑，脚铅灰色。国内有 2 个亚种，指名亚种（*L. b. bucephalus*）繁殖于中国东北、华北及西北部分地区，迁徙时途经中国大部分地区；甘肃亚种（*L. b. sicarius*）仅限于甘肃极南部。陕西省秦岭地区为夏候鸟，栖息于海拔 900～2500m 的山地阔叶林及针阔混交林的林缘地带，喜次生植被及耕地。冬季向低海拔地区移动。以蝗虫、蟋蟀等昆虫为主食。

91. 楔尾伯劳 Chinese Gray Shrike （*Lanius sphenocercus*）

体型甚大（31cm）的灰色伯劳。眼罩黑色，眉纹白，两翼黑色并具粗的白色横纹。比灰伯劳体型大。三枚中央尾羽黑色，羽端具狭窄的白色，外侧尾羽白。虹膜褐色，嘴灰色，脚黑色。国内有 2 个亚种，指名亚种（*L. s. sphenocercus*）繁殖于中国东北、内蒙古、山西、陕西、宁夏及甘肃，南迁越冬；西南亚种（*L. s. giganteus*）繁殖于青海、西藏东北部、四川西北部。陕西秦岭地区迁徙季节不常见于平原、灌丛和林缘地带。以昆虫和小型鸟类为食。

92. 棕背伯劳 Long-tailed Shrike （*Lanius schach*）

于晓平 摄（幼体）　　李飏 摄（成体）

体型略大（25cm）而尾长的棕、黑及白色伯劳。成体额、眼纹、两翼及尾黑色；翼具一白色斑；头顶及颈背灰色；背、腰及体侧红褐；颏、喉、胸及腹部中央白色；亚成体色暗；两胁及背部具横斑；头及颈背浓灰色。虹膜褐色，嘴灰色，脚深灰。国内有5个亚种，不同亚种留鸟于不同地区。中亚亚种（*L. s. erythronotus*）边缘分布于我国新疆西部；西南亚种（*L. s. tricolor*）于云南西北至南部、西藏东南部；指名亚种（*L.s.schach*）分布于长江以南广大地区，北至甘肃兰州、陕西秦岭，西至四川、云南。台湾亚种（*L.s.formosae*）仅分布于台湾；海南亚种（*L.s.hainanus*）仅分布于海南岛。喜草地、灌丛及其他开阔地，捕食飞行的昆虫和地面的甲虫。

93. 灰背伯劳 Grey-backed Shrike （*Lanius tephronotus*）

于晓平 摄

体型略大（25cm）而尾长的伯劳。前额、眼先、过眼纹至耳羽黑色；头顶至下背暗灰；翅、尾黑褐；下体近白，胸染锈棕。虹膜褐色，嘴及脚绿色。国内分布于甘肃、宁夏、青海、陕西、四川、贵州、西藏（夏候鸟、旅鸟）和云南（留鸟）。秦岭地区为夏候鸟，见于低山丘陵（800～1500m）至海拔较高（1500～2500m）的疏林地带。以昆虫为食，也食鼠类、小鱼等。

94. 黑枕黄鹂 Black-naped Oriole (*Oriolus chinensis*)

中等体型（26cm）的黄色和黑色鹂。过眼纹及颈背黑色；飞羽多黑色；雄性体羽余部艳黄色。雌鸟色暗淡；背部橄榄黄色。亚成体背部橄榄色；下体近白而具黑色纵纹。虹膜红色，嘴粉红，脚近黑。国内仅有1个亚种（普通亚种 *O. c. diffusus*）见于东北至华北、华中及华南地区；秦岭地区主要见于关中平原、汉江盆地和秦岭低山丘陵区，喜树冠部隐蔽栖息。主食昆虫、果实和种子。

林向荣 摄

95. 黑卷尾 Black Drongo (*Dicrurus macrocercus*)

中等体型（30cm）的辉蓝黑色卷尾。嘴小；尾长而叉深。亚成体腹部具近白色横纹。虹膜红色，嘴及脚黑色。国内有3个亚种，均为夏候鸟或留鸟。藏南亚种（*D. m. albirictus*）夏候鸟于西藏东南部；台湾亚种（*D. m. harterti*）留鸟于台湾；普通亚种（*D. m. cathoecus*）除新疆、青海、台湾外广布于各省区。陕西省秦岭南北坡的平原、低山丘陵带为常见夏候鸟。善在飞行中捕食各种昆虫。

雍严格 摄

96. 灰卷尾 Ashy Drongo （*Dicrurus leucophaeus*）

林向荣 摄

中等体型（28cm）的灰色卷尾。脸偏白；尾长而深开叉；各亚种色度不同虹膜橙红，嘴灰黑，脚黑色。国内有4个亚种，均为夏候鸟或留鸟。普通亚种（*D. l. leucogenis*）与黑龙江南部、吉林至华东至东南；西南亚种（*D. l. hopwoodi*）于西南至西藏南部；华南亚种（*D. l. salangensis*）于华中及华南；海南亚种（*D. l. innexus*）留鸟于海南。陕西秦岭地区为夏候鸟，南坡常见，北坡不常见。栖息于平原丘陵地带、村庄附近、河谷或山区。通常成对或单个停留在高大乔木树冠顶端，或山区岩石顶上；也栖于高大杨树顶端枝上；食物以昆虫为主，偶食果实和种子。

97. 发冠卷尾 Hair-crested Drongo （*Dicrurus hottentottus*）

田宁朝 摄

体型略大（32cm）的黑天鹅绒色卷尾。头具细长羽冠；体羽闪烁斑点；尾长而分叉，外侧尾羽端钝而上翘形似竖琴。虹膜红色或白色，嘴及脚黑色。国内有2个亚种，夏候鸟或留鸟。指名亚种（*D. h. hottentottus*）留鸟于云南西部；普通亚种（*D. h. brevirostris*）繁殖于东北、华北、华中、华东及台湾。陕西秦岭地区夏候鸟于南坡至汉江盆地。喜森林开阔地带，以昆虫为食。

98. 北椋鸟 Daurian Starling （*Sturnia sturnina*）

体型略小（18cm）。背部闪辉紫色；两翼闪辉绿黑色并具醒目的白色翼斑；头及胸灰色，颈背具黑色斑块；腹部白色。雌鸟：上体烟灰，颈背具褐色点斑，两翼及尾黑。亚成鸟浅褐，下体具褐色斑驳。虹膜褐色，嘴近黑，脚绿色。繁殖于中国东北及北方，冬季南迁至东南、华南、西南、海南岛。秦岭地区为不常见的旅鸟，一般出现在开阔的平原，地面觅食。

林向荣 摄

99. 丝光椋鸟 Silky Starling （*Sturnus sericeus*）

体型较大（24cm）的灰色及黑白色椋鸟。两翼及尾灰黑色；飞行时白色翼斑醒目；头具灰白色丝状羽；上体余部灰色。虹膜黑色，嘴红而端黑，脚暗橘黄。留鸟于华南及东南的大部分地区，秦岭地区为不常见的夏候鸟。栖息于阔叶丛林、针阔混交林、果园及农耕区，常结群活动，在迁徙时可结成大群，取食植物果实、种子和昆虫。

陈旭 摄

100. 灰椋鸟 White-cheeked Starling　（*Sturnus cineraceus*）

中等体型（24cm）的棕灰色椋鸟。头黑而侧面具白色纵纹；臀、外侧尾羽羽端及次级飞羽狭窄横纹白色。雌性羽色稍暗。虹膜偏红，嘴黄而端黑，脚暗橘黄。繁殖于东北和北部，冬季南迁。秦岭地区为极常见的留鸟，夏季分散，冬季成群，常活动于开阔的田野及农田，地面觅食，夜间成群栖于树冠部，冬季可形成数千至上万只的大群。

101. 八哥 Crested Myna　（*Acridotheres cristatellus*）

较大体型（26cm）的黑色八哥。羽冠突出；与林八哥以混淆，区别在于冠羽较长，嘴基部红或粉色，尾短具狭窄白色，尾下覆羽具黑白色横纹。虹膜橘黄，嘴浅黄而基部红，脚暗黄。国内有3个亚种，均为留鸟。指名亚种（*A. c. cineraceus*）主要分布于秦岭以南地区；海南亚种（*A. c. brevipennis*）于海南；台湾亚种（*A. c. formosanus*）于台湾。陕西秦岭南坡的汉江盆地为较常见留鸟，西安地区夏季秦岭北麓山脚农田带常见3～5只的群体，而且有向北扩散的趋势，渭河支流沪灞流域可见成对活动个体，秋冬季可见30～50只的群体，目前已成为留鸟。该物种1998年前后发现于西安地区，1995年冬季西安市兴庆宫鸟语林逃逸1500只八哥，西安地区的八哥种群可能这些是笼养个体逃逸定居的结果。

102. 松鸦 Eurasian Jay （*Garrulus glandarius*）

中等体型（35cm）的粉褐色鸦。两翼黑而具白色斑块，翼上具黑色和蓝色镶嵌图案；腰白；髭纹黑色。虹膜浅褐色，嘴灰色，脚肉棕色。国内有 7 个亚种，均为留鸟，分布广泛。北疆亚种（*G. g. brandtii*）与新疆、黑龙江和内蒙古东北部；北
京亚种（*G. g. pekingensis*）于华北、西北（包括陕西）、内蒙古；甘肃亚种（*G. g. kansuensis*）于甘肃西南部、青海；西藏亚种（*G. g. interstinctus*）于西藏南部；云南亚种（*G. g. leucotis*）于云南南部；普通亚种（*G. g. sinensis*）于包括陕西在内的西北、西南、华中、华南。陕西秦岭地区常见留鸟于 1000～2500m 的阔叶林、混交林和针叶林带，偶见于西安浐灞生态区的人工林中，冬季可迁至西安东部白鹿原海拔 600m 左右的农耕区活动。以果实、鸟卵、橡子、松子等为食。

103. 红嘴蓝鹊 Red-billed Blue Magpie （*Urocissa erythrorhyncha*）

体长且具长尾（68cm）的亮丽蓝鹊。头、颈、胸部暗黑，头顶羽尖缀白，似灰色帽盔；枕、颈部羽端白色；背、肩及腰部羽色为紫灰色；翅羽以暗紫色为主并衬以紫蓝色；中央尾羽紫蓝色，末端有一宽阔的带状白斑；其余尾羽均为紫蓝
色，末端具有黑白相间的带状斑；中央尾羽甚长，外侧尾羽依次渐短；下体为极淡的蓝灰色。虹膜红色，嘴红色，足趾橙红色。中国有 2 个亚种，指名亚种（*U. e. erythrorhyncha*）于中国中部（包括陕西）、西南、华南、东南和海南岛；华北亚种（*U. e. brevivexilla*）于甘肃南部及宁夏南部至山西、河北、内蒙古东南部及辽宁西部；陕西秦岭地区极常见于平原河谷至中低山区。性喧闹而凶猛，结小群活动。以果实、小型鸟类及卵、昆虫和动物尸体为食，常在地面取食。

104. 灰喜鹊 Azure-winged Magpie （*Cyanopica cyanus*）

中型（35cm）灰色喜鹊。前额至颈、颊部黑色闪淡紫蓝色光泽；喉白，向下至胸、腹逐渐由淡黄白转为淡灰色；翕部和背部淡银灰到淡黄灰色，腰部和尾上覆羽逐渐转浅淡。翅淡天蓝，最外侧两枚初级飞羽淡黑色，其他初级飞羽（6枚）在外翈变为白色，因而在翅膀折合起来时形成一个长形的近末端的白斑；尾羽淡天蓝色，两枚中央尾羽具宽形白色端斑。虹膜暗褐至淡褐黑；嘴、跗蹠和趾黑色。国内有6个亚种，大部分为留鸟，分布极为广泛。指名亚种（*C. c. cyanus*）繁殖于俄罗斯远东地区，于黑龙江和内蒙古东北部越冬；兴安亚种（*C. c. pallescens*）留鸟于黑龙江北部；东北亚种（*C. c. stegmanni*）留鸟于黑龙江、吉林、辽宁、内蒙古东北部；华北亚种（*C. c. interposita*）留鸟于华北、西北（包括陕西）、内蒙古中东部；青海亚种（*C. c. kansuensis*）留鸟于甘肃西北部、青海东北部；长江亚种（*C. c. swinhoei*）留鸟于长江中下游省份及南部福建、广东、海南。陕西省秦岭地区常见留鸟于平原、河谷至低山丘陵，为城镇区（公园、校园）的优势种类之一。杂食性，但以动物性食物为主，主要吃半翅目的蝽象，鞘翅目的昆虫及幼虫，兼食一些植物果实及种子，偶尔捕食小型鸟类。

105. 喜鹊 Common Magpie （*Pica pica*）

大中型（45cm）鹊。头、颈、背至尾均为黑色，并具紫色、绿蓝色、绿色光泽。翼肩具一大型白斑。尾远较翅长，呈楔形；虹膜褐，嘴黑，脚黑。国内有4个亚种，均为常见留鸟。新疆亚种（*P. p. bactriana*）于新疆、西藏西部；东北亚种（*P. p. leucoptera*）于内蒙古东北部；青藏亚种（*P. p. bottanensis*）于西藏、青海、云南西北部、四川西部、甘肃南部；普通亚种（*P. p. sericea*）于除西藏、新疆外的其他省份。陕西秦岭地区常见留鸟于平原河谷、丘陵、低山等人类居住的地区。杂食性，捕食蝗虫、蝼蛄、地老虎、金龟甲、蛾类幼虫以及蛙类等小型动物，也盗食其他鸟类的卵和雏鸟，也吃瓜果、谷物、植物种子等。

106. 星鸦 Spotted Nutcracker （*Nucifraga caryocatactes*）

体型较小（33cm）的深褐色而密布白色斑点的鸦类。臀及尾角白色；飞翔时黑翅，白色的尾下覆羽和尾羽白端很醒目。虹膜深褐色，嘴及脚黑色。中国有6个亚种，多为留鸟。东北亚种（*N. c. macrorhynchos*）繁殖于中国东北、内蒙古东北部和新疆北部，越冬于河北、北京；华北亚种（*N. c. interdicta*）于辽宁、北京、河北、河南、山西；新疆亚种（*N. c. rothschildi*）于新疆西部；西藏亚种（*N. c. hemispila*）于西藏南部；台湾亚种（*N. c. owstoni*）于台湾；西南亚种（*N. c. macella*）于西北（包括陕西）、西南（四川、云南、西藏）和湖北。陕西省秦岭地区是一种典型的针叶林鸦类，见于海拔1600～3300m的混交林至针叶林区，近年来海拔有所下降，海拔1300m的中低山区也可见到，冬季可迁至秦岭北麓海拔600m左右的农耕区。多单独或成对活动，栖于松林，以松子为食，也埋藏其他坚果以备冬季食用，飞行起伏而有节律。见人后略显吵闹。

107. 红嘴山鸦 Red-billed Chough （*Pyrrhocorax pyrrhocorax*）

中小型（45cm）漂亮的黑色鸦类。通体黑色，但嘴形细长而曲，并呈朱红色。幼鸟两翅和尾闪烁着金属光泽，全身余部均纯黑褐色，而无辉亮。嘴端和嘴缘近角色；虹膜偏红；脚污褐色。雌雄羽色相同。国内有3个亚种，均为留鸟或夏候鸟。青藏亚种（*P. p. himalayanus*）留鸟于西藏、青海、新疆东部、云南西北部、甘肃、四川西部；疆西亚种（*P. p. centralis*）夏候鸟于新疆西部；北方亚种（*P. p. brachypus*）留鸟于东北南部、内蒙古、华北、西北各省。陕西秦岭地区不常见于渭河谷地和山区的低海拔山区。

108. 秃鼻乌鸦 Rook （*Corvus frugilegus*）

李飏 摄

体型略大（47cm）的黑色鸦。嘴基部裸露皮肤浅灰白色。易与小嘴乌鸦相混淆，区别为头顶更显拱圆形，嘴圆锥形且尖，腿部的松散垂羽更显松散。飞行时尾端楔形，两翼较长窄，翼尖"手指"显著，头显突出。除了嘴基部外通体漆黑，无论是喙、虹膜还是双足均是饱满的黑色。国内有2个亚种，指名亚种（*C. f. frugilegus*）于新疆繁殖和越冬；普通亚种（*C. f. pastinator*）广布于除西藏、新疆之外的所有省份。陕西秦岭地区偶见于平原丘陵低山地形的耕作区，有时会接近人群密集的居住区，喜群居。食性很杂，包括垃圾、腐尸、昆虫、种子甚至青蛙蟾蜍等。

109. 达乌里寒鸦 Daurian Jackdaw （*Corvus dauuricus*）

林向荣 摄

体型较小（32cm）的鹊色鸦类。外形、大小和羽色与寒鸦相似。全身羽黑色，仅后颈有一宽阔的白色颈圈向两侧延伸至胸和腹部，在黑色体羽衬托下极为醒目。虹膜深褐，嘴及脚黑色。相似种寒鸦后颈灰白色颈圈不延伸至胸和腹部，胸和腹均为黑色，颈圈呈半环状，明显与之不同。白颈鸦外形虽然与之更为相似，但白颈鸦白色颈环仅延伸至胸部，腹部仍为黑色，而且体型明显为大，分布区亦不同，二者在野外不会混淆。无亚种分化，分布于除了海南之外的所有省份。陕西秦岭地区见于平原城镇和低山区。杂食性，食物包括垃圾、腐肉、种子、各种昆虫和鸟卵。

110. 大嘴乌鸦 Large-billed Crow （*Corvus macrorhynchos*）

大型（50cm）闪光的黑色鸦类。全身羽毛纯黑；背、翼及尾带蓝绿光泽；嘴形粗大，上嘴前缘与前额几成直角。与小嘴乌鸦的区别在于嘴粗厚而尾圆，头顶更显拱圆形。虹膜褐色，嘴及脚黑色。国内有5个亚种，均为留鸟。西藏亚种（*C. m. intermedius*）于西藏南部和西部；青藏亚种（*C. m. tibetosinensis*）于西藏西南、青海东部、云南西北部、四川西部、北部；东北亚种（*C. m. mandschuricus*）于东北三省及河北北部；东方亚种（*C. m. levaillantii*）于西藏南部；普通亚种（*C. m. colonorum*）于除了东北、西藏之外的所有省份（包括台湾和海南）。陕西省秦岭地区栖息于平原、山地，多见于村落、农田。常集群活动，性凶猛，取食昆虫、鼠类、垃圾等。

111. 小嘴乌鸦 Carrion Crow （*Corvus corone*）

体大（50cm）的黑色鸦。与秃鼻乌鸦的区别在嘴基部被黑色羽，与大嘴乌鸦的区别在额弓较低，嘴虽强劲但形显细小。虹膜褐色，嘴及脚黑色。国内仅有普通亚种（*C. c. orientalis*），分布于除了西藏之外的几乎所有省份。陕西省秦岭地区见于平原丘陵至中低山区。喜群居于林区的垃圾集结处，以昆虫等无脊椎动物为主要食物，也食动物尸体。

112. 白颈鸦 Collared Crow （*Corvus pectoralis*）

大型（54cm）亮黑及白色鸦类。嘴粗厚；颈背及胸带显著的白色使其区别于分布区内的其他鸦类。虽与寒鸦略似，但后者体型甚小且腹部白色。虹膜深褐，嘴及脚黑色。无亚种分化，国内广布于除东北、新疆、西藏之外的几乎所有省份。陕西秦岭地区常见于低山、平原、耕地、河滩、城镇及村庄。食物很杂，包括昆虫、鱼类、种子、果实等。很少集群，繁殖期后可见家族群活动。

注：以前白颈鸦的学名 *Corvus torquatus* 被视为无效种（del Hoyo 等，2009）。

113. 褐河乌 Brown Dipper （*Cinclus pallasii*）

体型较大（21cm）的河乌。全身体羽深褐色；尾较短；嘴黑色，脚铅灰色。雌雄形态相似，幼鸟似成鸟，但体羽具斑纹，体羽较短而稠密。虹膜、嘴及脚均为褐色。中国有3个亚种，均为留鸟。中亚亚种（*C. p. tenuirostris*）于新疆西北部和西藏南部；滇西亚种（*C. p. dorjei*）于云南西北部；指名亚种（*C. p. pallasii*）分布于除西藏、海南之外的所有省份。中国常见留鸟于天山西部、东北、华东、华中、华南、西南以及台湾等广大地区。陕西秦岭地区常见于海拔1000～2500m的溪流中，成对活动，常贴近水面疾飞鸣叫，喜停歇于水中突出的石头上，能潜水觅食水生昆虫。

114. 鹪鹩 Eurasian Wren （*Troglodytes troglodytes*）

体型纤小（10cm）。全身褐色而具横纹及点斑；尾短而上翘；深黄褐的体羽具狭窄黑色横斑及模糊的皮黄色眉纹。虹膜、嘴及脚均为褐色。国内有7个亚种，均为留鸟。天山亚种（*T. t. tianschanicus*）于新疆西北部；西藏亚种（*T. t. nipalensis*）于西藏东南部、云南西北部；四川亚种（*T. t. szetschuanus*）于西北的陕西南部、甘肃南部、青海东南部、西南的西藏东部、云南东北部、四川；云南亚种（*T. t. talifuensis*）于云南中部、西北部和贵州；东北亚种（*T. t. dauricus*）于东北三省；普通亚种（*T. t. idius*）于华北、西北（包括陕西北部）、华南；台湾亚种（*T. t. taivanus*）于台湾。陕西秦岭地区偶见于海拔较高的针叶林带（四川亚种）。尾频繁上翘，喜短距离振翅低飞。

115. 棕胸岩鹨 Rufous-breasted Accentor （*Prunella strophiata*）

中等体型（16cm）的褐色具纵纹的岩鹨。眼先上具狭窄白线至眼后转为特征性的黄褐色眉纹，下体白色而带黑色纵纹，仅胸带黄褐。虹膜浅褐色，嘴黑色，脚暗橘黄。仅有指名亚种（*P. s. strophiata*）不常见留鸟于陕西南部、甘肃、西藏、青海、云南西北部、四川、贵州、湖北。秦岭地区夏季见于2000～3500m的中高山区，冬季海拔1000m的低山区可见到。

116. 栗背岩鹨 Maroon-backed Accentor （*Prunella immaculata*）

体小（14cm）的灰色无纵纹的岩鹨。臀栗褐，下背及次级飞羽绛紫色。额苍白，由近白色的羽缘形成扇贝状羽纹。虹膜白色，嘴角质色，脚暗橘黄。繁殖于西藏东南部、青海南部、甘肃南部、山西南部、四川北部及西部，越冬在云南北部及西部。陕西秦岭地区罕见于高海拔的针叶林林下，冬季活动于开阔灌丛。

117. 红喉歌鸲 Siberian Rubythroat （*Luscinia calliope*）

中等体型（16cm）而丰满的褐色歌鸲。具醒目白色眉纹和颊纹；尾褐色；两胁皮黄；腹部皮黄白。雌鸟胸带近褐；头部具黑白色独特条纹。成年雄鸟喉部红色；雌鸟全身黄褐色。虹膜褐色，嘴深褐，脚粉褐。繁殖于中国东北、新疆北部阿尔泰山、青海东北部至甘肃南部及四川，越冬于中国南部。在秦岭地区为不常见的旅鸟，渭河谷地的人工园林如浐灞湿地偶见。隐匿活动于近水源的森林、灌丛或人工林中。

118. 蓝喉歌鸲 Bluethroat （*Luscinia svecica*）

于晓平 摄

中等体型（14cm）色彩艳丽的歌鸲。雄性喉部具栗色、蓝色及黑白色图纹，眉纹近白，外侧尾羽基部的棕色于飞行时可见；上体灰褐，下体白，尾深褐。雌鸟喉白而无橘黄色及蓝色，黑色的细颊纹与由黑色点斑组成的胸带相连。虹膜深褐，嘴深褐，脚粉褐。国内有5个亚种，为夏候鸟或旅鸟。指名亚种（*L. s. svecica*）夏候鸟于东北极北部，南迁时见于各省；北疆亚种（*L. s. saturatior*）于新疆极北部；新疆亚种（*L. s. kobdensis*）于新疆西部；青海亚种（*L. s. przevalskii*）旅鸟于陕西、宁夏北部、甘肃西部、青海东北部和云南西南部；藏西亚种（*L. s. abbotti*）旅鸟于西藏西部。陕西秦岭地区为不甚常见旅鸟。性隐匿，出没于灌丛或草丛；繁殖期常于灌木或小乔木的横枝上占区鸣唱，不甚惧人。

119. 金色林鸲 Golden Bush Robin （*Tarsiger chrysaeus*）

林向荣 摄

修长（14cm）而优雅的鸲鸟。雄鸟上体橄榄绿色；眼先至耳羽黑色；眉纹、肩部、腰部和尾上覆羽橙黄；翼黑，羽缘黄色；中央尾羽黑色；外侧尾羽橙黄而端部黑；下体橙黄。雌鸟上体及两翼橄榄黄色，羽缘及羽端褐色，下体赭黄色。虹膜褐色，嘴深褐，脚肉色。国内仅有指名亚种（*T. c. chrysaeus*），偶见留鸟于甘肃东南部、四川、云南西北部、青海东南部和陕西秦岭、大巴山地区。夏季见于海拔3000m以上近林线的针叶林及杜鹃灌丛，冬季下至低地灌丛。

120. 红胁蓝尾鸲 Red-flanked Bush Robin （*Tarsiger cyanurus*）

小型（15cm）优雅鸲鸟。雄鸟上体灰蓝，具短白色眉纹；下体白色，胸侧灰蓝，两胁橙棕。雌鸟上体橄榄褐，尾上覆羽和尾缀蓝色；颏、喉、腹白色，胸缀褐色；胸侧和两胁橙红色。褐色，嘴黑，脚灰。国内有2个亚种，指名亚种（*T. c. cyanurus*）繁殖于黑龙江和新疆北部，冬季南迁经过除西藏之外的所有省份；西南亚种（*T. c. rufilatus*）夏侯鸟与西北（包括陕西）和西南。陕西省秦岭南坡夏季出现于山地森林及次生林的应为西南亚种，秋、冬季在渭河谷地的农田区果园内见到的应为指名亚种。

121. 北红尾鸲 Daurian Redstart （*Phoenicurus auroreus*）

中等体型（15cm）。雄鸟头顶、枕部暗灰色；眼先、头侧、喉、上背及翼黑褐色；翼上具显著块状白斑；身体余部棕色；中央尾羽黑褐。雌鸟尾羽棕色，翼斑近白；余部灰褐色。虹膜褐色，嘴及脚黑色。国内有2个亚种，均为夏侯鸟或留鸟。指名亚种（*P. a. auroreus*）繁殖于东北、内蒙古、华北，迁徙时途经除新疆、西藏、青海之外的其他省份；青藏亚种（*P. a. leucopterus*）极常见于西北、西南。陕西秦岭地区的常见留鸟。主要栖息于山地、森林、河谷、林缘等多种生境，尤以居民点及附近的林地、农田常见。

122. 赭红尾鸲 Black Redstart （*Phoenicurus ochruros*）

中等体型（15cm）而色深的红尾鸲。雌雄异色，雄鸟额、头侧、颈侧、颏、喉和上胸黑色；头顶、下背和腰灰色；上背、两肩黑沾灰；腹部栗色；尾羽锈棕色，中央尾羽褐色；雌鸟似北红尾鸲雌鸟，但无白色翼斑。虹膜褐色，嘴及脚黑色。国内有3个亚种，北疆亚种（*P. o. phoenicuroides*）夏候鸟于新疆、西藏西部；南疆亚种（*P. o. xerophilus*）夏候鸟于青海、新疆南部；普通亚种（*P. o. rufiventris*）繁殖于西藏东部、青海、甘肃、陕西至山西、四川和云南西北部。陕西秦岭地区不甚常见，夏候鸟。为栖于居民点、园林及农田的食虫鸟类。

123. 黑喉红尾鸲 Hodgson's Redstart （*Phoenicurus hodgsoni*）

中等体型（15cm）而色彩艳丽的红尾鸲。雄鸟似北红尾鸲，但眉白；颈背灰色延至上背，白色翼斑较窄。雌鸟似雌北红尾鸲但眼圈偏白而非皮黄，胸部灰色较重且无白色翼斑。较雌赭红尾鸲的上体色深。虹膜褐色，嘴及脚黑色。繁殖于西藏东南部、青海东部、甘肃、四川西部、云南西北部；越冬至湖北、湖南、四川东部及云南东部。秦岭地区为常见留鸟，西安城区绿地常年可见。喜近水而开阔的林间草地及灌丛。

124. 蓝额红尾鸲 Blue-fronted Redstart （*Phoenicurus frontalis*）

中等体型（16cm）而艳丽的红尾鸲。雌雄异色，雄鸟头顶至上背、喉及上胸蓝黑色；翼暗褐，中央尾羽黑色，其余尾羽栗棕色；腰、尾上覆羽及下体余部栗棕。雌鸟上体棕褐色，翼、腰、尾羽似雄鸟而色淡，下体浅棕褐色。虹膜褐色，嘴及脚黑色。我国中部至西南地区偶见留鸟；秦岭地区少见于低山、丘陵、平原的草坡灌丛或村庄附近的树丛中，取食昆虫和野果；喜停歇于孤立灌丛或树枝顶端。

125. 白喉红尾鸲 White-throated Redstart （*Phoenicurus schisticeps*）

中等体型（15cm）的红尾鸲。雌雄异色，雄鸟头顶及颈部青蓝色，眼先、头侧、颊及上背均黑色，至腰部转为锈棕色，尾黑，翼褐色且具不规则狭长白斑；下体棕红，腹部中央和喉白色；雌鸟颜色较雄鸟为淡，头顶及颈部黑褐色。虹膜褐色，嘴及脚黑色。为我国中部、西藏南部、云南北部地区较常见留鸟；秦岭地区不甚常见于中等海拔的山地灌丛、林缘，单个或成对活动，主食昆虫，兼食一些植物果实。

126. 红腹红尾鸲 White-winged Redstart　（*Phoenicurus erythrogastrus*）

体大（18cm）而色彩醒目的红尾鸲。雄鸟似北红尾鸲但体型较大，头顶及颈背灰白，尾羽栗色；翼上白斑甚大。雌鸟似雌性欧亚红尾鸲但体型较大，褐色的中央尾羽与棕色尾羽对比不强烈，翼上无白斑。虹膜褐色，嘴及脚黑色。不常见于中国西部至西北部以及陕西南部的夏候鸟。秦岭地区栖于海拔2500m以上开阔而多岩的高山旷野，性惧生而孤僻，雄鸟常在空中颤抖双翼以显示其醒目的白色翼斑。

127. 白顶溪鸲 White-capped Water Redstart　（*Chaimarrornis leucocephalus*）

中等体型（19cm），活泼亮丽。雄性头顶至枕部白色；前额、眼先、眼上、头侧、背部及胸部深黑色而具辉亮；腰、尾上覆羽及尾羽深栗红色，尾羽具宽阔黑色端斑；腹至尾下覆羽深栗红色。雌性与雄鸟同色，但色泽略稍暗淡。虹膜褐色，嘴及脚黑色。广布于中国大部分地区；秦岭地区为常见留鸟。常栖于山间溪流中的岩石、岸边或干涸的河床上，常沿溪流水面疾飞鸣叫。分布海拔一般在2000m以上以至秦岭主峰太白山，平原地带的河流偶见。

128. 红尾水鸲 Plumbeous Water Redstart （*Rhyacornis fuliginosa*）

小型（14cm）红尾鸲。雄性通体辉蓝，翼黑褐，尾栗色；雌鸟上体灰褐，翼褐并具两道白色点斑，臀、腰及外侧尾羽基部白色，尾余部黑色，下体灰色，布以由灰色羽缘形成的鳞状斑。虹膜深褐，嘴黑，脚褐。国内有2个亚种，均为留鸟。指名亚种（*R. f. fuliginosa*）除东北三省、新疆和台湾外见于各省；台湾亚种（*R. f. affinis*）于台湾。陕西秦岭地区为极常见留鸟，主要栖息于山地溪流与河谷沿岸，尤以多石的林间或林缘地带溪流沿岸较常见，也出现于平原河谷，偶见于湖泊、水库、水塘岸边。

129. 小燕尾 Little Forktail （*Enicurus scouleri*）

小型（13cm）黑白色燕尾。雌雄同色，尾短，与白冠燕尾色彩相似但尾短而叉浅。头顶白色、翼上白色条带延至下部且尾分叉。虹膜褐色，嘴黑色，脚粉白。甚常见于西藏南部、云南、四川、甘肃南部、陕西南部及长江以南海拔1200～3400m的山间溪流。秦岭地区栖于南坡中等海拔多岩的湍急溪流，尤其是瀑布落水潭周围，尾常有节律地上下摇摆或扇状展开。

130. 白冠燕尾 White-crowned Forktail （*Enicurus leschenaulti*）

中等体型（25cm）而修长的黑白色燕尾。雌雄同色，前额和顶冠白；头余部、颈背及胸黑色；腹部、下背及腰白；两翼和尾黑色，尾叉甚长而羽端白色；两枚最外侧尾羽全白。虹膜褐色，嘴黑色，脚偏粉。国内有2个亚种，均为留鸟。滇西亚种（*E. l. indicus*）

林向荣 摄

于西藏东南部、云南南部；普通亚种（*E. l. sinensis*）留鸟于河南至陕西、甘肃南部及长江以南所有地区；秦岭地区常见于海拔 1000～1500m 的清澈溪流两边，活泼好动。

131. 黑喉石䳭 Common Stonechat （*Saxicola torquata*）

中等体型（14cm）的黑、白及赤褐色鸟。雄鸟头部及飞羽黑色，背深褐，颈及翼上具粗大白斑，腰白，胸棕色。雌鸟色较暗而无黑色，下体皮黄，仅翼上具白斑。虹膜深褐，嘴及脚黑色。国内有3个亚种，新疆亚种（*S. t. maura*）繁殖于新疆北部和内蒙古西部，迁

于晓平 摄

徙时经过陕西北部；青藏亚种（*S. t. przewalskii*）在内蒙古西部和新疆北部为夏候鸟，留鸟于甘肃、青海、陕西南部、四川、云南、西藏等；东北亚种（*S. t. stejnegeri*）繁殖于中国东北，迁徙时经过华北、西北（包括陕西）至长江以南地区越冬。陕西秦岭地区偶见于开阔的栖息生境如农田、次生灌丛，喜停歇于孤立小树桩或灌木的顶端。

132. 白顶䳭 Pied Wheatear （*Oenanthe pleschanka*）

中等体型（14.5cm）的䳭。雄鸟脸、喉、颈、上背和翅黑色，头顶、腹部、下背及尾白色，尾中央和末端黑色，形成"T"形。雌鸟上体沙褐色，飞羽羽缘白色，下体皮黄色。虹膜褐色，嘴及脚黑色。广泛留鸟于中国东北、华北和西北地区；秦岭地区可见于太白山多岩石的灌丛地带。

133. 灰林䳭 Grey Bushchat （*Saxicola ferreus*）

小型（15cm）偏灰色䳭。雄鸟上体暗灰色具黑褐色纵纹，白色眉纹长而显著，黑色脸罩与白色喉部成鲜明对比；两翅黑褐色具白色斑纹，下体白色，胸和两胁烟灰色。雌鸟上体红褐色微具黑色纵纹，颏、喉白色，下体棕白色而具鳞状斑纹。虹膜深褐，嘴灰，脚黑。国内有2个亚种，均为留鸟或夏候鸟。指名亚种（*S. f. ferreus*）留鸟于西藏南部和云南；普通亚种（*S. f. haringtoni*）留鸟于甘肃东南部、陕西南部；长江流域一直往南到广东、广西、福建、香港等东南沿海，东至安徽、江苏、浙江，西至四川、贵州、云南和西藏南部，偶见于台湾。秦岭地区常见于南坡较低海拔的开阔灌丛及农耕区，常于电线、灌丛或树冠顶端长时间停歇。

134. 蓝矶鸫 Blue Rock Thrush （*Monticola solitarius*）

中等体型（23cm）的青石灰色矶鸫。雄鸟暗蓝灰而具淡黑及近白色鳞状纹；腹部及尾下深栗色；虹膜褐色，嘴及脚黑色。雌鸟上体灰色沾蓝，下体皮黄而密布黑色鳞状纹。国内有3个亚种，藏西亚种（*M. s. longirostris*）留鸟于西藏西南部；华南亚种（*M. s. pandoo*）留鸟于新疆、西藏南部、四川、甘肃南部、陕西南部、云南、贵州以及长江以南地区；华北亚种（*M. s. philippensis*）繁殖于东北至山东、河北及河南，迁徙时经过南部省份及台湾。陕西秦岭见于中等海拔（1000～1500m）山地，喜栖于凸出的岩石、屋顶及枯树之上。

田宁朝 摄（雄）　　田宁朝 摄（雌）

135. 栗腹矶鸫 Chestnut-bellied Rock Thrush （*Monticola rufiventris*）

较大型（24cm）矶鸫。雌雄异色；雄性繁殖期具黑色脸斑；上体辉蓝，尾、喉及下体亮栗色；雌鸟褐色，上体具近黑的扇贝状斑纹；下体密布深褐色及皮黄色斑纹。虹膜深褐，嘴黑，脚黑褐。甚常见于西藏南部及东南部、四川、湖北西部、福建、云南、贵州、广西和广东等地的中海拔地带。陕西省秦岭地区偶见于海拔800～2500m的山地森林，越冬于低海拔开阔而多岩的山坡林地。

于晓平 摄

136. 紫啸鸫 Blue Whistling Thrush （*Myophonus caeruleus*）

大型（32cm）黑色啸鸫。雌雄羽色近似；通体蓝黑，翼上覆羽点缀浅色斑点；翼及尾闪紫色光泽。虹膜褐色，嘴黑或黄色，脚黑。国内有3个亚种，为夏候鸟或旅鸟。西藏亚种（*M. c. temminckii*）留鸟于西藏南部及东南部；西南亚种（*M. c. eugenei*）留鸟于云南、贵州和四川；指名亚种（*M. c. caeruleus*）留鸟于华北、华中、华东、华南及东南。陕西秦岭山地见于海拔1500～2500m的林区，喜栖近水密林多岩石地带，地面取食。

137. 虎斑地鸫 Golden Mountain Thrush （*Zoothera dauma*）

大型（28cm）且具褐色而粗大的鳞状斑纹。上体褐色，下体白，黑色及金皮黄色羽缘使其通体密布鳞状斑纹。虹膜褐色，嘴深褐，脚粉色。国内有5个亚种，普通亚种（*Z. d. aurea*）繁殖于中国东北，迁徙时途经除西藏外的所有省份；西南亚种（*Z. d. socia*）繁殖于西藏南部及东部、四川、云南西北部、贵州和广西西部，越冬至云南南部和西藏东南部；日本亚种（*Z. d. toratugumi*）越冬于台湾；台湾亚种（*Z. d. horsfieldi*）留鸟于台湾；指名亚种（*Z. d. dauma*）于喜马拉雅山脉。陕西秦岭地区为不甚常见的过境鸟，喜茂密林区。

138. 乌鸫 Common Blackbird （*Turdus merula*）

体型较大（29cm）的深色鸫。雄鸟通体黑色，嘴显著黄色；雌鸟通体黑褐，嘴黄绿色。虹膜褐色，脚褐色。国内有4个亚种，均为留鸟。新疆亚种（*T. m. intermedius*）留鸟于青海、新疆；西藏亚种（*T. m. maximus*）留鸟于西藏东部和南部；四川亚种（*T. m. sowerbyi*）留鸟于甘肃南部和四川中部；普通亚种（*T. m. mandarinus*）留鸟于华东、华中、华南、西南和东南等。陕西秦岭常见留鸟于南北较低海拔的林地、公园、校园、园林及居民区。地面觅食，虽居人烟密集区，但性胆怯，不易靠近。

于晓平 摄

139. 灰背鸫 Grey-backed Thrush （*Turdus hortulorum*）

中小型（24cm）灰色鸫。雄鸟上体灰色，喉部灰白，胸灰、腹白，两胁橘黄；雌鸟上体褐色较浓，两胁棕色且具黑色斑点。虹膜褐色，嘴黄色，脚肉色。繁殖于中国东北，迁徙时途经中国东部大部地区。迁徙季节偶见于秦岭山地海拔1500m以下的低山丘陵地带。

林向荣 摄

140. 白眉鸫 White-browed Thrush　（*Turdus obscurus*）

刘平 摄

中等体型（23cm）的褐色鸫。具显著白色过眼纹；头深灰，上体橄榄褐色；胸带褐色；下体白而两侧沾褐。虹膜褐色，嘴基黄而端黑，脚黄至肉色。甚常见的过境鸟，高可至海拔2000m的开阔林地及次生林，除青藏高原外遍及中国全境，部分鸟在中国极南部及西南越冬。迁徙季节偶见于秦岭地区低海拔的开阔林地。

141. 灰头鸫 Chestnut Thrush　（*Turdus rubrocanus*）

田宁朝 摄

体型略小（25cm）羽色独特的灰、栗色鸫。头、颈灰色，两翼及尾黑色，余部多栗色。虹膜褐色，嘴及脚黄色。国内有2个亚种，均为留鸟。指名亚种（*T. r. rubrocanus*）于西藏南部、四川北部和西部；西南亚种（*T. r. gouldii*）于西北（陕西南部、宁夏、甘肃和青海）和西南（西藏、云南、四川西部、贵州和湖北西部）。陕西南部的秦岭地区栖于海拔2100～3200m的亚高山落叶及针叶林；冬季迁往较低海拔处越冬。

142. 赤颈鸫 Red-throated Thrush （*Turdus ruficollis*）

中等体型（25cm）的暖褐色鸫。腹部及臀部白色；上体、翼及尾全褐；雄鸟头及喉近灰；雌鸟头褐，喉偏白。两性胸及两胁均黄褐色。虹膜褐色，嘴黄而端黑，脚近褐。中国境内仅繁殖于新疆极北部，迁徙季节途经华北、华北、西北西南至云南西部和西藏东南部越冬。陕西省秦岭山地开阔林地、灌丛罕见的旅鸟。

林向荣 摄

143. 斑鸫 Dusky Thrush （*Turdus eunomus*）

中等体型（25cm）而具显著黑白色图纹。具浅棕色翼线和棕色宽阔翼斑；雄性耳羽及胸部横纹黑色与白色喉部、眉纹和臀部成对比；下腹黑色而具白色鳞状纹；雌雄褐色及皮黄色暗淡。虹膜褐色，嘴上喙黑，下喙黄，脚褐色。迁徙季节途经除西藏之外的所有省份，秦岭地区较常见于南北坡开阔多草的稀疏林地和农耕区，有部分个体在低山、丘陵和平原地带越冬。

于晓平 摄

144. 斑胸钩嘴鹛 Spot-breasted Scimitar-Babbler （*Pomatorhinus erythrocnemis*）

林向荣 摄

体型略大（24cm）的钩嘴鹛。无浅色眉纹，脸颊棕色，甚似锈脸钩嘴鹛但胸部具浓密的黑色点斑或纵纹，不同亚种有微小差别。虹膜黄至栗色，嘴灰褐，脚肉褐色。国内分化为8个亚种，均为留鸟。川西亚种（*P. e. dedekeni*）于西藏东部、云南西北部和四川西部；川东亚种（*P. e. cowensae*）于四川东部、重庆、贵州北部、湖北西南部；川南亚种（*P. e. decarlei*）于西藏东南部、云南西北部、四川西南部；云南亚种（*P. e. odicus*）于云南、贵州；陕南亚种（*P. e. gravivox*）于河南西北部、山西南部、甘肃南部、四川北部和陕西南部；中南亚种（*P. e. abbreviatus*）于湖南南部、广东北部、广西；东南亚种（*P. e. swinhoei*）于安徽南部、江西东部、浙江、福建西北部和中部；台湾亚种（*P. e. erythrocnemis*）于台湾。陕西省习见于秦岭山地及渭河谷地的浓密灌丛和草丛之中。

注：由锈脸钩嘴鹛（*Pomatorhinus erythrogenys*）分出的种（Collar, 2006）。

145. 棕颈钩嘴鹛 Rufous-necked Scimitar Babbler （*Pomatorhinus ruficollis*）

林向荣 摄

略小（19cm）的褐色钩嘴鹛。具栗色颈圈，白色的长眉纹，眼先黑色，喉白，胸具纵纹，诸亚种具微小差异。虹膜褐色，嘴上喙黑而下喙黄，脚铅褐色。国内分化为10个亚种，均为留鸟。藏南亚种（*P. r. godwini*）于西藏东南部；峨眉亚种（*P. r. eidos*）于四川东部和中部；滇西亚种（*P. r. similis*）于云南西北部和四川西南部；滇南亚种（*P. r. albipectus*）于云南西南部；滇东亚种（*P. r. reconditus*）于云南东部、四川南部；长江亚种（*P. r. styani*）于河南南部、陕西南部、甘肃西部、东南部、四川东部、重庆、贵州北部、湖北西部、湖南北部、江苏南部、上海、浙江；中南亚种（*P. r. hunanensis*）于四川东南部、贵州、重庆、湖北西南部、湖南、广西北部；东南亚种（*P. r. stridulus*）于江西南部、浙江、福建、广东北部；海南亚种（*P. r. nigrostellatus*）于海南；台湾亚种（*P. r. musicus*）于台湾。陕西省常见于秦岭山地中低海拔的林地和灌丛，常在灌丛下觅食。

146. 红头穗鹛 Rufous-capped Babbler （*Stachyris ruficeps*）

小型（12cm）褐色穗鹛。顶冠红棕，上体橄榄灰色，眼先暗黄，喉、胸及头侧沾黄，下体黄橄榄色，喉具黑色细纹。虹膜红色，嘴上喙黑而下喙色浅，脚棕绿色。国内分化为5个亚种，均为留鸟。指名亚种（*S. r. ruficeps*）于西藏东南部；滇西亚种（*S. r. bhamoensis*）于云南西部；普通亚种（*S. r. davidi*）于陕西南部、四川、重庆、云南东部、贵州、湖北、湖南、安徽、江西、浙江、福建、广东、广西；海南亚种（*S. r. goodsoni*）于海南；台湾亚种（*S. r. pracognita*）于台湾。少见于秦岭山地中等海拔的林地、灌丛和竹林。喜在茂密阴暗的树冠中活动觅食。

147. 红嘴鸦雀 Great Parrotbill （*Conostoma oemodium*）

体型最大（28cm）的褐色鸦雀。具显著黄色的圆锥状巨嘴，额部灰白，眼先深褐色，下体浅灰褐。虹膜黄色，嘴黄色，脚绿黄。留鸟于甘肃南部、西藏南部、云南西部、四川、重庆和陕西南部。少见于秦岭山地中高海拔的针阔混交林、竹林和高山灌丛。

148. 棕头鸦雀 Vinous-throated Parrotbill （*Paradoxornis webbianus*）

纤小（12cm）玲珑的粉褐色鸦雀。头顶及两翼栗褐色，喉部微具细纹。虹膜褐色，嘴灰褐而端部色浅，脚粉灰。国内分化为5个亚种，均为留鸟。东北亚种（*P. w. mantschuricus*）于黑龙江、吉林、辽宁、河北；河北亚种（*P. w. fulvicauda*）于河北东北部、北京、天津、河南北部；指名亚种（*P. w. webbianus*）于江苏、上海、浙江；长江亚种（*P. w. suffusus*）于包括陕西在内的华中、华东、华南及东南的大部分地区；台湾亚种（*P. w. bulomachus*）于台湾。陕西省极常见于秦岭山地中低海拔的灌丛、棘丛和林缘地带，渭河谷地和汉江盆地中的灌丛、草地、芦苇荡、耕地边缘的地面亦甚为常见。喜成群活动于上述生境中，活跃而吵杂。

注：本种以前包含9个亚种，郑光美（2005）将棕头鸦雀的甘洛亚种（*P. w. ganluoensis*）、贵州亚种（*P. w. stresemanni*）、滇东亚种（*P. w. yunnanensis*）和四川亚种（*P. w. alphonsianus*）归入灰喉鸦雀（*Paradoxornis alphonsianus*）种下，以前棕头鸦雀的四川亚种成为了灰喉鸦雀的指名亚种（*P. a. alphonsianus*）。

149. 点胸鸦雀 Spot-breasted Parrotbill （*Paradoxornis guttaticollis*）

体型较大（18cm）的特色鸦雀。胸部具深色倒"V"形细纹，头顶及颈背赤褐色，耳羽后端具显著的黑色块斑。上体余部暗红褐，下体皮黄色。虹膜褐色，嘴橘黄，脚蓝灰。留鸟于陕西南部、云南西部、西北部、四川西部、福建、广东北部。秦岭山地主要分布于中等海拔的林缘灌丛及草丛。

150. 矛纹草鹛 Chinese Babax （*Babax lanceolatus*）

体型略大（26cm）而多纵纹的草鹛。甚长的尾上具狭窄横斑，嘴略下弯，具特征性的黑色髭纹。虹膜黄色，嘴黑，脚粉褐。国内分化为3个亚种，均为留鸟。西南亚种（*B. l. bonvaloti*）于西藏东部、云南西北部、四川西部、北部；指名亚种（*B. l. lanceolatus*）于陕西南部、甘肃南部、云南、四川、重庆、贵州、湖北西部；华南亚种（*B. l. latouchei*）于云南、贵州南部、湖南西部、福建、广东北部和广西。陕西省不甚常见于秦岭山地中等海拔的开阔林地、灌丛。呈小群地面活动觅食，极其隐蔽但喜在突出的树枝或灌丛顶端鸣叫。

151. 黑脸噪鹛 Masked Laughingthrush （*Garrulax perspicillatus*）

略大（30cm）的灰褐色噪鹛。额及眼罩黑色；上体暗褐；外侧尾羽端宽，深褐色，下体偏灰过渡至近白色腹部，尾下覆羽黄褐。虹膜褐色，嘴黑而端部色淡，脚红褐。陕西南部以南至四川中部、云南东部向东大部分地区的常见留鸟。秦岭山地的常见种类，栖息于中低海拔浓密灌丛、草丛、竹林甚至城镇的公园和农田。性喧闹，多呈小群在地面活动觅食。

152. 白喉噪鹛 White-throated Laughingthrush （*Garrulax albogularis*）

中等体型（28cm）的暗褐色噪鹛。喉及上胸具特征性硕大白斑；额部棕色狭窄；上体暗烟褐色，外侧四对尾羽端部白色；下体具灰褐色胸带，腹部棕色。虹膜灰色，嘴角质色，脚灰色。国内分化为3个亚种，均为留鸟。指名亚种（*G. a. albogularis*）于西藏南部和云南；峨眉亚种（*G. a. eous*）于陕西南部、甘肃东南部、青海南部、云南、四川北部、重庆、贵州、湖南西部、湖北西部；台湾亚种（*G. a. ruficeps*）于台湾。陕西省常见于秦岭山地中等海拔的林地或灌丛。常结大群在林地中下层活动，性吵嚷活跃，群体转移频繁而迅速。

注：该种的种下分类有争议，郑光美（2011）否定了指名亚种的存在，而马敬能等（2000）认为青海南部和四川分布亚种 *G. a. laetus*，而不承认峨眉亚种。

153. 黑领噪鹛 Greater Necklaced Laughingthrush （*Garrulax pectoralis*）

中等体型（30cm）的噪鹛。颏、喉白色沾棕，颧纹黑色，向后延伸与黑色胸带相连；眼先白色沾棕，白色眉纹显著延长至颈侧；耳羽黑色而杂有白纹，后颈栗棕色，呈半环状；上体棕色，下体几全白。虹膜栗色，嘴上黑而下灰，脚蓝灰。国内分化为5个亚种，均为留鸟。滇西亚种（*G. p. melanotis*）于云南西部；秉氏亚种（*G. p. pingi*）于云南西部；滇南亚种（*G. p. robini*）于云南南部；华南亚种（*G. p. picticollis*）于陕西南部以南的多数省份；海南亚种（*G. p. semitorquatus*）于海南。陕西秦岭地区主要见于南坡中等海拔的林下茂密灌丛或竹丛，喜集群活动。

154．灰翅噪鹛 Ashy Laughingthrush　（*Garrulax cineraceus*）

中等偏小体型（22cm）的噪鹛。额黑色，头顶黑或灰色；眼先、脸部白；上体橄榄褐至棕褐色；尾和内侧飞羽具窄的白色端斑和宽阔的黑色次端斑；外侧初级飞羽外翈蓝灰色或灰色，颧纹黑色；下体多为浅棕色；嘴、脚黄色。虹膜乳白，嘴角质色，脚暗黄。国内分化为2个亚种，均为留鸟。西南亚种（*G. c. strenuus*）于西藏东南部、云南西部、四川南部和广西西北部；华南亚种（*G. c. cinereiceps*）于陕西、甘肃秦岭以南的华中、华东、西南和华南。陕西秦岭地区主要栖息于海拔1000～2200m之间的常绿阔叶林、落叶阔叶林、针阔叶混交林以及灌木林和竹林中。

155．白颊噪鹛 White-browed Laughingthrush　（*Garrulax sannio*）

中等体型（25cm）的灰褐色噪鹛。皮黄白色的眉纹和下颊纹由深色的过眼后纹隔开；尾下覆羽棕色。虹膜褐色，嘴及脚褐色。国内分化为3个亚种，均为留鸟。四川亚种（*G. s. oblectans*）于陕西南部、甘肃南部、云南东北部、四川、贵州中、北部；云南亚种（*G. s. comis*）于西藏东南部、云南、四川西南部；指名亚种（*G. s. sannio*）于四川以南的华中、东南和华南（包括海南）。陕西秦岭地区习见于南北坡的低地平原、丘陵和中低山区。喜群栖于矮树灌丛、竹丛、林缘、溪谷、农田等生境中；甚至出现在城镇公园、园林和居民庭院之中。

156. 红嘴相思鸟 Red-billed Leiothrix （*Leiothix lutea*）

体态玲珑羽色艳丽的小型（15cm）鸟类。嘴赤红色；颏、喉黄色，胸橙黄色；眼先、眼周淡黄色，耳羽浅灰色或橄榄灰色；上体暗灰绿色；两翅具黄色和红色翅斑；尾叉状、黑色；虹膜褐色，脚粉红。国内分化为4个亚种，为中国秦岭以南地区的常见留鸟。昌都亚种（*L. l. calipyga*）于西藏东南部；云南亚种（*L. l. yunnanensis*）于云南西部和西北部；指名亚种（*L. l. lutea*）于河南、陕西、甘肃秦岭以南的西南、华中、华东、东南各省。秦岭地区常见于南坡海拔800～1800m山地常绿阔叶林、常绿落叶混交林、竹林和林缘疏林灌丛地带；冬季成群至海拔1000m以下的低山、山脚、平原与河谷地带，有时也进到村舍、庭院和农田附近的灌木丛。近年来偶尔出现在西安近郊的园林绿地中。性活跃，善鸣，不惧人。

157. 栗耳凤鹛 Striated Yuhina （*Yuhina castaniceps*）

中等体型（13cm）的凤鹛。上体偏灰，下体近白；栗色脸颊延伸成后颈圈；具短羽冠；上体白色羽轴形成细小纵纹；尾深褐灰；羽缘白色。虹膜褐色，嘴红褐而端部色深，脚粉红。国内分化为2个亚种，均为留鸟。滇西亚种（*Y. c. plumbeiceps*）于云南西部；华南亚种（*Y. c. torqueola*）于陕西秦岭以南的华中、西南、华东、东南和华南。陕西秦岭以南仅记录于西南部的青木川自然保护区。2011年4月在西安南郊的紫薇田园都市园林中发现了小群活动的个体。性活泼，成群而喧闹，频繁转移觅食地点，常于林冠的较低层、树干、竹林或果树上啄食昆虫、花瓣等。

158. 纹喉凤鹛 Stripe-throated Yuhina （*Yuhina gularis*）

林向荣 摄

体型略大（15cm）的暗褐色凤鹛。羽冠突显，偏粉的皮黄色喉上有黑色细纹，翼黑而带橙棕色细纹。下体余部暗棕黄色。虹膜褐色，上喙色深，下喙粉红，脚橘红。国内分化为2个亚种，均为留鸟。指名亚种（*Y. g. gularis*）留鸟于西藏南部及东南部、云南西部及南部；峨眉亚种（*Y. g. omeiensis*）留鸟于云南西北部、四川西南部至陕西秦岭。秦岭地区常见于海拔1200～2500m的山地针阔叶混交林，喜群居。

159. 褐头雀鹛 Streak-throated Fulvetta （*Alcippe cinereiceps*）

田宁朝 摄

中等体型（12cm）的褐色雀鹛。喉粉灰而具暗黑色纵纹；胸中央白色，两侧粉褐至栗色；初级飞羽缘白、黑而后棕色形成多彩翼纹。虹膜黄至粉红，嘴雄黑而雌褐，脚灰褐。常见且分布广泛的留鸟。国内分化为7个亚种，均为留鸟。甘肃亚种（*A. c. fessa*）于陕西南部、甘肃、青海东部和四川东北部；指名亚种（*A. c. cinereiceps*）于云南东北部、四川、重庆、贵州西部、湖北西部；华中亚种（*A. c. fucata*）于贵州北部、湖北中部、湖南；东南亚种（*A. c. guttaticollis*）于福建西北部、广东北部；同琴亚种（*A. c. tonkinensis*）于云南南部；台湾亚种（*A. c. formosana*）于台湾。陕西秦岭地区不甚常见于海拔1500～2500m的竹林、混交林及针叶林。

注：该种的藏南亚种（*A. c. ludlowi*）（郑作新，2000）现已独立为种——路氏雀鹛（*Alcippe ludlowi*）（郑光美，2005）。

160. 灰眶雀鹛 Grey-cheeked Fulvetta （*Alcippe morrisonia*）

体型略大（14cm）的群栖型雀鹛。上体褐色；头灰；下体灰皮黄色；具明显的白色眼圈；深色侧冠纹从显著至几乎缺乏。虹膜红色，嘴灰色，脚粉色。国内分化为7个亚种，均为留鸟。湖北亚种（*A. m. davidi*）于陕西南部、甘肃南部秦岭一线以南的四川、贵州、云南等；云南亚种（*A. m. fraterculus*）于云南；滇西亚种（*A. m. yunnanensis*）于云南中部、四川西南部；滇东亚种（*A. m. schaefferi*）于云南东南部、贵州西南部、广西中部；东南亚种（*A. m. hueti*）于安徽、江西、浙江、福建、广东、广西、澳门；海南亚种（*A. m. rufescentior*）于海南；指名亚种（*A. m. morrisonia*）于台湾。陕西秦岭地区主要见于南坡 1200～1800m 的混交林中，喜群居、好奇而喧闹，不常见。

161. 褐顶雀鹛 Dusky Fulvetta （*Alcippe brunnea*）

体型略大（13cm）的褐色雀鹛。顶冠棕褐；似棕喉雀鹛但无棕色项纹且前额黄褐色；下体皮黄，与栗头雀鹛的区别在两翼纯褐色。虹膜浅褐至黄红，嘴深褐，脚粉红。国内分化为5个亚种，常见留鸟。四川亚种（*A. b. weigoldi*）于甘肃中部、四川、重庆；湖北亚种（*A. b. olivacea*）于陕西南部、四川东南部、云南东北、贵州、湖北；华南亚种（*A. b. superciliaris*）于湖南、安徽、江西、浙江、福建、广东、广西；海南亚种（*A. b. arguta*）于海南；指名亚种（*A. b. brunnea*）于台湾。不甚常见于秦岭南坡中低海拔的落叶林下的灌木丛中。

162. 强脚树莺 Brownish-flanked Bush Warbler （*Cettia fortipes*）

中等体型（12cm）的暗褐色树莺。具长的皮黄色眉纹，下体偏白而染褐黄，尤其是胸侧、两胁及尾下覆羽。幼鸟黄色较多。虹膜褐色，嘴上喙深褐而下喙色浅，脚肉棕色。国内有3个亚种，均为留鸟。华南亚种（*C. f. davidiana*）于秦岭一线以南的华中、西南、华东、东南和华南；指名亚种（*C. f. fortipes*）于云南西北部、西藏南部；台湾亚种（*C. f. robustipes*）于台湾。陕西省甚常见留鸟于秦岭地区见于南北坡海拔1500m以下的浓密灌丛中，近年来渭河谷地平原地区也有分布。闻其声不见其踪，常单独活动。

163. 斑胸短翅莺 Spotted Bush Warbler （*Bradypterus thoracicus*）

中等体型（14cm）的褐色莺类。眉纹苍白，顶冠沾棕；上体褐色；下体偏白，喉具深色点斑，胸带灰色，两胁偏褐。虹膜深褐色，嘴黑色，脚偏粉至褐色。地方性常见。国内分化为3个亚种，留鸟或夏候鸟。东北亚种（*B. t. davidi*）夏候鸟于东北、华北、内蒙古、陕西南部、四川北部，在香港为迷鸟；西北亚种（*B. t. przevalskii*）留鸟于陕西、宁夏、甘肃西北部、青海东北部和四川东北部；指名亚种（*B. t. thoracicus*）夏候鸟于西藏东南部、云南南部、四川北部、贵州东南部、广西；陕西秦岭仅见于海拔2800～3400m的高山灌丛，冬季下移。性隐蔽，不易发现。

注：Alström 等（2008）主张将该种的东北亚种（*B. t. davidi*）提升为种（*Bradypterus davidi*）。

164. 东方大苇莺 Oriental Reed Warbler （*Acrocephalus orientalis*）

李飏 摄

体型略大（19cm）的褐色苇莺。具醒目的皮黄色眉纹；尾较短且尾端色浅，下体色重，胸具深色纵纹。虹膜褐色，嘴上褐而下粉，脚灰色。中国繁殖于新疆东北部至华中、华东及东南各地，迁徙时见于华南各省份及台湾。秦岭地区夏季见于渭河谷地和汉江流域的芦苇丛、稻田、沼泽和灌丛。喜鸣而略显吵闹。

165. 黄腹柳莺 Tickell's Leaf Warbler （*Phylloscopus affinis*）

王中强 摄

中等体型（11cm）的柳莺。耳羽暗黄，黄色眉纹粗长；上体橄榄绿；下体黄，胸侧沾皮黄，两胁及臀沾橄榄色；两翼略长，尾圆而略凹；尾及飞羽褐色，无翼斑，羽外侧有橄榄色羽缘。虹膜褐色，嘴上褐而下黄，脚褐色。地方性常见于西藏南部、青海、甘肃、陕西南部、四川及云南北部的海拔2700～5000m高山灌丛及多岩山谷。秦岭地区主要见于南坡海拔2500～3000m的针叶林及林线以上灌丛。

166. 褐柳莺 Dusky Warbler （*Phylloscopus fuscatus*）

中等体型（11cm）紧凑而敦实的褐色柳莺。两翼短圆，尾圆而略凹。下体乳白，胸及两胁沾黄褐。上体灰褐，飞羽有橄榄绿色的翼缘。嘴细小，腿细长。虹膜褐色，嘴上色深而下黄，脚偏褐色。国内有3个亚种，指名亚种（*P. f. fuscatus*）繁殖于中国东北及中北部，越冬于中国南方、海南和台湾；西南亚种（*P. f. weigoldi*）繁殖于青海南部、西藏东部及四川西北部，越冬于云南及西藏东南部；亚种 *robustus* 夏候鸟于内蒙古、甘肃、青海和四川西北部。陕西秦岭地区常见于低海拔至中高海拔的针叶林、林地灌丛。

注：Martens 等（2008）将西南亚种（*P. f. weigoldi*）作为烟柳莺的亚种（*Phylloscopus fuliginventer weigoldi*）。

167. 黄眉柳莺 Yellow-browed Warbler （*Phylloscopus inornatus*）

中等体型（11cm）的鲜艳橄榄绿色柳莺。通常具两道明显的近白色翼斑；眉纹纯白或乳白色；下体由白色变至黄绿；与极北柳莺的区别在上体较鲜亮，翼纹较醒目且三级飞羽羽端白色；与分布无重叠的淡眉柳莺的区别在上体较鲜亮，绿色较浓；与黄腰柳莺及四川柳莺的区别为无浅色顶纹，而与暗绿柳莺的区别则在体型较小且下嘴色深。虹膜褐色，嘴上色深而下喙基部黄色，脚粉褐。繁殖于中国东北，迁徙经中国大部地区至西藏南部及西南、华南及东南包括海南岛及台湾越冬。迁徙季节见于秦岭地区中低海拔的阔叶林和针阔混交林。

注：黄眉柳莺的新疆亚种（*P. i. humei*）被独立为淡眉柳莺（*Phylloscopus humei*），并将西北亚种（*P. i. mandellii*）作为淡眉柳莺的亚种之一（*P. h. mandellii*）（BOU 1997；Irwin *et al.*, 2001；Sangster *et al.*, 2002），目前已被国内学者采用（郑光美，2005和2011）。

168. 极北柳莺 Arctic Warbler （*Phylloscopus borealis*）

王卫东 摄

小型（12cm）偏灰橄榄色柳莺。具显著的黄白色长眉纹；眼先及过眼纹近黑；上体深橄榄色，具甚浅的白色翼斑，中覆羽羽尖形成第二道模糊的翼斑；下体略白，两胁褐橄榄色。虹膜深褐，嘴上褐而下黄，脚褐色。国内分化为2个亚种，指名亚种（*P. b. borealis*）繁殖于中国北方，迁徙时见于各省；勘察加亚种（*P. b. xanthodryas*）繁殖于中国北方，迁徙时经过中国东半部和台湾。陕西秦岭地区旅鸟常见于海拔 2000～2800m 的针阔叶混交林和针叶林带。喜与其他柳莺混群在枝叶间觅食。

注：Alström 等（2011）认为勘察加亚种（*P. b. xanthodryas*）应提升为种（*Phylloscopus xanthodryas*）。

169. 黄腰柳莺 Pallas's Leaf Warbler （*Phylloscopus proregulus*）

林向荣 摄

小型（9cm）而身形短圆的柳莺。头顶暗绿色或沾灰色，黄色的贯顶纹显著，眉纹前段柠黄色而末段偏白。背部橄榄绿色。两道翼纹黄色，三级飞羽羽缘白色。腰部柠黄色。虹膜褐色，嘴黑色而嘴基橙黄，脚粉红。繁殖于亚洲北部；秦岭地区除冬季外，见于中低海拔山地。

注：郑光美（2005）已将该种的青藏亚种（*P. p. chloronotus*）提升为淡黄腰柳莺（*P. chloronotus*）。

170. 冠纹柳莺 Blyth's Leaf Warbler （*Phylloscopus reguloides*）

于晓平 摄

中等体型（11cm）而色彩亮丽的柳莺。眉纹及顶纹呈鲜艳的黄色；上体绿色，具两道黄色翼斑；下体白沾黄，以脸部、两胁及尾下覆羽为甚；外侧两枚尾羽的内翈具白边。虹膜褐色，上嘴色深而下嘴粉红，脚黄绿色。甚常见的季候鸟及留鸟，国内分化为5个亚种。西南亚种（*P. r. claudiae*）于四川、甘肃南部、陕西南部（秦岭）及山西东南部；华南亚种（*P. r. fokiensis*）于东南（包括台湾）；海南亚种（*P. r. goodsoni*）留鸟于海南；指名亚种（*P. r. reguloides*）繁殖于西藏南部、东南部、至云南北部和四川西南部；亚种（*P. r. assamensis*）繁殖于西藏东南部。陕西秦岭地区常见于中等海拔的阔叶林、混交林和灌丛。在枝叶间觅食时尤喜轮流鼓动双翼。

注：海南亚种（*P. r. goodsoni*）曾被视为黑眉柳莺（*Phylloscopus ricketti*）的海南亚种（*P. r. goodsoni*）（郑作新，2000）；Olsson 等（2005）曾将本种分为3个种：*Phylloscopus claudiae*，*Phylloscopus goodsoni*，*Phylloscopus reguloides*。

171. 戴菊 Goldcrest （*Regulus regulus*）

于晓平 摄

娇小玲珑（9cm）而色彩明快的偏绿色似柳莺鸣禽。雄性具金黄或橙红色顶冠纹并缘以黑色侧冠纹；上体橄榄绿至黄绿色，翼上具黑白图纹；下体偏灰或淡黄白；两胁黄绿。虹膜深褐，嘴黑，脚褐。国内分化为5个亚种，新疆亚种（*R. r. tristis*）夏候鸟于新疆西北部天山，青海为旅鸟；北方亚种（*R. r. coatsi*）越冬于南山或阿尔泰山；青藏亚种（*R. r. sikkimensis*）留鸟于喜马拉雅山脉东部至中国西部及西藏南部；东北亚种（*R. r. japonensis*）夏候鸟于中国东北，迁徙时途经华北、西北（包括陕西），越冬于华东和台湾；西南亚种（*R. r. yunnanensis*）留鸟于陕西南部、甘肃南部、西藏东南部、云南西部、四川、贵州。陕西秦岭地区偶见于较高海拔的针叶林（松林为主）中；冬季可迁至低海拔的平原地区，沪灞生态区人工松林中曾发现的越冬小群是少见的记录。活泼好动，在松枝间频繁跳跃、移动捕食昆虫及虫卵，鸣声似"吱吱"鼠叫。

172. 棕脸鹟莺 Rufous-faced Warbler （*Abroscopus albogularis*）

高延钧 摄

小型（10cm）而色彩艳丽的特色莺类。头栗色而具黑色侧冠纹；脸部包括耳羽亮棕色；上体绿，腰黄；下体白，喉部杂黑色斑点，上胸沾黄。虹膜褐色，上嘴色暗而下嘴色浅，脚粉褐。国内分化为2个亚种，均为夏候鸟或留鸟。指名亚种（*A. a. albogularis*）夏候鸟于云南西南部；华南亚种（*A. a. fulvifacies*）广泛留鸟于华中、华南及东南，包括海南和台湾。陕西秦岭地区主要见于南坡低海拔（1500m以下）的常绿林和竹林。

173. 栗头鹟莺 Chestnut-crowned Warbler （*Seicercus castaniceps*）

田宁朝 摄

体型甚小（9cm）的橄榄色莺类。顶冠红褐，侧顶纹及过眼纹黑色，眼圈白，脸颊灰；翼斑、腰及两肋黄色；胸部灰色，腹部黄灰色。虹膜褐色，上嘴色深而下嘴色浅，脚角质灰色。国内分化为3个亚种，多为夏候鸟。指名亚种（*S. c. castaniceps*）夏候鸟于西藏南部、东部和云南；蒙自亚种（*S. c. laurentei*）夏候鸟于云南南部、广西西南部；华南亚种（*S. c. sinensis*）夏候鸟于包括陕西在内的华中和越冬于华南地区（广东、广西和香港）。陕西秦岭地区偶见于中高山区的混交林及针叶林中。

174. 比氏鹟莺 Bianchi's Warbler （*Seicercus valentini*）

体小（13cm）的偏黄色莺。具宽阔的绿灰色顶纹，其两侧缘接黑色眉纹；下体黄；外侧尾羽内翈白色。眼圈黄色有别于白眶鹟莺和灰脸鹟莺。虹膜褐色，上嘴黑而下嘴色浅，脚偏黄色。国内分化为2个亚种，指名亚种（*S. v. valentini*）夏候鸟于陕西南部、甘肃南部、云南南部和四川；亚种（*S. v. latouchei*）夏候鸟于华中、华东、华南和东南。陕西秦岭地区少见于海拔 1500～2600mm 的林地下层。

注：由金眶鹟莺华南亚种（*Seicercus burkii valentini*）提升的种（Alström & Olsson，1999，Alström & Olsson，2000），目前已被国内学者采用（郑光美，2005）。

175. 山鹪莺 Striated Prinia （*Prinia crinigera*）

体型略大（17cm）而具深褐色纵纹的鹪莺。具长的凸形尾；上体灰褐并具黑色及深褐色纵纹；下体偏白，两胁、胸及尾下覆羽沾茶黄，胸部黑色纵纹明显；非繁殖期褐色较重，胸部黑色少，顶冠具皮黄色和黑色细纹。虹膜浅褐，嘴黑，脚粉色。国内分化为5个亚种，均为留鸟。西南亚种（*P. c. catharia*）于陕西、甘肃、河南南部以及西南诸省；指名亚种（*P. c. crinigera*）于西藏东南部；华南亚种（*P. c. parumstriata*）于华南和东南；滇东亚种（*P. c. parvirostris*）于云南东南部；台湾亚种（*P. c. striata*）于台湾。陕西秦岭地区少见于低海拔的草丛及灌丛，冬季可迁至秦岭北坡渭河谷地的芦苇丛活动，雄性常于芦苇杆的中上部停歇鸣叫，飞行贴近地面，缓慢且稍显笨拙。

176. 白眉姬鹟 Yellow-rumped Flycatcher （*Ficedula zanthopygia*）

曹强 摄

小型（13cm）黄、白、黑色鹟。喉部、胸部、腰部及上腹橙黄色；下腹、尾下覆羽白色；除眉纹翼斑白色外余部黑色；雌鸟上体暗褐色，下体色淡，腰暗黄。虹膜褐色，嘴及脚黑色。繁殖于中国东北、华中、华东及北纬29°以北地区，迁徙经过中国南部。陕西秦岭地区夏季较常见于海拔1000m左右的阔叶林、竹林。

177. 红喉姬鹟 Taiga Flycatcher （*Ficedula albicilla*）

林向荣 摄（雄） 张雷军 摄（雌）

中等体型（13cm）的鹟类。雄鸟上体灰黄褐色；尾羽黑褐；尾羽基部白色。繁殖期雄鸟喉部橙黄色，非繁殖期则近白色，胸以下大致灰色。雌鸟似非繁殖期雄鸟，但胸部沾黄褐色。虹膜深褐，嘴及脚黑色。东北地区的繁殖鸟，迁徙季节习见于中国东部地区。秦岭地区迁徙季节较常见于低海拔的林缘、甚或人工林中，数量少，常单独活动。

178. 绿背姬鹟 Narcissus Flycatcher （*Ficedula narcissina*）

小型（13cm）黑、黄色鹟。具醒目的黄色眉纹；上体黑色，腰黄，翼具显著白色块斑；雄性喉及上胸橙黄，腹部黄色；雌性下体黄色。虹膜深褐，嘴蓝黑，脚铅蓝色。夏候鸟于河北、北京、河南、山西、陕西、内蒙古、宁夏，迁徙时经广东至东南亚。陕西不甚常见于秦岭地区中等海拔的落叶阔叶林中，树冠部活动，食虫鸟。

注：由黄眉姬鹟（*Ficedula narcissina*）的东陵亚种（*F. n. elisae*）提升的种（Zhang 等，2006）。

179. 锈胸蓝姬鹟 Slaty-backed Flycatcher （*Ficedula hodgsonii*）

小型（13cm）的青石蓝色鹟。胸橘黄，至腹部渐变为皮黄白色；外侧尾羽基部白色，两翼较长而嘴端，无眉纹和翼斑。虹膜褐色，嘴黑色，脚深褐。国内不常见于西藏东南部、青海东部、甘肃东南部、云南、四川、陕西等地。秦岭地区夏候鸟少见于海拔较高的太白山 2500～3200m 的针阔混交林和针叶林中。性隐匿，少鸣叫。

180. 橙胸姬鹟 Rufous-gorgeted Flycatcher （*Ficedula strophiata*）

体型略小（14cm）的林栖型鹟。尾黑而基白；上体多灰褐，翼橄榄色；下体灰而具橙色胸部斑块。成年雄鸟额上有狭窄白色并具小的深红色不明显项纹。雌鸟似雄鸟，但项纹细小而色浅。虹膜褐色，嘴黑色，脚褐色。国内仅有指名亚种（*F. s. strophiata*）常见的垂直迁移鸟，见于中国中部及西南（包括西藏东南部），部分鸟冬季至中国南方越冬。夏候鸟偶见于秦岭地区阴暗而茂密的林地中，单独活动，隐秘惧人。

181. 乌鹟 Dark-sided Flycatcher （*Muscicapa sibirica*）

体型略小（13cm）的烟灰色鹟。上体深灰，翼上具不明显皮黄色斑纹；下体白色，两胁深色具烟灰色杂斑；上胸具灰褐色模糊带斑；白色眼圈明显，喉白，通常具白色的半颈环；下脸颊具黑色细纹，翼长至尾的2/3。诸亚种的下体灰色程度不同。亚成鸟脸及背部具白色点斑。虹膜深褐，嘴及脚黑色。国内分化为3个亚种，指名亚种（*M. s. sibirica*）繁殖于中国东北，越冬于华南、华东、海南和台湾；西南亚种（*M. s. rothschildi*）繁殖于陕西南部的秦岭、甘肃东南部、青海东南部、西藏东部、四川；藏南亚种（*M. s. cacabata*）繁殖于西藏南部。陕西不甚常见于秦岭地区的常绿林、阔叶林和针阔叶混交林。

182. 北灰鹟 Asian Brown Flycatcher （*Muscicapa dauurica*）

体型略小（13cm）的无醒目羽色特征的灰褐色鹟。上体灰褐；下体偏白；胸及两胁褐灰；眼圈白色；冬羽眼先偏白。虹膜褐色，嘴及脚黑色。国内分化为2个亚种，指名亚种（*M. d. dauurica*）繁殖于中国东北，迁徙时见于包括陕西在内的大部分省份。亚种（*M. d. simamensis*）旅鸟见于云南。陕西秦岭南坡的中低海拔地区春秋季节可见。

林向荣 摄（雄） 岳 明 摄（雌）

183. 棕尾褐鹟 Ferruginous Flycatcher （*Muscicapa ferruginea*）

小型（13cm）红褐色鹟。眼圈皮黄，喉块白，头石板灰色；背褐、腰棕；下体白，胸部具褐色横斑，两胁及尾下覆羽棕色；通常具白色的半颈环；三级飞羽及大覆羽羽缘棕色。虹膜褐色，嘴黑，脚灰。繁殖于台湾、甘肃南部、陕西南部、四川、云南西部及西藏东南部。冬季南迁，部分鸟留在台湾及海南岛越冬。少见繁殖于秦岭南坡中等海拔的林缘地带，繁殖期结束后整个家族群可至村落附近的庭院、菜地捕食昆虫，成体惧人，幼鸟警戒心较差。

于晓平 摄

184. 铜蓝鹟 Verditer Flycatcher （*Eumyias thalassinus*）

体型略大（17cm）而靓丽的绿蓝色鹟。雄鸟眼先黑色；雌鸟色暗，眼先暗黑。雌雄两性尾下覆羽均具偏白色鳞状斑纹。亚成鸟灰褐沾绿，具皮黄及近黑色的鳞状纹及点斑。虹膜褐色，嘴及脚黑色。国内仅有指名亚种（*E. t. thalassinus*），繁殖于西藏南部、华中、华南及西南，部分鸟在中国东南部越冬。秦岭地区夏季主要见于海拔 2000～2800m 的混交林和针叶林带，喜停歇于树冠部或顶端，单独活动，雌、雄配对常相隔一定距离。

185. 方尾鹟 Grey-headed Canary Flycatcher （*Culicicapa ceylonensis*）

体小（13cm）而色彩分明的鹟。头偏灰，略具冠羽；上体橄榄绿色；胸部灰色，腹部黄色。虹膜褐色，上嘴黑而下嘴角质色，脚黄褐。国内仅分布西南亚种（*C. c. calochrysea*），夏候鸟繁殖于中国西南至西藏东南部。秦岭地区夏季常见于中低海拔的阔叶林带。喧闹活跃，在树枝间频繁跳跃追逐捕食昆虫。多栖于森林的底层或中层，常与其他小型鸟类混群。

186. 寿带 Asian Paradise Flycatcher （*Terpsiphone paradisi*）

中等体型（22cm）而特征显著的鹟鸟。头辉蓝黑色，羽冠显著；雄鸟一对中央尾羽显著延长（约25cm），有两种色型：褐色型——上体及尾赤褐色，下体近灰；白色型——除头部外通体白色，背部具黑色纵纹。雌鸟棕褐色，头辉黑，尾羽正常。虹膜深褐，嘴及脚蓝色。国内分化为3个亚种，均为夏候鸟。滇西亚种（*T. p. saturatior*）于云南西部；滇南亚种（*T. p. indochinensis*）于云南西部和南部，贵州西南部；普通亚种（*T. p. incei*）广布于除内蒙古、新疆、青海、西藏、台湾之外的其他所有省份。陕西秦岭地区主要繁殖于秦岭南坡海拔较低的汉江盆地

高延钧 摄（褐色型）

高延钧 摄（白色型）

及稍高的丘陵地带，有时可在农家庭院内营巢。秦岭北坡偶见，如浐灞生态区南端曾发现少量个体，为夏候鸟。

187. 大山雀 Great Tit （*Parus major*）

体大（14cm）而敦实的黑、灰、白色山雀。头及喉辉黑，与脸侧白斑成鲜明对比；翼上具一道醒目白色条纹；宽的黑色胸带贯穿胸腹部；虹膜暗棕，嘴黑色，脚深灰。国内分化出6个亚种，均为留鸟。北方亚种（*P. m. kapustini*）于内蒙古东北部和新疆西北部；青藏亚种（*P. m. tibetanus*）

于晓平 摄

于青海南部、西藏、四川北部和西部；西南亚种（*P. m. subtibetanus*）于西藏东南部、云南、贵州西部、四川；华北亚种（*P. m. minor*）于东北、华北、西北（包括陕西）、华中及华东部分省份；华南亚种（*P. m. commixtus*）于西南东南部、华东、东南、华南（包括香港、台湾）；海南亚种（*P. m. hainanus*）于海南。陕西秦岭地区从平原、丘陵直至中低山区均极为常见。主食昆虫，也食草籽、果实。

注：Stepanyan（1990）认为华北亚种（*P. m. minor*）为独立种，但未得到普遍认可；郑作新（2000）认为华北亚种为 *P. m. artatus*，但有学者认为两者乃同物异名（郑光美，2005）。

188. 绿背山雀 Green-backed Tit （*Parus monticolus*）

体型略大（13cm）的山雀。似腹部黄色的大山雀亚种，但区别在于上背绿色且具两道白色翼纹。虹膜褐色，嘴黑色，脚石板灰色。国内分化出3个亚种，均为留鸟。指名亚种（*P. m. monticolus*）于西藏南部和东南部；西南亚种（*P. m. yunnanensis*）于陕西南部、甘肃南部、云南、贵州、四川、湖北、湖南；台湾亚种（*P. m. insperatus*）于台湾。陕西秦岭地区为极为常见的留鸟，从海拔较低的渭河平原、汉江盆地直至3000m的高山区均可见到，喜成群活动，典型的食虫鸟。

189. 煤山雀 Coal Tit （*Parus ater*）

小型（11cm）山雀。头顶、颈侧、喉及上胸黑色；翼上具两道白色翼斑以及颈背部的大块白斑使之有别于褐头山雀及沼泽山雀。背灰色或橄榄灰色，白色的腹部或有或无皮黄色。多数亚种具尖状的黑色冠羽。与大山雀及绿背山雀的区别在胸中部无黑色纵纹。虹膜褐色，嘴黑而边缘灰色，脚青灰色。国内分化为7个亚种，多为留鸟。指名亚种（*P. a. ater*）于东北、内蒙古东北部、新疆北部；新疆亚种（*P. a. rufipectus*）于新疆中部和西北部；西南亚种（*P. a. aemodius*）于陕西、甘肃秦岭以南的西南各省；北京亚种（*P. a. pekinensis*）于辽宁南部、河北、北京、天津；秦皇亚种（*P. a. insularis*），繁殖于俄罗斯远东地区，迁徙时曾见于辽宁西部、河北东北部；挂墩亚种（*P. a. kuatunensis*）于安徽东南部、浙江、福建西北部；台湾亚种（*P. a. ptilosus*）于台湾。陕西秦岭地区为常见留鸟，属高海拔针叶林的耐寒山雀，有储藏食物越冬的习性。

190. 沼泽山雀 Marsh Tit （*Parus palustris*）

小型山雀（12cm）。头顶及颏部黑色；上体褐色或橄榄色；下体近白；两胁皮黄；无翼斑或项纹。与褐头山雀易混淆但通常无浅色翼纹而具灰黑色顶冠。虹膜褐色，嘴偏黑，脚深灰。国内分化为4个亚种，均为留鸟。东北亚种（*P. p. brevirostris*）于东北三省、内蒙古和新疆；华北亚种（*P. p. hellmayri*）于华北各省、安徽和江苏；西北亚种（*P. p. hypermelas*）于陕西南部、甘肃南部、湖北西部；西南亚种（*P. p. dejeani*）于西藏东部、云南西北部、贵州西部、四川西部和西南部。陕西秦岭地区常见于针阔混交林和针叶林带，单独或成对活动。

191. 褐冠山雀 Grey-crested Tit （*Parus dichrous*）

体小（12cm）而色淡的山雀。冠羽显著，具皮黄白色的半颈环。上体暗灰；下体随亚种不同从皮黄色至黄褐色有变化。虹膜红褐，嘴黑，脚蓝灰。国内分化为3个亚种，均为留鸟。指名亚种（*P. d. dichrous*）于西藏东南部；西南亚种（*P. d. wellsi*）于云南西北部和四川；甘肃亚种（*P. d. dichroides*）于陕西南部、甘肃、青海东南部、西藏北部和四川北部。陕西秦岭地区常见于海拔2400～3200m的针叶林带。

192. 黑冠山雀 Rufous-vented Tit （*Parus rubidiventris*）

田宁朝 摄

体小（12cm）而具羽冠的山雀。冠羽及胸兜黑色；脸颊白；上体灰色，无翼斑；下体灰，臀棕色。幼鸟色暗而羽冠较短。虹膜褐色，嘴黑，脚蓝灰。国内仅1个亚种——西南亚种（*P. r. beavani*），罕见留鸟于陕西、甘肃、青海、四川、云南、西藏等地。秦岭地区偶见于2500m以上的针叶林区。

注：其新疆亚种（*P. r. rufonuchalis*）（郑作新，2000）已被提升为种——棕枕山雀（*Parus rufonuchalis*）（Dickinson, 2003），且得到了国内学者采纳（郑光美，2005）。

193. 银喉长尾山雀 Long-tailed Tit （*Aegithalos caudatus*）

林向荣 摄

羽毛蓬松修长（16cm）而玲珑的山雀。嘴细小黑色；尾甚长，黑色而带白边；各亚种羽色有别，东北及新疆北部的指名亚种体羽几全白；长江流域的亚种（*glaucogularis*）具宽黑色眉纹，翼上图纹褐黑色，下体沾粉色；东部亚种（*vinaceus*）似 *glaucogularis* 但色淡。虹膜深褐，嘴黑，脚深褐。国内分化为3个亚种，均为留鸟。指名亚种（*A. c. caudatus*）于东北三省、河北东北部、北京、内蒙古东北部和新疆北部；华北亚种（*A. c. vinaceus*）于华北各省、西北各省以及西南的四川和云南；长江亚种（*A. c. glaucogularis*）于河南、陕西、山西南部、湖北、湖南、安徽、江苏、上海、浙江。陕西秦岭地区常见留鸟于山地混交林或针叶林中，常成群活动。

194. 红头长尾山雀 Black-throated Tit （*Aegithalos concinnus*）

刘平 摄

活泼优雅的小型（10cm）山雀。头顶及颈背棕色；过眼纹宽而黑；颏及喉白色且具黑色圆形胸兜；下体白而具不同程度栗色；各亚种体色稍有差别。虹膜黄色，嘴黑色，脚橘黄。国内分化为3个亚种，均为留鸟。西藏亚种（*A. c. iredalei*）于西藏南部和东南部；云南亚种（*A. c. talifuensis*）于云南、贵州南部和西部、四川西南部；指名亚种（*A. c. concinnus*）于陕西、甘肃、河南秦岭一线以南的华中、东南和华南（包括香港和台湾）。陕西秦岭地区常见留鸟，夏季见于中高海拔（1500～2500m）的混交林和针叶林带，冬季可至海拔400m的关中平原农耕区、城镇园林等处越冬，也是西安市公园、校园冬季常见的鸟类之一。

195. 普通䴓 Eurasian Nuthatch （*Sitta europaea*）

田宁朝 摄

中等体型（13cm）而色彩优雅的䴓。上体蓝灰；过眼纹黑色；喉白；腹部淡皮黄；两胁浓栗。虹膜深褐，嘴黑，脚深灰。国内分化为4个亚种，均为留鸟。新疆亚种（*S. e. seorsa*）于新疆北部和东部；东北亚种（*S. e. asiatica*）于黑龙江西北部和内蒙古东北部；黑龙江亚种（*S. e. amurensis*）于黑龙江、吉林东部、辽宁南部、河北东北部和北京；华东亚种（*S. e. sinensis*）于华北、西北（陕西、甘肃）、西南、华中、东南和华南。陕西秦岭地区常见留鸟于落叶林带，常在树干上下移动觅食。

注：本种的西南亚种（*S. e. montium*）（郑作新，2000）被归入栗臀䴓（*S. nagaensis*）的亚种之一（*S. n. montium*）（郑光美，2005）。

196. 白脸䴓 White-cheeked Nuthatch （*Sitta leucopsis*）

中等体型（13cm）。具覆盖眼部醒目的皮黄色颊斑；上体紫灰色而具黑色顶冠；下体浓黄褐。虹膜褐色，嘴黑色，脚绿褐色。国内仅有1个亚种——西南亚种（*S. l. przewalskii*），较狭窄地分布于中国西南以及西北青海、甘肃和陕西；秦岭地区偶见于海拔1200～2000m的山地林区；成对或小群攀爬于于高大乔木的树干部。

197. 红翅旋壁雀 Wallcreeper （*Tichodroma muraria*）

体型略小（16cm）的灰色优雅雀鸟。嘴长而尾短；翼具醒目绯红色斑纹；繁殖期雄鸟脸、喉部黑色，非繁殖期喉部偏白；飞羽黑色；外侧尾羽端部白色显著；飞行时飞羽白色点斑呈带状。虹膜深褐，嘴及脚黑色。国内仅有普通亚种（*T. m. nepalensis*），夏候鸟或留鸟于中国北部（东北、新疆）、华北、西北、西南、华中、华东、东南和华南，部分个体在华南地区越冬。陕西秦岭地区偶见于中等海拔的裸岩峭壁地带；冬季迁移至低海拔的地区甚至人口稠密的城镇活动，常单独活动。

198. 火冠雀 Fire-capped Tit （*Cephalopyrus flammiceps*）

形似啄花鸟的小型山雀（10cm）。雄性前额及喉部中央棕色，喉侧及胸部黄色；上体橄榄色，翼斑黄色；雌鸟暗黄橄榄色，下体皮黄。虹膜褐色，嘴黑，脚灰。国内分化为2个亚种，多为留鸟。指名亚种（*C. f. flammiceps*）于西藏西南部；西南亚种（*C. f. olivaceus*）于陕西南部、甘肃东南部、四川、

张波 摄

云南、贵州、西藏东南部。陕西偶见于秦岭地区较高海拔的山地林区；喜集群，树顶层觅食。

199. 红胸啄花鸟 Fire-breasted Flowerpecker （*Dicaeum ignipectus*）

纤小（9cm）的深色啄花鸟。雄性上体深辉蓝绿色，下体皮黄；上胸及下喉具完整猩红块斑；腹部中央具狭窄黑色纵纹；雌性下体赭皮黄色。虹膜褐色，嘴及脚黑色。国内分化为2个亚种，均为留鸟。指名亚种（*D. i. ignipectus*）于陕西南部、甘肃南部、西藏南部、云南、四川、贵州、湖北、湖南、

林向荣 摄

浙江、福建、广东、广西、福建、海南；台湾亚种（*D. i. formosum*）于台湾。陕西秦岭地区主要见于南坡1500～2500m的混交林中；栖于树顶；以昆虫和小果实为食，常光顾寄生槲类植物，是其种子的主要传播者。

200. 蓝喉太阳鸟 Gould's Sunbird （*Aethopyga gouldiae*）

李夏摄

略大（14cm）而红、蓝及黄色斑驳的极艳丽太阳鸟。雄鸟胸部猩红色；蓝色尾部较长；雌鸟上体橄榄色；下体绿黄。虹膜褐色，嘴黑，脚褐色。国内分化为2个亚种，均为留鸟。指名亚种（*A. g. gouldiae*）于西藏东南部；西南亚种（*A. g. dabryii*）于陕西南部、甘肃东南部、云南、贵州、四川、重庆、湖北、湖南、广西中部。陕西秦岭地区见于南坡1000～2500m的山地林区，随着不同海拔花期的不同而上下迁移；春季常于海拔较低的泡桐树上成群觅食花蜜，夏季觅食于高海拔的杜鹃和悬钩子灌丛；性活跃但不甚鸣叫。

201. 暗绿绣眼鸟 Japanese White-eye （*Zosterops japonicus*）

于晓平摄

娇小（10cm）玲珑的绣眼鸟。上体亮橄榄绿色；具醒目的白色眼圈；喉及臀部黄色；胸及两胁灰色；腹部近白色。虹膜浅褐，嘴及脚灰色。国内分化为3个亚种，普通亚种（*Z. j. simplex*）夏候鸟或留鸟于华北、西南、华中、华南；海南亚种（*Z. j. hainana*）留鸟于海南；台湾亚种（*Z. j. batanis*）留鸟于台湾。陕西夏季常见于秦岭山地中低海拔的林地和城镇，冬季南迁。在树冠部觅食昆虫和浆果；活泼而喧闹。

202. 红胁绣眼鸟 Chestnut-flanked White-eye （*Zosterops erythropleurus*）

中等体型（12cm）。上体灰色较多；两胁具隐约栗色；下颚色淡；黄色喉斑小；头顶无黄色。虹膜红褐，嘴橄榄色，脚灰色。无亚种分化，除青海、新疆、海南、台湾外见于各省。东北、内蒙古东北部、华中西部山地（包括秦岭）为夏候鸟，其他地区为旅鸟或冬候鸟。陕西秦岭地区夏季见于海拔1200m以上的次生林中，偶与暗绿绣眼鸟混群。

黄河 摄

203. 麻雀 Eurasian Tree Sparrow （*Passer montanus*）

小型（14cm）浑圆而活跃的麻雀。雌雄同型；冠部及颈背褐色；上体近褐，下体皮黄灰色；脸颊具显著黑色点斑且喉部少黑色。虹膜深褐，嘴黑，脚粉褐。国内分化为7个亚种，中国各地极为常见的留鸟。指名亚种（*P. m. montanus*）于东北三省和内蒙

于晓平 摄

古东北部；新疆亚种（*P. m. dilutus*）于甘肃西北部、青海东北部和新疆；甘肃亚种（*P. m. kansuensis*）于甘肃西部、内蒙古北部、青海北部和东部；青藏亚种（*P. m. tibetanus*）于青海西南部、西藏东部和南部、四川西部；普通亚种（*P. m. saturatus*）于华北、西北、西南、华东、华南、东南各省；云南亚种（*P. m. malaccensis*）于云南和海南；藏南亚种（*P. m. hepaticus*）于西藏东南部。陕西秦岭地区广布于低海拔的稀疏林区、村庄、农田及城市的园林区、居民区，冬季喜群栖；喧闹且不惧人。

204. 山麻雀 Russet Sparrow （*Passer rutilans*）

于晓平 摄（雄）　于晓平 摄（雌）

中等体型（14cm）的艳丽麻雀。雌雄异型，雄鸟冠部及上体为鲜艳的黄褐或栗色；上背具纯黑纵纹；喉黑而脸颊污白色；雌鸟色稍淡；具深色宽眼纹和长的奶油色眉纹。虹膜褐色，嘴灰（雄）或黄（雌），脚粉褐。国内分化为4个亚种，均为常见留鸟。西藏亚种（*P. r. cinnamomeus*）于西藏东部和东南部；巴塘亚种（*P. r. batangensis*）于四川西部和云南西部；西南亚种（*P. r. intensior*）于云南、贵州、四川、重庆；指名亚种（*P. r. rutilans*）广布于华北、西北、西南、华中、华东、东南（包括台湾）和华南（包括香港）。陕西秦岭地区较为常见；喜开阔林地、耕地、灌草丛；结群活动；多见于海拔稍高的村镇，与同域分布的麻雀的分布区不完全重叠。

205. 白腰文鸟 White-rumped Munia （*Lonchura striata*）

于晓平 摄

中等体型（11cm）的文鸟。上体深褐色；腰白；腹部皮黄近白；背部具白色纵纹；下体具细小皮黄色鳞状斑及细纹；具尖形黑色尾。虹膜褐色，嘴及脚灰色。国内分化为2个亚种，均为留鸟。云南亚种（*L.s.subsquamicollis*）于云南、海南等地；华南亚种（*L. s. swinhoei*）于西北的陕西南部、西南、华中、华东、东南（包括台湾）和华南（包括香港）留鸟于秦岭以南的大部分地区，地方性常见；喜低海拔的林地、灌丛和农田；冬季集小群，性喧闹吵杂。

206. 金翅雀 Oriental Greenfinch （*Carduelis sinica*）

于晓平 摄

小型（13cm）黄、灰及褐色雀鸟。成体雄鸟冠部和颈背灰色；背部纯褐；翼斑、外侧尾羽基部及臀部黄色；雌鸟色暗。虹膜深褐，嘴偏粉，脚粉褐。国内分化为3个亚种，多为留鸟。东北南部亚种（*C. s. ussuriensis*）留鸟于黑龙江、吉林、辽宁、河北北部、内蒙古东北部；指名亚种（*C. s. sinica*）留鸟于中国华北、西北、华中至华南地区；台湾亚种（*C. s. kawarahiba*）越冬或迁徙途经台湾。陕西秦岭地区习见于灌丛、人工林、旷野、园林等处；飞行时伴有特有悦耳的"啾啾"鸣叫声；冬季成群活动，数量数十只至上百只。

注：本种的东北北部亚种（*C. s. chaborovi*）（郑作新，2000）被并入东北南部亚种（郑光美，2005）。

207. 黄雀 Eurasian Siskin （*Carduelis spinus*）

田宁朝 摄

体型甚小（11cm）的雀鸟。偏粉色的嘴峰较短；成体雄性冠部及颏部黑色，头侧、腰及尾基亮黄色；翼上具显著的黑、黄色条纹；雌鸟色暗多纵纹，顶冠无黑色。虹膜深褐，嘴粉色，脚黑色。繁殖于中国东北，迁徙时途经除宁夏、青海、西藏、云南、海南外的其他省份，于华南地区越冬。陕西省秦岭山地迁徙季节偶见于局部地区。

208. 燕雀 Brambling （*Fringilla montifringilla*）

于晓平 摄

中等体型（16cm）而羽纹分明的雀。成年雄性胸部棕色；头及颈背黑色；背部近黑色；下体白色。虹膜褐色，嘴黄而端黑，脚粉褐。繁殖于东北北部，迁徙时途经除宁夏、青海、西藏、海南外其他省份。陕西省冬季常见于秦岭地区的混交林、人工林、居民点附近的果园等处；秦岭北坡的关中平原数量较少，常 3～5 只活动；南坡的汉江河谷沿岸人工林地内可见数百只甚至上千只的越冬群体停歇于高大乔木的冠部。

209. 白眉朱雀 White-browed Rosefinch （*Carpodacus thura*）

林向荣 摄（雄）　林向荣 摄（雌）

体型略大（17cm）而壮硕的朱雀。雄性腰及冠部粉色；浅粉色眉纹后端呈特有白色；雌性腰色深而偏黄；下体均具浓密纵纹。虹膜深褐，嘴角质色，脚褐色。国内分化为 4 个亚种，均为留鸟。指名亚种（*C. t. thura*）于西藏南部和东南部；西南亚种（*C. t. femininus*）于青海东南部、西藏东部和南部、云南西北部、四川北部；青海亚种（*C. t. deserticolor*）于青海东部和南部；甘肃亚种（*C. t. dubius*）于宁夏、甘肃西北部、内蒙古西部、青海东北部、西藏东部、四川北部。不甚常见于秦岭地区的高山灌丛和林缘地带；多在地面觅食。

注：仅在太白山有记录（巩会生等，2007），亚种有待确证。

210. 林岭雀 Plain Mountain Finch （*Leucosticte nemoricola*）

林向荣 摄

中等体型（15cm）似麻雀的褐色岭雀。具浅色眉纹和乳白色翼斑，凹形尾无白色，雌雄同色。虹膜深褐，嘴角质色，脚灰色。国内分化为2个亚种，均为留鸟。新疆亚种（*L. n. altaica*）于新疆北部和西部、西藏西部；指名亚种（*L. n. nemoricola*）于陕西南部、甘肃、内蒙古、青海、西藏南部、云南西北部、四川、重庆。陕西秦岭地区见于海拔3000m以上的高山草甸裸岩带，冬季向较低海拔地区移动。

211. 红交嘴雀 Red Crossbill （*Loxia curvirostra*）

于晓平 摄

中等体型（16cm）的雀。近黑色的嘴峰上下侧交；雄性体色从橘黄至玫瑰红甚至猩红色而带黄色调；雌鸟体色呈橄榄绿。虹膜深褐，嘴及脚近黑色。国内分化为4个亚种，指名亚种（*L. c. curvirostra*）越冬见于青海；新疆亚种（*L. c. tianschanica*）留鸟于新疆西部；东北亚种（*L. c. japonica*）留鸟于东北、华北、西北（包括陕西）；青藏亚种（*L. c. himalayensis*）留鸟于青海、西藏南部、云南西北部和东南部、四川。迁徙季节偶见于秦岭地区较高海拔（2500m左右）的针叶林中（尤喜松林）。飞行迅速而呈波浪状，倒悬觅食。

212. 灰头灰雀 Gray-headed Bullfinch （*Pyrrhula erythaca*）

于晓平 摄

体大（17cm）而显壮实的灰雀。近黑色的嘴厚实略带钩；成体头灰色；雄性胸及腹部深橘红色；雌性下体及背部暖褐色；飞行时白色腰部及灰白色翼斑清晰可见。虹膜深褐，嘴黑色，脚粉褐。国内分化为2个亚种，均为留鸟。指名亚种（*P. e. erythaca*）地区性常见于喜马拉雅山脉至中国中部；台湾亚种（*P. e. owstoni*）于台湾。较常见于秦岭地区海拔 2000～2500m 的针阔混交林和针叶林中；冬季成小群活动，可至海拔 1100m 阔叶林中活动，不甚惧人。

213. 黑头蜡嘴雀 Japenese Grosbeak （*Eophona personata*）

黄河 摄

体型大（20cm）而肥胖的雀。雌雄同色而具硕大的黄色嘴峰，具与黑尾蜡嘴雀近似的黑色头罩。虹膜深褐，嘴黄色，脚粉褐。国内分化为2个亚种，指名亚种（*E.p.personata*）于中国东南部（福建、台湾）；东北亚种（*E. p. magnirostris*）繁殖于东北北部，迁徙时途经东北、华北、西北的陕西、甘肃、西南的贵州、四川、重庆、华东，至东南和华南越冬。陕西秦岭地区迁徙季节不甚常见于低海拔林地、果园；甚惧人，少鸣叫。

214. 黑尾蜡嘴雀 Yellow-billed Grosbeak （*Eophona migratoria*）

体大（17cm）而显敦实的雀。巨嘴黄色端黑；繁殖期具黑色头罩；体灰，两翼近黑；雌性头部黑色少。虹膜褐色，嘴深黄而端黑，脚粉褐。国内分化为2个亚种，指名亚种（*E. m. migratoria*）繁殖于中国东北，迁徙时途经除宁夏、青海、新疆、西藏、海南之外的其他省份；长江亚种（*E. m. sowerbyi*）夏候鸟于华中和西南山地，越冬于华南和东南。陕西秦岭地区为常见的冬候鸟，活动于稀疏林地和果园，西安市多林地的公园、校园里也是常见的冬候鸟。

于晓平 摄

215. 锡嘴雀 Hawfinch （*Coccothraustes coccothraustes*）

体大（17cm）而略显肥胖的偏褐色雀。具有特粗大的角质近黑色的嘴，白色肩斑醒目；成体具狭窄的黑色眼罩；两翼尖而末端极度弯曲，闪灰蓝黑色光泽；尾端白色部分狭窄。虹膜褐色，嘴角质色至近黑色，脚粉褐。国内分化为2个亚种。指名亚种（*C. c. coccothraustes*）繁殖于中国东北，迁徙时途经除西藏、云南、海南之外的其他省份；日本亚种（*C. c. japonicus*）越冬于福建。陕西冬季偶见于秦岭地区的林地、果园；喜安静而警戒心强。

黄河 摄

216. 黄喉鹀 Yellow-throated Bunting （*Emberiza elegans*）

中等体型（15cm）的鹀类。头部图纹为醒目的黑色和黄色，具短羽冠；雌鸟色较淡，黑色和黄色条纹变为褐色及皮黄色。虹膜栗褐色，嘴近黑，脚浅褐。国内分化为3个亚种，东北亚种（*E. e. ticehursti*）繁殖于东北、内蒙古，迁徙时途经华北、西北、华中至华南；指名亚种（*E. e. elegans*）迁徙途经四川中部、福建，于台湾越冬；西南亚种（*E. e. elegantula*）夏候鸟于河南南部、陕西南部、云南、贵州、四川、湖北和湖南。陕西习见于秦岭地区的针阔混交林、次生灌丛、农田、草地以及居民点附近，喜站立树冠部或灌丛中鸣叫。

217. 灰头鹀 Black-faced Bunting （*Emberiza spodocephala*）

小型（14cm）黑色和黄色鹀类。头、颈背和喉灰色；上体浓栗色而带显著黑色纵纹；下体浅黄。虹膜深栗色，上嘴近黑而具浅色边缘，下嘴偏粉而端部色深，脚粉褐。国内分化为3个亚种，指名亚种（*E. s. spodocephala*）繁殖于中国东北和内蒙古东北部，迁徙途经新疆、西藏外的其他省份；日本亚种（*E. s. personata*）迷鸟于江苏、浙江、广东和广西；西北亚种（*E. s. sordida*）夏候鸟于陕西南部、宁夏、甘肃、青海东部，越冬于西南、东南至华南。不甚常见于秦岭地区，常栖于树冠横枝、灌丛甚至建筑物顶端等处高声鸣叫。

218. 灰眉岩鹀 Godlewski's Bunting （*Emberiza godlewskii*）

体型大（17cm）的灰色和栗色的鹀类。头部、喉至胸部浅灰色，侧冠纹、过眼纹红棕色，髭纹黑色。背部栗色而有黑色短纵纹，腹部浅栗色，臀偏白。虹膜深褐色，嘴灰蓝，脚粉褐。国内分化为5个亚种，指名亚种（*E. g. godlewskii*）分布于宁夏北部、甘肃西北部、内蒙古西部、青海、西藏、四川西北部；新疆亚种（*E. g. decolorata*）夏候鸟于新疆；青藏亚种（*E. g. khamensis*）留鸟于青海南部和东南部、西藏南部和东部、云南西北部、四川西部；西南亚种（*E. g. yunanensis*）留鸟于西藏东南部和东北部、云南、贵州西南部、四川、广西；华北亚种（*E. g. omissa*）留鸟于辽宁西部、河北、北京、陕西、陕西南部、宁夏、甘肃南部、内蒙古东南部、贵州、四川、重庆。陕西秦岭常见于中低海拔山地多岩石山坡或沟壑。

注：本种是由过去的"灰眉岩鹀（*Emberiza cia*）"的甘青亚种（*E. c. godlewskii*）（郑作新，2000）提升的种，广泛分布于东部大部分地区；而 *E. cia* 仅见于新疆和西藏，因此将其改称为"淡灰眉岩鹀"，并将先前 *E. cia* 的北疆亚种（*E. c. par*）和藏西亚种（*E. c. stracheyi*）归入淡灰眉岩鹀种下（郑光美，2005）。

219. 三道眉草鹀 Meadow Bunting （*Emberiza cioides*）

体型略大（16cm）的棕色鹀类。具显著的黑白色头部图纹和栗色胸带；繁殖期雄性脸部具别致的褐色及黑白色羽纹。虹膜深褐，上嘴色深，下嘴蓝灰，脚粉褐。国内分化为4个亚种，天山亚种（*E. c. tarbagataica*）留鸟于新疆北部；指名亚种（*E. c. cioides*）留鸟于黑龙江北部、甘肃西北部、青海东部、内蒙古东北部和新疆北部；东北亚种（*E. c. weigoldi*）留鸟于东北、河北东北部、山西西北部、内蒙古东南部；普通亚种（*E. c. castaneiceps*）常见于华北、西北（包括陕西）经西南至华中、华东、东南（包括台湾）和华南。陕西常见于秦岭南北坡的高山灌丛、草地以及低海拔的平原地区。

注：天山亚种（*E. c. tarbagataica*）是国内的新分布亚种（郑光美，2005）。

220. 小鹀 Little Bunting （*Emberiza pusilla*）

小型（13cm）而具纵纹的鹀类。雌雄同色，繁殖期头具黑色和栗色条纹；冬季具有显著的栗色块状耳羽。虹膜深红褐色，嘴灰色，脚红褐。无亚种分化，除西藏外迁徙季节常见于中国东北、华北、华中和华南地区。陕西秦岭南北坡的低山、丘陵和平原地区为极常见的冬候鸟。常成群活动于灌、草丛，有时也在树冠部停歇，鸣声高而略显吵杂。

参考文献

曹永汉,于晓平,卢西荣 等.1995a.蛇类对繁殖期朱鹮的危害.西北大学学报(自然科学版),25(专辑):722-724

曹永汉,于晓平,卢西荣 等.1995b.朱鹮的多产卵危害.西北大学学报(自然科学版),25(专辑):725-729

丁长青.2004.朱鹮研究.上海:上海科技教育出版社

封托,李枫,汪青雄,等.2010.陕西省鸟类新纪录——大红鹳.四川动物,29(6):891

高学斌,Alstrom,宋刚,等.2012.陕西省鸟类新纪录——白斑尾柳莺.动物学杂志,47(2):7

高学斌,赵洪峰,刘明时,等.2007.太白山北坡夏秋季鸟类物种多样性.生态学报,(11):4516-4526

高学斌,赵洪峰,罗时有,等.2008.西安地区鸟类区系30年的变化.动物学杂志,(6):32-42

巩会生,马亦生,曾治高,等.2007.陕西秦岭及大巴山地区的鸟类资源调查.四川动物,(4):746-759

胡伟,陆健健.2002.渭河平原地区夏季鸟类群落结构.动物学研究,(4):351-355

雷明德.1999.陕西植被.北京:科学出版社

雷富民,卢建利,刘耀,等.2002.中国鸟类特有种及其分布格局.动物学报,2002,(5):599-610

雷富民,卢汰春.2006.中国特有鸟种.北京:科学出版社

李福来,黄世强.1986.关于朱鹮习性的调查.生物学通报,(12):6-8

李桂垣.1995.四川旋木雀一新亚种——天全亚种(雀形目:旋木雀科).动物分类学报,20(3):373-377

李金钢,杜央威,郝琳.2004.陕西师范大学校园鸟类调查.陕西师范大学学报(自然科学版),(1):82-85

李欣海,李典谟,路宝忠,等.1996.朱鹮(*Nipponia nippon*)种群生存力分析.生物多样性,(2):69-77

李忠秋,蒋志刚,李春旺,等.2006.陕西老县城自然保护区的鸟类多样性及G-F指数分析.动

物学杂志（1）：32-42

刘世修，席咏梅，路宝忠，等．1997．国产本丙硫咪唑对朱鹮幼鸟寄生虫的驱虫试验．四川动物（3）：136-139

刘荫增．1982．朱鹮在秦岭的重新发现．动物学报，27（3）：273

龙大学，王卫东，李飚，等．2010．陕西省鸟类新纪录-褐灰雀．野生动物，2010（6）：351

路宝忠，翟天庆，张跃明，等．1997．野生朱鹮种群生态学观察．野生动物，（6）：14-16

路宝忠．1986．朱鹮的生态及保护．长白山自然保护，（3）1-3

罗时有，姚建初．1966．陕西省鸟类新纪录．动物学杂志，（3）：119-121

马敬能，菲利普斯，何芬奇，等．2000．中国鸟类野外手册．长沙：湖南教育出版社

闵芝兰．1991．陕西省重点保护野生动物．北京：中国林业出版社

荣海，王卫东．2011．陕西省鸟类新纪录-灰头鸦雀．四川动物，2011（5）：727

陕西省动物研究所．1980．陕西珍贵动物资源调查和区划．陕西省农业自然资源调查和农业区划委员会办公室印刷

陕西省动物研究所．1981．陕西经济鸟兽资源及评价．陕西省农业区划办公室印刷．

陕西省林业厅．1998．《陕西省陆生脊椎动物调查报告》（内部资料）

陕西省林业厅．1989．太白山自然保护区综合考察论文集．西安：陕西师范大学出版社

史东仇，曹永汉，于晓平，等．2001．中国朱鹮．北京：中国林业出版社

史东仇，于晓平，常秀云，等．1989．朱鹮的繁殖习性．动物学研究，10（4）：327-332

孙承骞，冯宁．2009．陕西省鸟类新纪录——家麻雀．野生动物杂志，30（4）：227-228

孙承骞，王万云，徐振武，等．2007．中国陕西鸟类图志．西安：陕西科学技术出版社

孙悦华，Jochen Martens．2005．陕西秦岭发现四川旋木雀．动物学杂志（4）：33

王菁兰，刘全儒，孟世勇，等．2010．从秦岭蕨类植物区系地理成分论秦岭山地生态分界线的划分．地理研究，29（9）：1629-1638

王开锋，田宁朝，张广平，等．2011．秦岭发现黑喉岩鹨．动物学杂志，46（4）：147-149

王香亭．1991．甘肃脊椎动物志．兰州：甘肃科学技术出版社

武宝华．2010．城市化对西安市鸟类群落结构的影响．陕西师范大学硕士论文

席咏梅，路宝忠，耿志忠，等．1997．朱鹮救护．野生动物，（4）：28-30

许涛清，曹永汉．1996．陕西省脊椎动物名录．西安：陕西科学技术出版社

姚建初，郑永烈．1984．陕西省的水鸟资源．四川动物 3（4）：13-16

姚建初，郑永烈．1986．太白山鸟类的垂直分布研究．动物学研究，（2）：115-138

于晓平，路宝忠，卢西荣，等．2007．年龄对朱鹮繁殖成功率的影响．动物学报，53（5）：812-818

于晓平，王艳，刘文华．2001．陕西省雁鸭类的越冬分布和数量特征．西北大学学报（自然科学版），31（sup.）：27-30

于晓平，史东仇，路宝忠，等．1997．朱鹮育雏活动规律研究．动物与保护，66-67．西安：陕西科学技术出版社

余玉群，吴建平，郭松涛，等．2000．秦岭北坡雉类种群密度和群落结构的初步研究．生物多样性，8（1）：60-64

禹翰.1957.渭河平原鸟类之初步研究.陕西省科学与技术,1：11-20

张秦伟.2001.秦岭种子植物区系科的组成、特点及其地理成分研究.植物研究,21（4）：536-545

张荣祖.1999.中国动物地理.北京：科学出版社

张征恺,熊鹏,余寿毅,等.2011.陕西省鸟类新纪录——流苏鹬.四川动物,30（4）：623

赵振武,赵洪峰,孙媛媛,等.2007.西安市灞河湿地鸟类多样性调查与保护价值研究.陕西师范大学学报（自然科学版），（1）：112-115

郑光美,王歧山.1998.中国濒危动物红皮书（鸟类）.北京：科学出版社

郑光美.1962 岭南麓鸟类的生态分布（陕西省）.动物学报 14（4）：465-473

郑光美.1995.鸟类学.北京：北京师范大学出版社

郑光美.2005.中国鸟类分类与分布名录（第一版）.北京：科学出版社

郑光美.2011.中国鸟类分类与分布名录（第二版）.北京：科学出版社

郑生武,宋世英.2010.秦岭兽类志.北京：中国林业出版社

郑生武.1994.中国西北地区珍稀濒危动物志.北京：中国林业出版社

郑生武.1999.中国西北地区脊椎动物系统检索与分布.西安：西北大学出版社

郑永烈,姚建初.1982.陕西省保护动物的种类及数量分布.野生动物，（3）：26-28,21

郑永烈.1984.陕西省经济鸟兽的蕴藏量.野生动物（6）：5-7

郑作新,钱燕文,关贯勋,等.1962.秦岭、大巴山地区（陕西省）的鸟类区系调查研究.动物学报 14（3）：361-380

郑作新.1973.秦岭鸟类志.北京：科学出版社

郑作新.1987.中国鸟类区系纲要.北京：科学出版社

郑作新.1994.中国鸟类种和亚种分类名录大全.北京：科学出版社

郑作新.2000.中国鸟类种和亚种分类名录大全（修订版）.北京：科学出版社

郑作新.1976.中国鸟类分布目录.北京：科学出版社

朱磊,孙悦华.2011.陕西省新纪录大红鹳实为美洲大红鹳.四川动物,30（3）：434

Alström P, Olsson U. 1999. The Golden-spectacled Warbler: a complex of sibling species, including a previously undescribed species. Ibis, 141:545-568

Alström P, Olsson U. 2000. The Golden-spectacled Warbler systematics. Ibis, 142:495-500

Alstrom P, Rasmussen P C, Olsson U. *et al*. 2008. Species delimitation based on multiple criteria: the Spotted Bush Warbler *Bradypterus thoracicus*（Aves: Megaluridae）. Biol. J. Linn. Soc., 154: 291-307

Alström P, Saitoh T, Williams D. 2011. The Arctic Warbler *Phylloscopus borealis*-three anciently separated cryptic species revealed. Ibis 153（2）:395-410

Collar N J. 2006. A partial revision of the Asian babblers（Timaliidae）. Forktail 22:85-112

Del hoyo J, Elliott A, Christie D A. 2009. Handbook of the Birds of the World. Vol.14. Bush-shrikes to Old World Sparrows. Baecelona: Lynx Editions

Dickinson, E. 2003. The howard and Moore Complete Checklist of the Birds of the World（3rd edition), London: Christopher Helm

Hale W G. 1971. A revision of the taxonomy of the Redshrank *Tringa tetanus*. Zool. J. Linnean Soc. 53:177-236

Irwin D E, Alstrom P, Olsson U *et al*. 2001. Cryptic species in the genus *Phylloscopus* (Old World leaf warblers). Ibis, 143:233-247

Martens J, Eck S, Packert M, *et.al*. The Golden- spectacled Warbler *Seicercus burkii*-a species swarm (Aves: Passeriformes: Sylviidae), Part 1. Zool. A bh. Mus. Tierkd. Dresden Bd. 50, Nr. 18: 281-327

Martens J, Eck S, Sun Y H. 2002. *Certhia tianquanensis* Li, a treecreeper with relict distribution in Sichuan, China. J Ornithol, 143 :440-456

Martens J, Tietze, D T, Eck S. *et al*. 2004. Radiation and species limits in the Asian Pallas's warbler complex (*Phylloscopus proregulus* s.l.). J Ornithol, 145 (3):206-222

Martens J, Sun Y H, Packert. 2008. Intraspecific differentiation of Sino-Himalayan bush-dwelling *Phylloscopus* leaf warblers, with description of two new taxa (*P. fuscatus, P. fuligiventer, P. affinis. P. armandii, P. subaffinis*). Vertebr Zool, 58:233-265

Olsson U, Alström P, Ericson P G. *et al*. 2005. Non-monophyletic taxa and cryptic species-evidence from a molecular phylogeny of leaf-warblers (*Phylloscopus*, Aves). Mol. Phylogenet. Evol., 36:261-276

Sangster G, Knox A G, Helbig J A, *et al*. 2002. Taxonomic Recommendations for European Birds. Ibis, 144:153-159

Stepanyan L S. 1990. Conspectus of the Ornithological Fauna of the USSR. Moskow: Moskow Nauka

Viney C, Philipps K and Lan C Y. 1994. Birds of Hong Kong and South China (Sixth edition). Hong Kong: Government Oublications

Yu X P, Liu N F, Xi Y M, *et al*. 2006. Reproductive success of the Crested Ibis *Nipponia nippon*, Bird Conservation International 16:325-343

Yu X P, Chang X Y, Li X. 2009. Return of the Crested Ibis *Nipponia nippon*:a reintroduction programme in Shaanxiprovince, China. BirdingASIA 11 (2009): 80-82

Yu X P, Xi YM, Lu B Z, *et al*. 2010. Postfledging and natal dispersal of the Crested Ibis in the Qinling Moutains, China, The Wilson Journal of Ornithology 122 (2):228-235

Zhang Y Y, Wang N, Zhang J, *et al*. 2006. Acoustic distinct of *Narcissus Flycatcher* complex. Acta Zool Sin. 52 (4):648-654

附表1　秦岭地区鸟类名录

序号	中文名	学　名	居留型[1]	区系成分[2]	分布状况 渭河平原	分布状况 秦岭山脉	分布状况 汉江盆地	地理型[3]	栖息地类型	保护等级[4]
一、䴙䴘目 PODICIPEDIFORMES										
（一）䴙䴘科 Podicipedidae										
1	小䴙䴘	*Tachybaptus uficollis*	R	Gb	+	+	+	W	河流、湖泊、水库	Sb
2	凤头䴙䴘	*Podiceps cristatus*	P		+	+	+	U	河流、湖泊、水库	
3	黑颈䴙䴘	*P. nigricollis*	P		+		+	C	河流、湖泊、水库	
二、鹈形目 PELECANIFORMES										
（二）鹈鹕科 Pelecanidae										
4	卷羽鹈鹕	*Pelecanus crispus*	P				+	O	开阔的湖泊、河流	II
（三）鸬鹚科 Phalacrocoracidae										
5	普通鸬鹚	*Phalacrocorax carbo*	W		+	+	+	O	河流、湖泊、水库	Sb
三、鹳形目 CICONIIFORMES										
（四）鹭科 Ardeidae										
6	苍鹭	*Ardea cinerea*	S	Gb	+	+	+	U	水域及邻近次生林	Sb
7	草鹭	*A. purpurea*	S	Gb	+	+	+	U	水域及邻近次生林	Sb
8	大白鹭	*Egretta alba*	S	Gb	+	+	+	O	水域及邻近次生林	Sb
9	绿鹭	*Butorides striata*	S	Gb	+	+	+	O	水域及邻近次生林	Sb
10	池鹭*	*Ardeola bacchus*	S	Or	+	+	+	W	水域及邻近次生林	Sb
11	牛背鹭	*Bubulcus ibis*	S	Or	+	+	+	W	水域及邻近次生林	Sb
12	白鹭	*E. garzetta*	S	Or	+	+	+	W	水域及邻近次生林	Sb
13	中白鹭	*E. intermedia*	S	Or	+	+	+	W	水域及邻近次生林	
14	夜鹭	*Nycticorax nycticorax*	S	Gb	+	+	+	O	水域及邻近次生林	Sb
15	黄斑苇鳽	*Ixobrychus sinensis*	S	Or	+		+	W	芦苇香蒲沼泽	
16	栗苇鳽	*I. cinnamomeus*	S	Gb		+	+	W	芦苇香蒲沼泽	
17	黑苇鳽	*Dupetor flavicollis*	S	Gb		+		W	水域及邻近次生林	
18	大麻鳽	*Botaurus stellaris*	W		+	+	+	U	芦苇香蒲沼泽	
（五）鹳科 Ciconiidae										
19	东方白鹳	*Ciconia boyciana*	P		+		+	U	开阔湖泊、水库、渔塘	I
20	黑鹳	*C. nigra*	R	Pr	+		+	U	梢林区及河流、沼泽	I
（六）鹮科 Threskiornithidae										
21	朱鹮	*Nipponia nippon*	R	Pr		+	+	E	落叶阔叶林及附近水域	I
22	白琵鹭	*Platalea leucorodia*	W		+		+	O	河流、湖泊及沼泽	II

序号	中文名	学名	居留型[1]	区系成分[2]	分布状况 渭河平原	分布状况 秦岭山脉	分布状况 汉江盆地	地理型[3]	栖息地类型	保护等级[4]
四、雁形目 ANSERIFORMES										
（七）鸭科 Anatidae										
23	豆雁	*Anser fabalis*	P		+	+	+	U	河流、湖泊、水库	Sb
24	灰雁	*A. anser*	P		+	+		U	河流、湖泊、水库	
25	鸿雁	*A. cygnoides*	P		+			U	河流、湖泊	
26	斑头雁	*A.indicus*	P		+	+		P	河流、湖泊、水库	Sb
27	大天鹅	*Cygnus cygnus*	W		+		+	C	河流、湖泊、水库	II
28	小天鹅	*Cygnus columbianus*	W		+	+		C	河流、湖泊、水库	II
29	赤麻鸭	*Tadorna ferruginea*	W		+	+	+	U	水域及附近农田	Sb
30	翘鼻麻鸭	*T. tadorna*	W		+		+	U	河流、湖泊、水库	
31	棉凫	*Nettapus coromandelianus*	V			+		W	河流、湖泊、水库	
32	针尾鸭	*Anas acuta*	W		+			C	河流、湖泊、水库	Sb
33	绿翅鸭	*A. crecca*	W		+			C	河流、湖泊、水库	Sb
34	花脸鸭	*A. formosa*	P		+		+	M	河流、湖泊、水库	Sb
35	罗纹鸭	*A. falcata*	W		+			M	河流、湖泊、水库	Sb
36	绿头鸭	*A. platyrhynchos*	W		+	+	+	C	河流、湖泊、水库	Sb
37	斑嘴鸭	*A. poecilorhyncha*	W		+	+		W	河流、湖泊、水库	Sz
38	赤膀鸭	*A. strepera*	W		+	+		U	河流、湖泊、水库	Sb
39	赤颈鸭	*A. penelope*	W		+			C	河流、湖泊、水库	
40	白眉鸭	*A. querquedula*	W		+		+	U	河流、湖泊、水库	Sb
41	琵嘴鸭	*A. clypeata*	W		+			C	河流、湖泊、水库	
42	长尾鸭	*Clangula hyemalis*	P		+			C	河流、湖泊、水库	
43	赤嘴潜鸭	*Netta rufina*	W		+	+		O	河流、湖泊、水库	
44	白眼潜鸭	*Aythya nyroca*	W		+	+		O	河流、湖泊、水库	Sb
45	凤头潜鸭	*A. fuligula*	W		+	+		U	河流、湖泊、水库	
46	红头潜鸭	*A. ferina*	W		+	+	+	C	河流、湖泊、水库	
47	青头潜鸭	*A. baeri*	P		+	+	+	M	河流、湖泊、水库	
48	鸳鸯	*Aix galericulata*	W		+	+	+	E	林区湍急的小河流	II
49	丑鸭	*Histrionicus histrionicus*	P		+			C	河流、湖泊、水库	
50	鹊鸭	*Bucephala clangula*	W		+			C	河流、湖泊、水库	
51	斑头秋沙鸭	*Mergellus albellus*	W		+	+		U	河流、湖泊、水库	Sz
52	普通秋沙鸭	*Mergus merganser*	W		+	+	+	C	河流、湖泊、水库	
53	中华秋沙鸭	*M. squamatus*	V			+		M	林区溪流	I
五、隼形目 FALCONIFORMES										
（八）鹗科 Pandionidae										
54	鹗	*Pandion haliaetus*	S	Gb	+	+	+	C	各类水域	II

续表

序号	中文名	学 名	居留型[1]	区系成分[2]	分布状况 渭河平原	分布状况 秦岭山脉	分布状况 汉江盆地	地理型[3]	栖息地类型	保护等级[4]
(九) 鹰科 Accipitridae										
55	黑鸢*	*Milvus migrans*	R	Gb	+	+	+	U	平原、丘陵、草地	II
56	凤头蜂鹰	*Pernis ptilorhyncus*	P				+	W	针叶林、混交林	II
57	黑冠鹃隼	*Aviceda leuphotes*	S	Or		+		W	针叶混交林	II
58	凤头鹰	*Accipiter trivirgatus*	R	Or				W	针叶混交林	II
59	赤腹鹰	*A. soloensis*	R	Gb	+	+		W	低山林缘	II
60	雀鹰*	*A. nisus*	R	Pr	+	+		U	针叶林、混交林、阔叶林	II
61	苍鹰*	*A. gentilis*	W			+	+	C	针叶林、混交林、阔叶林	II
62	松雀鹰*	*A. virgatus*	R	Gb		+		W	针叶林、混交林、阔叶林	II
63	大鵟	*Buteo hemilasius*	W			+	+	D	山地、平原、荒漠	II
64	普通鵟*	*B. buteo*	W		+	+	+	U	开阔平原、荒漠	II
65	毛脚鵟	*B. lagopus*	W			+		C	原野、农耕区	II
66	灰脸鵟鹰	*Butastur indicus*	W		+	+	+	M	针叶林、混交林、阔叶林	II
67	金雕*	*Aquila chrysaetos*	R	Gb	+	+	+	C	高山针叶林、草原、荒漠	I
68	白肩雕	*A. heliaca*	W			+		O	混交林、丘陵、河谷	I
69	蛇雕	*Spilornis cheela*	R	Or				W	山地森林及林缘	II
70	鹰雕	*Spizaetus nipalensis*	R	Or				W	不同海拔的山地森林	II
71	短趾雕	*Circaetus gallicus*	R	Pr		+		O	荒漠、平原	II
72	秃鹫	*Aegypius monachus*	R	Gb	+	+		O	高山、草原、山麓	II
73	玉带海雕	*Haliaeetus leucoryphus*	P			+		D	沼泽、草原、湖泊	I
74	白尾海雕	*H. albicilla*	P			+		U	沼泽、草原、湖泊	I
75	白尾鹞*	*Circus cyaneus*	P		+		+	C	平原、湖泊、沼泽	II
76	白腹鹞	*C. spilonotus*	P					M	低地沼泽	II
77	鹊鹞	*C. melanoleucos*	P			+		M	丘陵、平原、河谷	II
(十) 隼科 Falconidae										
78	猎隼	*Falco cherrug*	W			+		C	丘陵、平原	II
79	燕隼	*F. subbuteo*	S	Gb	+	+	+	U	开阔地、林缘	II
80	游隼	*F. peregrinus*	P					C	山地、草原、湖泊	II
81	灰背隼	*F. columbarius*	P			+		C	沼泽、草地	II
82	红隼*	*F. tinnunculus*	R	Gb	+	+	+	O	山区混合林、开阔原野	II
83	红脚隼	*F. amurensis*	S					C	稀树草原	II
六、鸡形目 GALLIFORMES										
(十一) 雉科 Phasianidae										
84	石鸡*	*Alectoris chukar*	R	Pr	+	+	+	D	山区、高原、草原	Sb
85	鹌鹑	*Coturnix coturnix*	R	Gb	+	+	+	O	农田、草地	

续表

序号	中文名	学名	居留型[1]	区系成分[2]	分布状况 渭河平原	分布状况 秦岭山脉	分布状况 汉江盆地	地理型[3]	栖息地类型	保护等级[4]
86	灰胸竹鸡*	Bambusicola thoracica	R	Or		+	+	S	灌丛、草地、丛林	
87	血雉*	Ithaginis cruentus	R	Gb		+		H	高山针叶林、苔原森林	II
88	红腹角雉*	Tragopan temminckii	R	Or		+		H	常绿阔叶林、针阔叶混交林	II
89	勺鸡*	Pucrasia macrolopha	R	Or		+		S	高山针阔叶混交林	II
90	环颈雉*	Phasianus colchicus	R	Gb	+	+	+	O	林地、灌木丛、农耕地	Sb
91	白冠长尾雉	Syrmaticus reevesii	R	Pr		+		S	阔叶栎树林、混交林	II
92	红腹锦鸡*	Chrysolophus pictus	R	Or		+		W	阔叶林、针阔叶混交林	II
七、鹤形目 GRUIFORMES										
(十二)三趾鹑科 Turnicidae										
93	黄脚三趾鹑	Turnix tanki	S	Gb	+		+	W	灌木丛、草地、耕作地	
(十三)鹤科 Gruidae										
94	灰鹤	Grus grus	W			+	+	U	湿地、沼泽地、浅湖	II
95	蓑羽鹤	Anthropoides virgo	P				+	D	高原、草原、沼泽	II
(十四)秧鸡科 Rallidae										
96	普通秧鸡	Rallus aquaticus	S	Pr	+	+	+	U	沼泽、红树林	Sb
97	小田鸡	Porzana pusilla	S	Or		+	+	O	湖泊、沼泽	Sb
98	红胸田鸡	P. fusca	S	Or		+	+	W	沼泽、湖滨、林缘	Sb
99	白胸苦恶鸟	Amaurornis phoenicurus	S	Or		+	+	W	灌丛、湖泊、红树林	Sb
100	董鸡	Gallicrex cinerea	S	Or			+	W	沼泽、稻田	Sb
101	黑水鸡	Gallinula chloropus	R	Or		+	+	O	湖泊、池塘	Sb
102	骨顶鸡	Fulica atra	W		+		+	O	湿地、草地、森林	Sb
(十五)鸨科 Otididae										
103	大鸨	Otis tarda	W			+	+	O	草原、半荒漠、农耕地	I
八、鸻形目 CHARADRIIFORMES										
(十六)水雉科 Jacanidae										
104	水雉	Hydrophasianus chirurgus	S	Or	+			W	沼泽、湿地	
(十七)彩鹬科 Rostratulidae										
105	彩鹬	Rostratula benghalensis	S	Gb	+				草地、稻田	Sz
(十八)鹮嘴鹬科 Ibidorhynchidae										
106	鹮嘴鹬	Ibidorhyncha struthersii	R	Pr		+	+	P	多石头、水流快的河流	
(十九)反嘴鹬科 Recurvirostridae										
107	黑翅长脚鹬	Himantopus himantopus	P		+		+	O	沿海浅水、沼泽	
108	反嘴鹬	Recurvirostra avosetta	P		+		+	O	沼泽、湿地	
(二十)燕鸻科 Glareolidae										
109	普通燕鸻	Glareola maldivarum	P		+			W	沼泽、稻田	

续表

序号	中文名	学名	居留型[1]	区系成分[2]	分布状况 渭河平原	分布状况 秦岭山脉	分布状况 汉江盆地	地理型[3]	栖息地类型	保护等级[4]
(二十一) 鸻科 Charadriidae										
110	凤头麦鸡	*Vanellus vanellus*	W		+		+	U	耕地、稻田、矮草地	
111	灰头麦鸡	*V. cinereus*	W		+		+	M	河滩、稻田、沼泽	
112	金斑鸻	*Pluvialis fulva*	P		+		+	C	沙滩、开阔草地	
113	灰斑鸻	*P. squatarola*	P		+		+	C	沿海滩涂、沙滩	
114	剑鸻	*Charadrius hiaticula*	P		+		+	C	浅滩、沼泽	
115	长嘴剑鸻	*C. placidus*	P		+		+	C	水田、河岸、沿海滩涂	
116	金眶鸻	*C. dubius*	P		+		+	O	沙洲、沼泽、沿海滩涂	
117	铁嘴沙鸻	*C. leschenaultii*	P		+		+	D	沿海泥滩、沙滩	
118	环颈鸻	*C. alexandrinus*	P		+		+	O	海滩、河流、沼泽	
119	东方鸻	*C. veredus*	P		+		+	M	草地、河流两岸、沼泽	
(二十二) 鹬科 Scolopacidae										
120	中杓鹬	*Numenius phaeopus*	P				+	U	泥滩、草地、沼泽	
121	白腰杓鹬	*N. arquata*	P				+	U	河口、沿海滩涂	
122	大杓鹬	*N. madagascariensis*	P				+	M	河岸、沼泽、草地	
123	翘嘴鹬	*Xenus cinereus*	P				+	U	沿海泥滩、河口	
124	白腰草鹬	*Tringa ochropus*	P		+		+	U	池塘、沼泽、沟壑	
125	青脚鹬	*T. nebularia*	P				+	U	沼泽、泥滩	
126	林鹬	*T. glareola*	P		+		+	U	泥滩	
127	泽鹬	*T. stagnatilis*	P				+	U	湖泊、盐田、沼泽	
128	鹤鹬	*T. erythropus*	P				+	U	池塘、沿海滩涂、沼泽	
129	矶鹬*	*T. hypoleucos*	P		+	+	+	C	沿海滩涂、山地稻田、河流	
130	灰鹬	*T. incana*	P		+			M	湿地、河岸	
131	红脚鹬*	*T. totanus*	P		+	+	+	U	盐田、沼泽、稻田	
132	灰尾漂鹬	*Heteroscelus brevipes*	P				+	U	沙滩、卵石海滩	
133	翻石鹬	*Arenaria interpres*	P		+		+	U	沿海滩涂、沼泽	
134	孤沙锥	*Gallinago solitaria*	P		+		+	U	泥塘、沼泽、稻田	
135	大沙锥	*G. megala*	P		+			U	沼泽、草地	
136	针尾沙锥	*G. stenura*	P				+	U	稻田、沼泽、潮湿洼地	
137	扇尾沙锥	*G. gallinago*	P		+		+	U	沼泽、稻田	
138	长趾滨鹬	*Calidris subminuta*	P		+			M	沿海滩涂、池塘、稻田	
139	红颈滨鹬	*C. ruficollis*	P				+	U	沿海滩涂、湿地	
140	青脚滨鹬	*C. temminckii*	P			+		U	沿海滩涂、沼泽	
141	红腹滨鹬	*C. canutus*	P				+	M	沼泽、河口	
142	三趾滨鹬	*C. alba*	P		+			U	沿海滩涂、沼泽	
143	弯嘴滨鹬	*C. ferruginea*	P		+			U	沿海滩涂、沼泽	
144	丘鹬	*Scolopax rusticola*	P				+	U	混交林、阔叶林	

续表

序号	中文名	学　名	居留型[1]	区系成分[2]	分布状况 渭河平原	分布状况 秦岭山脉	分布状况 汉江盆地	地理型[3]	栖息地类型	保护等级[4]
145	黑尾塍鹬	*Limosa limosa*	P		+			U	沼泽、湿地	
146	流苏鹬	*Philomachus pugnax*	P		+			U	河流滩涂	
(二十三) 鸥科 Laridae											
147	西伯利亚银鸥	*Larus vegae*	W		+		+	C	沿海内陆水域、垃圾堆	
148	渔鸥	*L. ichthyaetus*	W		+		+	D	沙滩、湖泊	
149	红嘴鸥	*L. ridibundus*	W		+		+	U	湖泊、河流	
150	棕头鸥	*L. brunnicephalus*	W				+	P	湖泊、沼泽、草原湿地	
(二十四) 燕鸥科 Sternidae											
151	白翅浮鸥	*Chlidonias leucopterus*	W			+		U	稻田、港湾、河口	
152	灰翅浮鸥	*C. hybrida*	W			+		U	湿地、稻田	
153	普通燕鸥	*Sterna hirundo*	W			+		C	沿海水域、内陆淡水区	
154	白额燕鸥	*S. albifrons*	W		+			O	海边沙滩、湖泊、沼泽	
九、沙鸡目 PTEROCLIFORMES											
(二十五) 沙鸡科 Pteroclidae											
155	毛腿沙鸡	*Syrrhaptes paradoxus*	V			+		P	荒芜高原、碎石滩	
十、鸽形目 COLUMBIFORMES											
(二十六) 鸠鸽科 Columbidae											
156	红翅绿鸠	*Treron sieboldii*	R	Or		+		W	常绿林、次生林	II
157	原鸽*	*Columba livia*	R	Pr	+			O	城镇	Sb
158	岩鸽*	*C. rupestris*	R	Pr	+	+	+	O	有岩洞的山崖	Sb
159	斑林鸽	*C. hodgsonii*	R	Gb		+		H	多悬崖的亚高山森林	Sb
160	山斑鸠	*Streptopelia orientalis*	R	Gb	+	+	+	E	农田、村庄	Sb
161	灰斑鸠*	*S. decaocto*	R	Pr		+		W	农田、村庄	Sb
162	珠颈斑鸠*	*S. chinensis*	R	Or	+	+	+	W	农田、村庄	Sb
163	火斑鸠	*S. tranquebarica*	R	Or		+		W	农田、村庄	Sb
十一、鹃形目 CUCULIFORMES											
(二十七) 杜鹃科 Cuculidae											
164	红翅凤头鹃	*Clamator coromandus*	S	Or		+		W	山坡、山脚、平原	Sz
165	大鹰鹃*	*Cuculus sparverioides*	S	Or		+		W	山林、平原	
166	棕腹杜鹃*	*C. nisicolor*	S	Or		+		W	落叶林、常绿林	Sb
167	四声杜鹃*	*Cuculus micropterus*	S	Gb	+	+	+	W	森林上层	Sb
168	大杜鹃*	*C. canorus*	S	Gb	+	+	+	O	开阔林地	Sb
169	北方中杜鹃*	*C. optatus*	S	Gb	+	+		M	林地树冠	Sb
170	小杜鹃*	*C. poliocephalus*	S	Gb		+		W	开阔林地	Sb
171	噪鹃*	*Eudynamys scolopacea*	S	Or		+		W	山林、红树林	Sb

续表

序号	中文名	学名	居留型[1]	区系成分[2]	渭河平原	秦岭山脉	汉江盆地	地理型[3]	栖息地类型	保护等级[4]
172	褐翅鸦鹃	Centropus sinensis	S(?)	Or		+		S	落叶阔叶林	
十二、鸮形目 STRIGIFORMES										
（二十八）鸱鸮科 Strigidae										
173	红角鸮*	Otus sunia	R	Pr		+		O	山林	II
174	领角鸮*	O. lettia	R	Or	+	+	+	W	阔叶林、混交林	II
175	雕鸮*	Bubo bubo	R	Pr	+	+	+	U	草原、山林、山谷	II
176	雪鸮	B. scandiacus	V			+		C	苔原、开阔草原	II
177	黄腿渔鸮	Ketupa flavipes	R	Or	+			W	山林	II
178	领鸺鹠*	Glaucidium brodiei	R	Or		+		W	山林、林缘	II
179	斑头鸺鹠*	G. cuculoides	R	Or		+		W	河谷、溪流、森林	II
180	鹰鸮	Ninox scutulata	R	Or	+	+		W	林缘、灌丛	II
181	纵纹腹小鸮*	Athene noctua	R	Pr		+		U	林缘、农田、村庄	II
182	灰林鸮*	Strix aluco	R	Pr	+	+	+	O	阔叶林、针叶林、混交林	II
183	长耳鸮	Asio otus	R	Pr	+	+		C	森林、林缘、农田	II
184	短耳鸮	A. flammeus	W					C	山林、灌丛	II
十三、夜鹰目 CAPRIMULGIFORMES										
（二十九）夜鹰科 Caprimulgidae										
185	普通夜鹰*	Caprimulgus indicus	S	Or	+			W	山林、灌丛	Sb
十四、雨燕目 APODIFORMES										
（三十）雨燕科 Apodidae										
186	白喉针尾雨燕	Hirundapus caudacutus	S	Gb		+		W	森林、林缘、开阔地	
187	灰喉针尾雨燕	H. cochinchinensis	S	Or		+		W	森林、林缘、开阔地	
188	小白腰雨燕	Apus nipalensis	S	Pr		+		O	开阔地	Sb
189	白腰雨燕*	A. pacificus	S	Gb	+	+		M	开阔地	Sb
190	普通雨燕	A. apus	S	Pr		+	+	O	开阔地	
191	短嘴金丝燕	Aerodramus brevirostris	S	Or			+	W	山林	
十五、佛法僧目 CORACIIFORMES										
（三十一）翠鸟科 Alcedinidae										
192	冠鱼狗*	Megaceryle lugubris	R	Gb	+	+	+	O	山麓或平原的河溪间	Sb
193	普通翠鸟*	Alcedo atthis	R	Gb	+	+	+	O	湖泊、河流、红树林	Sb
194	蓝翡翠*	Halcyon pileata	S	Or	+	+	+	W	河流、河口、红树林	Sb
（三十二）佛法僧科 Coraciidae										
195	三宝鸟*	Eurystomus orientalis	S	Or	+	+		W	山林、平原森林	Sb
十六、戴胜目 UPUPIFORMES										
（三十三）戴胜科 Upupidae										
196	戴胜*	Upupa epops	R	Gb	+	+	+	O	山林、平原、农田	Sb

续表

序号	中文名	学名	居留型[1]	区系成分[2]	分布状况 渭河平原	分布状况 秦岭山脉	分布状况 汉江盆地	地理型[3]	栖息地类型	保护等级[4]
十七、䴕形目 PICIFORMES											
（三十四）啄木鸟科 Picidae											
197	蚁䴕*	Jynx torquilla	W		+	+	+	U	混交林、阔叶林	Sb
198	斑姬啄木鸟*	Picumnus innominatus	R	Or		+		W	混交林、竹林	
199	灰头绿啄木鸟*	Picus canus	R	Or	+	+		U	混交林、阔叶林	Sb
200	黄颈啄木鸟	Dendrocopos darjellensis	R	Or		+		H	混交林、阔叶林	
201	大斑啄木鸟	D. major	R	Pr	+	+	+	U	整个温带林区	Sb
202	白背啄木鸟*	D. leucotos	R	Pr		+		U	混交林、阔叶林	
203	赤胸啄木鸟*	D. cathpharius	R	Or		+		H	阔叶栎树林、杜鹃林	
204	棕腹啄木鸟*	D. hyperythrus	P			+		H	混交林、针叶林	
205	星头啄木鸟*	D. canicapillus	R	Or		+		W	混交林、阔叶林	Sb
206	小斑啄木鸟	D. minor	R	Pr		+		U	混交林、阔叶林	
十八、雀形目 PASSERIFORMES											
（三十五）百灵科 Alaudidae											
207	长嘴百灵*	Melanocorypha maxima	R	Pr		+		P	湖泊、草原、沼泽	
208	蒙古百灵	M. mongolica	S	Pr	+			D	丘陵、草原	
209	短趾百灵	Calandrella cheleensis	S	Pr		+		U	草原、河滩	
210	大短趾百灵	C. brachydactyla	S	Pr	+			U	干旱平原、草原	
211	角百灵*	Eremophila alpestris	S	Pr		+		C	干旱平原、草原、河流	
212	凤头百灵*	Galerida cristata	R	Pr	+	+		U	干旱平原、农田	Sb
213	云雀*	Alauda arvensis	P		+	+		U	干旱平原、草原、沼泽	Sb
214	小云雀	A. gulgula	R	Or	+	+		W	干旱平原、草原、沼泽	
（三十六）燕科 Hirundinidae											
215	岩燕	Ptyonoprogne rupestris	S	Pr		+		O	岩崖、干旱河谷	
216	家燕*	Hirundo rustica	S	Pr	+	+	+	C	低地、平原居民点	Sb
217	金腰燕*	Cecropis daurica	S	Or	+	+	+	O	低地、平原居民点	Sb
218	淡色崖沙燕*	Riparia diluta	S	Pr				C	沼泽、河流	Sb
219	烟腹毛脚燕*	Delichon dasypus	S	Pr		+		O	喜空中翱翔	
（三十七）鹡鸰科 Motacillidae											
220	山鹡鸰*	Dendronanthus indicus	S	Pr	+	+	+	M	开阔林地	
221	白鹡鸰*	Motacilla alba	R	Gb	+	+	+	O	稻田、溪流、道路旁	
222	灰鹡鸰*	M. cinerea	S	Gb	+	+	+	O	多岩溪流、草甸	
223	黄头鹡鸰	M. citreola	P		+	+	+	U	沼泽、苔原、柳树丛	
224	黄鹡鸰	M. flava	P		+	+	+	U	稻田、沼泽、草地	
225	树鹨*	Anthus hodgsoni	P		+	+		M	山林、灌丛、山脚平原	

续表

序号	中文名	学　名	居留型[1]	区系成分[2]	分布状况 渭河平原	秦岭山脉	汉江盆地	地理型[3]	栖息地类型	保护等级[4]
226	水鹨*	A. spinoletta	P		+	+		C	草甸、溪流	
227	山鹨	A. sylvanus	R	Pr		+		S	山林、灌丛	
228	红喉鹨	A. cervinus	P			+	+	U	灌丛、草甸、稻田	
229	粉红胸鹨*	A. roseatus	S	Gb		+	+	P	山林、溪流、灌丛	
230	黄腹鹨	A. rubescens	P			+		C	山林、溪流、稻田	
231	田鹨*	A. richardi	P		+	+	+	M	山林、草甸、农田、沼泽	
232	布氏鹨	A. godlewskii	P			+		U	开阔地、湖泊、干旱平原	
233	林鹨	A. trivialis	P		+	+	+	M	山林、草地、河谷	
（三十八）山椒鸟科 Campephagidae										
234	暗灰鹃鵙*	Coracina melaschistos	S	Or		+		W	开阔的山林、竹林	
235	粉红山椒鸟	Pericrocotus roseus	S	Or		+		W	山林、农田、灌丛	Sb
236	长尾山椒鸟*	P. ethologus	S	Or		+		H	山林、林缘	Sb
237	小灰山椒鸟	P. cantonensis	S	Or		+		M	落叶林、常绿林	
（三十九）鹎科 Pycnonotidae										
238	黄臀鹎*	Pycnonotus xanthorrhous	R	Or	+	+	+	W	混交林、阔叶林、灌丛	
239	白头鹎	P. sinensis	R	Or	+	+	+	S	林缘、灌丛、果园	
240	白喉红臀鹎	P. aurigaster	R	Or			+	W	开阔林地、灌丛	
241	领雀嘴鹎*	Spizixos semitorques	R	Or	+	+	+	S	开阔林地、灌丛	
242	黑短脚鹎	Hypsipetes leucocephalus	R	Or			+	W	阔叶林、混交林	
243	绿翅短脚鹎	H. mcclellandii	R	Or		+	+	W	山林、灌丛	
（四十）太平鸟科 Bombycillidae										
244	太平鸟	Bombycilla garrulus	P		+			C	果树、灌丛	
245	小太平鸟	B. japonica	P		+			M	城市校园乔木林	
（四十一）伯劳科 Laniidae										
246	红尾伯劳	Lanius cristatus	P		+	+	+	X	农田、次生林、灌丛	Sb
247	虎纹伯劳*	L. tigrinus	R	Pr	+	+	+	X	林地、灌丛、	Sb
248	牛头伯劳*	L. bucephalus	S	Pr		+		X	阔叶林、混交林、农田	Sb
249	楔尾伯劳	L. sphenocercus	P		+			M	林地、灌丛	Sb
250	棕背伯劳*	L. schach	R	Or		+	+	W	灌丛、农田、林地	Sb
251	灰背伯劳*	L. tephronotus	S	Pr		+		H	灌丛、农田、林地	Sb
（四十二）黄鹂科 Oriolidae										
252	黑枕黄鹂*	Oriolus chinensis	S	Or	+	+	+	W	村庄、次生林、红树林	Sb
（四十三）卷尾科 Dicruridae										
253	黑卷尾*	Dicrurus macrocercus	S	Or	+	+	+	W	开阔林地、村庄	Sb
254	灰卷尾*	D. leucophaeus	S	Or		+	+	W	丘陵、开阔林地	Sb

附表 1　秦岭地区鸟类名录

续表

序号	中文名	学名	居留型[1]	区系成分[2]	分布状况 渭河平原	分布状况 秦岭山脉	分布状况 汉江盆地	地理型[3]	栖息地类型	保护等级[4]
255	发冠卷尾*	D. hottentottus	S	Or		+	+	W	丘陵、开阔林地	Sb
256	小盘尾	D. remifer	S	Or		+		W	热带雨林、次生林、林缘	
257	古铜色卷尾	D. aeneus	S	Or		+		W	热带树林、阔叶林	
(四十四) 椋鸟科 Sturnidae										
258	北椋鸟*	Sturnia sturnina	P		+	+	+	X	阔叶林、田野	Sb
259	丝光椋鸟	S. sericeus	R	Or		+	+	S	稀疏林、农田	
260	灰椋鸟*	S. cineraceus	R	Gb	+	+	+	X	稀疏林、农田	Sb
261	八哥	Acridotheres cristatellus	R	Or		+	+	W	村庄、田园、林缘	Sb
(四十五) 鸦科 Corvidae										
262	松鸦*	Garrulus glandarius	R	Pr	+	+		U	针叶林、混交林、阔叶林	Sb
263	红嘴蓝鹊*	Urocissa erythrorhyncha	R	Or	+	+		W	林缘、灌丛、村庄	Sb
264	灰喜鹊	Cyanopica cyanus	R	Pr	+	+	+		针叶林、阔叶林	
265	喜鹊*	Pica pica	R	Gb	+	+	+	C	除草原荒漠以外均有分布	Sb
266	星鸦*	Nucifraga caryocatactes	R	Pr	+	+		U	亚高山针叶林	Sb
267	红嘴山鸦*	Pyrrhocorax pyrrhocorax	R	Pr		+		O	山地	Sb
268	秃鼻乌鸦	Corvus frugilegus	R	Pr	+	+	+	U	丘陵、农田	
269	达乌里寒鸦	C. dauuricus	R	Pr	+	+	+	U	林地、沼泽、城镇	
270	大嘴乌鸦*	C. macrorhynchos	R	Pr	+	+	+	E	村庄周围	
271	小嘴乌鸦*	C. corone	R	Pr	+	+	+	C	村庄周围	
272	白颈鸦	C. pectoralis	R	Or	+	+	+	S	河滩、农田、城镇	
(四十六) 河乌科 Cinclidae										
273	褐河乌	Cinclus pallasii	R	Pr	+	+	+	W	山间河流两岸	
(四十七) 鹪鹩科 Troglodytidae										
274	鹪鹩	Troglodytes troglodytes	R	Pr	+	+		C	针叶林、沼泽	
(四十八) 岩鹨科 Prunellidae										
275	领岩鹨	Prunella collaris	R	Pr		+		U	针叶林、多岩地带、灌丛	
276	黑喉岩鹨	P. atrogularis	V					U	多岩地带、灌丛	
277	棕胸岩鹨	P. strophiata	R	Pr		+		H	森林、灌丛	
278	棕眉山岩鹨	P. montanella	W			+		M	森林、灌丛	
279	褐岩鹨	P. fulvescens	R	Pr		+		I	高山山坡、灌丛	
280	栗背岩鹨	P. immaculata	R	Pr		+		H	针叶林、灌丛	
(四十九) 鸫科 Turdidae										
281	蓝短翅鸫*	Brachypteryx montana	R	Or		+	+	W	开阔林间、灌丛	
282	蓝歌鸲*	Luscinia cyane	P			+		M	山林底层	Sb

续表

序号	中文名	学　名	居留型[1]	区系成分[2]	渭河平原	秦岭山脉	汉江盆地	地理型[3]	栖息地类型	保护等级[4]
283	栗腹歌鸲	L. brunnea	S	Pr		+		H	栎树林、竹林、灌丛	
284	红喉歌鸲[*]	L. calliope	P		+	+		U	森林密丛、溪流	Sb
285	蓝喉歌鸲[*]	L. svecica	P		+	+		U	苔原、森林、灌丛	Sb
286	金胸歌鸲	L. pectardens	S	Pr		+		H	山林、灌丛	
287	棕头歌鸲	L. ruficeps	R	Pr		+		S	亚高山的矮树丛	
288	黑喉歌鸲	L. obscura	R	Pr		+		S	近地面的竹林矮丛	
289	金色林鸲[*]	Tarsiger chrysaeus	S	Pr		+		H	针叶林、灌丛	
290	红胁蓝尾鸲[*]	T. cyanurus	W			+		M	山地森林、次生林	
291	贺兰山红尾鸲[*]	Phoenicurus alaschanicus	W		+			D	灌丛、多岩山坡	
292	赭红尾鸲[*]	P. ochruros	S	Pr	+	+	+	O	林缘、农田、村庄	
293	黑喉红尾鸲	P. hodgsoni	W			+		H	草地、灌丛、溪流	
294	蓝额红尾鸲	P. frontalis	R	Pr		+		H	干旱平原、灌丛、村庄	
295	白喉红尾鸲	P. schisticeps	R	Pr		+		H	亚高山针叶林、村庄	
296	红腹红尾鸲	P. erythrogastrus	S	Pr		+		I	开阔多岩的高山旷野	
297	北红尾鸲[*]	P. auroreus	R	Pr	+	+	+	M	山林、灌丛、农田	Sb
298	白顶溪鸲[*]	Chaimarrornis leucocephalus	R	Pr		+		H	溪流、河流	Sb
299	红尾水鸲[*]	Rhyacornis fuliginosa	R	Pr		+		W	溪流、河流	
300	短翅鸲	Hodgsonius phaenicuroides	R	Pr		+		H	浓密灌丛	
301	白尾地鸲	Cinclidium leucurum	R	Pr		+	+	H	山林、灌丛	
302	鹊鸲	Copsychus saularis	R	Or		+		W	开阔森林、红树林、村庄	
303	小燕尾[*]	Enicurus scouleri	R	Or		+		S	山涧溪流、河谷沿岸	
304	白冠燕尾	E. leschenaulti	R	Or		+		W	山涧溪流、河谷沿岸	
305	黑喉石䳭[*]	Saxicola torquata	R	Pr	+	+	+	O	农田、灌丛、花园	
306	白喉石䳭	S. insignis	P			+		D	矮树丛、亚高山草甸	
307	灰林䳭[*]	S. ferreus	R	Or	+	+	+	W	灌丛、农田	
308	白顶䳭	Oenanthe pleschanka	R	Pr		+		D	荒地、村庄、城镇	
309	穗䳭	O. oenanthe	S	Pr		+		C	荒漠、高原、多岩草地	
310	蓝矶鸫[*]	Monticola solitarius	R	Gb		+		O	多岩山地、海岸	Sb
311	白背矶鸫	M. saxatilis	P			+		D	多岩山地、海岸	
312	白喉矶鸫	M. gularis	P			+		M	针叶林、多岩草地	
313	栗腹矶鸫	M. rufiventris	P			+		S	山林、多岩林地	
314	紫啸鸫[*]	Myophonus caeruleus	S	Or		+		W	河流、溪流	Sb
315	白眉地鸫	Zoothera sibirica	P		+			M	森林底层	
316	长尾地鸫	Z. dixoni	P			+			常绿林	
317	橙头地鸫	Z. citrina	S	Or		+	+	W	森林底层	

续表

序号	中文名	学　名	居留型[1]	区系成分[2]	分布状况 渭河平原	分布状况 秦岭山脉	分布状况 汉江盆地	地理型[3]	栖息地类型	保护等级[4]
318	虎斑地鸫*	Z. dauma	P			+		U	茂密森林	
319	乌鸫*	Turdus merula	R	Gb	+	+	+	O	林地、城镇、草地	
320	灰背鸫	T. hortulorum	P			+		M	低山丘陵、茂密森林	
321	灰翅鸫	T. boulbul	P			+		H	灌丛、常绿林	
322	白眉鸫	T. obscurus	P			+		U	开阔林地、次生林	
323	灰头鸫*	T. rubrocanus	R	Gb		+	+	H	落叶林、针叶林	
324	白腹鸫	T. pallidus	P		+	+		M	低地森林、次生林、花园	
325	赤颈鸫	T. ruficollis	W		+	+		O	丘陵、草地、灌丛	
326	斑鸫*	T. eunomus	P		+	+		M	混交林、草地、农田	
327	宝兴歌鸫*	T. mupinensis	R	Or		+		H	混交林、灌丛	
（五十）鹟科 Muscicapidae										
328	白眉姬鹟*	Ficedula zanthopygia	S	Or		+		M	灌丛、近水林地	
329	红喉姬鹟*	F. albicilla	P		+	+		U	混交林、灌丛	
330	绿背姬鹟	F. elisae	S	Or		+		B	林地上层	
331	橙胸姬鹟	F. strophiata	S	Or		+		W	林地底层、灌丛	
332	灰蓝姬鹟	F. tricolor	P			+		H	针叶林、灌丛	
333	玉头姬鹟	F. sapphira	R	Or		+		H	森林中上层	
334	锈胸蓝姬鹟	F. hodgsonii	S	Or		+		W	林地	
335	棕胸蓝姬鹟	F.hypeythra	S	Or		+		W		
336	白腹蓝姬鹟	F. cyanomelana	P		+	+		K	混交林、林缘、灌丛	
337	棕腹仙鹟	Niltava sundara	S	Or		+		H	开阔林地、丘陵	
338	棕腹大仙鹟	N. davidi	S	Or		+		W	山林、灌丛	
339	蓝喉仙鹟	N. rubeculoides	S	Or		+		W	开阔林地	
340	山蓝仙鹟	Cyornis banyumas	S	Or		+		W	落叶林、开阔林地	
341	乌鹟*	Muscicapa sibirica	P		+	+		M	林下植被层	
342	北灰鹟*	M. dauurica	P			+		M	林地、园林	
343	褐胸鹟	M. muttui	S	Or		+		H	丘陵、低地树林	
344	棕尾褐鹟*	M. ferruginea	S	Or		+		H	林地溪流	
345	铜蓝鹟	Eumyias thalassinus	S	Or		+		W	开阔林地、林缘	
346	方尾鹟*	Culicicapa ceylonensis	S	Or		+		W	山脚森林底层或中层	Sb
（五十一）王鹟科 Monarchinae										
347	寿带	Terpsiphone paradisi	S	Or		+	+	W	丘陵、山林	Sb
（五十二）画眉科 Timaliidae										
348	棕颈钩嘴鹛*	Pomatorhinus ruficollis	R	Or		+	+	W	混交林、常绿林、竹林	Sb
349	斑胸钩嘴鹛*	P. erythrocnemis	R	Or	+	+		S	灌丛、林缘	Sb
350	斑翅鹩鹛	Spelaeornis troglodytoides	R	Or		+		H	山区森林下层	Sb

序号	中文名	学名	居留型[1]	区系成分[2]	分布状况 渭河平原	分布状况 秦岭山脉	分布状况 汉江盆地	地理型[3]	栖息地类型	保护等级[4]
351	小鳞胸鹪鹛	*Pnoepyga pusilla*	R	Or		+		W	山区森林	
352	红头穗鹛	*Stachyris ruficeps*	R	Or		+		S	森林、灌丛、竹林	
353	矛纹草鹛*	*Babax lanceolatus*	R	Or		+		S	山林、灌丛	
354	黑脸噪鹛*	*Garrulax perspicillatus*	R	Or		+		S	灌丛、农田、公园	
355	白喉噪鹛	*G. albogularis*	R	Or		+		H	森林树冠、灌丛	
356	黑领噪鹛	*G. pectoralis*	R	Or		+		W	多林山岭	
357	山噪鹛*	*G. davidi*	R	Or	+	+		B	山林、灌丛	
358	灰翅噪鹛	*G. cineraceus*	R	Or		+		S	山林、灌丛、村庄	
359	斑背噪鹛	*G. lunulatus*	R	Or		+		H	阔叶林、针叶林	
360	画眉*	*G. canorus*	R	Or		+		S	灌丛、次生林	Sb
361	白颊噪鹛	*G. sannio*	R	Or		+		S	灌丛、竹林、林缘	Sb
362	橙翅噪鹛	*G. elliotii*	R	Or		+		H	灌丛、次生林	Sb
363	眼纹噪鹛*	*G. ocellatus*	R	Or		+		H	灌丛、山林	
364	大噪鹛	*G. maximus*	R	Or		+		H	灌丛、林缘	
365	红嘴相思鸟*	*Leiothrix lutea*	R	Or	+	+	+	W	阔叶林、混交林、林缘、灌丛	Sb
366	淡绿鵙鹛	*Pteruthius xanthochlorus*	R	Or		+		H	混交林、针叶林	
367	白领凤鹛*	*Yuhina diademata*	R	Or		+		H	山林、灌丛	Sb
368	纹喉凤鹛	*Y. gularis*	R	Or		+		H	阔叶林	
369	栗耳凤鹛	*Y. castaniceps*	R	Or		+		W	山林树冠	
370	黑颏凤鹛	*Y. nigrimenta*	R	Or		+		W	山林、灌丛、	
371	金胸雀鹛	*Alcippe chrysotis*	R	Or		+		H	灌丛、常绿林	
372	棕头雀鹛*	*A. ruficapilla*	R	Or		+		H	阔叶林、混交林、针叶林	
373	褐头雀鹛	*A. cinereiceps*	R	Or		+		S	常绿林、混交林、针叶林	
374	灰眶雀鹛*	*A. morrisonia*	R	Or		+		W	低地林、灌丛、山林	
375	褐顶雀鹛*	*A. brunnea*	R	Or		+		W	常绿林、灌丛	
376	高山（中华）雀鹛	*A. striaticollis*	R	Or		+		H	森林、栎树林	

（五十三）鸦雀科 Paradoxornithidae

序号	中文名	学名	居留型[1]	区系成分[2]	分布状况 渭河平原	分布状况 秦岭山脉	分布状况 汉江盆地	地理型[3]	栖息地类型	保护等级[4]
377	红嘴鸦雀	*Conostoma oemodium*	R	Or		+		H	森林、灌丛、竹林	
378	三趾鸦雀	*Paradoxornis paradoxus*	R	Or		+		H	阔叶林、针叶林	Sz
379	白眶鸦雀*	*P. conspicillatus*	R	Or		+		S	山地竹林、灌丛	
380	棕头鸦雀*	*P. webbianus*	R	Or	+	+		S	林下植被、低矮树丛	
381	金色鸦雀	*P. verreauxi*	R	Or		+		H	灌丛、竹林	
382	黄额鸦雀	*P. fulvifrons*	R	Or		+		H	混交林、竹林	
383	橙背鸦雀	*P. nipalensis*	R	Or		+		S	山林、竹林	

续表

序号	中文名	学名	居留型[1]	区系成分[2]	分布状况 渭河平原	分布状况 秦岭山脉	分布状况 汉江盆地	地理型[3]	栖息地类型	保护等级[4]
384	点胸鸦雀*	P. guttaticollis	R	Or		+		S	灌丛、次生植被、草地	
(五十四) 扇尾莺科 Cisticolidae										
385	棕扇尾莺	Cisticola juncidis	R	Or		+		O	草地、稻田、甘蔗地	
386	山鹪莺*	Prinia crinigera	R	Or		+		W	高草地、灌丛	
387	山鹛*	Rhopophilus pekinensis	R	Pr		+		D	灌丛、芦苇丛	
(五十五) 莺科 Sylviidae										
388	远东树莺	Cettia canturians	S	Or		+		O	灌丛	
389	强脚树莺*	C. fortipes	R	Or		+		W	灌丛	
390	短翅树莺	C. diphone	P			+		M	灌丛、草地	
391	异色树莺	C. flavolivacea	S	Or		+		H	灌丛、高草地竹林	
392	黄腹树莺	C. acanthizoides	R	Or		+		S	灌丛、竹林	
393	斑胸短翅莺	Bradypterus thoracicus	S	Gb		+		O	桧树、灌丛	
394	中华短翅莺	B. tacsanowskius	S	Gb		+		O	灌丛、草地、芦苇地	
395	棕褐短翅莺	B. luteoventris	R	Or		+		S	针叶林、灌丛、草地	
396	东方大苇莺*	Acrocephalus orientalis	S	Pr	+	+		O	芦苇地、稻田、沼泽	
397	厚嘴苇莺*	A. aedon	P			+		U	林地、灌丛	
398	黑眉苇莺	A. bistrigiceps	P			+		M	芦苇地、高草地	
399	稻田苇莺	A. agricola	S	Pr	+	+		O	芦苇地、稻田	
400	白喉林莺	Sylvia curruca	P			+		O	浓密灌丛	
401	黄腹柳莺*	Phylloscopus affinis	W			+		H	灌丛、竹林、林地	
402	棕腹柳莺*	P. subaffinis	S	Pr		+		S	山林、灌丛	
403	褐柳莺*	P. fuscatus	P			+		M	溪流、森林、灌丛	
404	棕眉柳莺*	P. armandii	S	Pr	+	+		H	阔叶林、混交林	
405	巨嘴柳莺*	P. schwarzi	P			+		M	竹林、高草地	
406	橙斑翅柳莺	P. pulcher	R	Pr		+		H	针叶林、杜鹃林	
407	黄眉柳莺*	P. inornatus	P		+	+		U	森林中上层	
408	黄腰柳莺*	P. proregulus	P			+		U	亚高山林、灌丛	
409	淡黄腰柳莺	P. chloronotus	S	Or		+		P	云杉林、桧树林、冷杉林	
410	极北柳莺*	P. borealis	P		+	+		U	开阔林地、林缘	
411	暗绿柳莺*	P. trochiloides	S	Pr	+	+		U	灌丛、林地、农田	
412	白斑尾柳莺	P. davisoni	S	Pr		+		S	阔叶林、混交林、针叶林	
413	冕柳莺*	P. coronatus	P			+		M	红树林、林地、林缘	
414	乌嘴柳莺*	P. magnirostris	S	Pr		+		H	开阔多草的林地	
415	冠纹柳莺*	P. reguloides	S	Or	+	+		W	阔叶林、灌丛	
416	淡眉柳莺	P. humei	S	Pr		+		D	针叶林	

续表

序号	中文名	学　名	居留型[1]	区系成分[2]	分布状况 渭河平原	分布状况 秦岭山脉	分布状况 汉江盆地	地理型[3]	栖息地类型	保护等级[4]
417	峨嵋柳莺	*P. emeiensis*	S	Or		+		W	峨眉山及邻近山区森林	
418	四川柳莺	*P. forresti*	S	Or		+		P	落叶次生林	
419	云南柳莺	*P. yunnanensis*	R	Pr		+		O		
420	双斑绿柳莺	*P. plumbeitarsus*	P			+		M	混交林、灌丛、竹林	
421	棕脸鹟莺[*]	*Abroscopus albogularis*	R	Or		+		S	常绿林、竹林	
422	栗头鹟莺[*]	*Seicercus castaniceps*	S	Or		+		W	山区森林	
423	淡尾鹟莺	*S. soros*	S	Or		+		S	山区森林	
424	比氏鹟莺	*S. valentini*	S	Or		+		H	山区森林	
425	灰冠鹟莺	*S. tephrocephalus*	S	Or		+		S	山区森林	
426	峨眉鹟莺	*S. omeiensis*	S	Or		+		P	山区森林	
（五十六）戴菊科 Regulidae										
427	戴菊	*Regulus regulus*	R	Pr		+		C	温带亚高山针叶林	Sb
（五十七）绣眼鸟科 Zosteropidae										
428	暗绿绣眼鸟[*]	*Zosterops japonicus*	S	Or		+		S	针阔混交林	
429	红胁绣眼鸟	*Z. erythropleurus*	S	Or		+		M	针阔混交林	
（五十八）攀雀科 Remizidae										
430	火冠雀[*]	*Cephalopyrus flammiceps*	S	Or		+		H	高山针叶林、混交林	
（五十九）长尾山雀科 Aegithalidae										
431	银喉长尾山雀[*]	*Aegithalos caudatus*	R	Pr	+	+		U	开阔林、林缘	
432	红头长尾山雀	*A. concinnus*	R	Or		+		W	阔叶林、针叶林	
433	银脸长尾山雀[*]	*A. fuliginosus*	R	Or	+	+		P	阔叶林、栎树林	
434	黑眉长尾山雀	*A. bonvaloti*	R	Or		+		H	阔叶林、针叶林	
（六十）山雀科 Paridae										
435	大山雀[*]	*Parus major*	R	Gb	+	+	+	U	红树林、林园、开阔林地	Sb
436	绿背山雀	*P. monticolus*	R	Or		+		W	山地森林、林缘	Sb
437	黄腹山雀[*]	*P. venustulus*	R	Or	+	+		S	针叶林、阔叶林、灌丛	Sb
438	煤山雀[*]	*P. ater*	R	Pr	+	+		U	针叶林	
439	褐头山雀	*P. songarus*	R	Pr		+		C	栎树林、混交林、灌丛	
440	黑冠山雀[*]	*P. rubidiventris*	R	Or		+		H	针叶林、竹林、灌丛	
441	褐冠山雀[*]	*P. dichrous*	R	Or	+	+		H	针叶林	
442	沼泽山雀[*]	*P. palustris*	R	Pr	+	+		U	栎树林、混交林、灌丛	
443	红腹山雀[*]	*P. davidi*	R	Pr		+		P	阔叶林、桦树林、针叶林	Sb
444	白眉山雀[*]	*P. superciliosus*	R	Pr		+		P	山坡灌丛	
（六十一）䴓科 Sittidae										
445	黑头䴓	*Sitta villosa*	R	Pr		+		C	混交林、针叶林	Sb
446	普通䴓[*]	*S. europaea*	R	Pr	+	+		U	混交林、阔叶林	Sb

续表

序号	中文名	学名	居留型[1]	区系成分[2]	分布状况 渭河平原	分布状况 秦岭山脉	分布状况 汉江盆地	地理型[3]	栖息地类型	保护等级[4]
447	白脸鸭	S. leucopsis	R	Pr		+		H	高山针叶林至林线	
448	白尾鸭	S. himalayensis	R	Or		+		H	阔叶林和针阔混交林	
449	栗腹鸭	S. castanea	V			+		W	阔叶林和针阔混交林	
(六十二) 旋壁雀科 Tichidromidae									
450	红翅旋壁雀*	Tichodroma muraria	R	Pr	+	+		O	混交林带峭壁	
(六十三) 旋木雀科 Certhiidae									
451	欧亚旋木雀	Certhia familiaris	R	Pr		+		C	高山针叶林、混交林	
452	高山旋木雀	C. himalayana	R	Pr		+		H	高山针叶林、混交林	
453	四川旋木雀	C.tianquanensis	R	Pr		+		S	高山针叶林、混交林	
(六十四) 啄花鸟科 Dicaeidae									
454	红胸啄花鸟*	Dicaeum ignipectus	R	Or		+		W	中海拔山地森林	
(六十五) 花蜜鸟科 Nectariniidae									
455	蓝喉太阳鸟	Aethopyga gouldiae	S	Or		+		S	阔叶林至高山灌丛	Sb
(六十六) 雀科 Passeridae									
456	麻雀*	Passer montanus	R	Gb	+	+	+	U	低海拔的农田、城镇	Sb
457	山麻雀*	P. rutilans	R	Pr		+		S	山区城镇、林地	
458	家麻雀	P. domesticus	R(?)	Pr	+			O	农田	
(六十七) 梅花雀科 Estrildidae									
459	白腰文鸟*	Lonchura striata	R	Or		+		W	林缘、灌丛、农田	
(六十八) 燕雀科 Fringillidae									
460	燕雀	Fringilla montifringilla	W		+	+	+	U	河岸、农耕区林地	
461	金翅雀*	Carduelis sinica	R	Gb	+	+	+	M	灌丛、农田、人工林	Sb
462	黄雀	C. spinus	P			+		U	平原至混交林	
463	林岭雀*	Leucosticte nemoricola	S	Pr		+		I	高山草甸、多岩山坡	
464	酒红朱雀*	Carpodacus vinaceus	R	Pr		+		H	高海拔竹林、针叶林、灌丛	Sb
465	红眉朱雀	C. pulcherrimus	R	Pr	+	+		H	杜鹃灌丛	
466	白眉朱雀	C. thura	R	Pr		+		H	高山林线灌丛	
467	朱雀	C. erythrinus	R	Pr	+	+		U	高山针叶林及灌丛	
468	北朱雀	C. roseus	W			+		M	针叶林及高山灌丛	
469	斑翅朱雀	C. trifasciatus	R	Pr		+		U	亚高山针叶林	
470	红胸朱雀	C. puniceus	R	Pr		+		U	亚高山针叶林	
471	赤朱雀	C. rubescens	R	Pr		+		U	亚高山针叶林、灌丛	
472	红交嘴雀	Loxia curvirostra	P			+		C	亚高山针叶林	
473	长尾雀	Uragus sibiricus	R	Pr		+		M	高海拔灌丛	
474	灰头灰雀*	Pyrrhula erythaca	R	Pr		+		H	亚高山针叶林、混交林	Sb
475	黑头蜡嘴雀	Eophona personata	P		+	+		K	人工林、农田	Sb

续表

序号	中文名	学名	居留型[1]	区系成分[2]	分布状况 渭河平原	分布状况 秦岭山脉	分布状况 汉江盆地	地理型[3]	栖息地类型	保护等级[4]
476	黑尾蜡嘴雀*	*E. migratoria*	W		+	+		K	稀疏林地、果园	Sb
477	锡嘴雀	*Coccothraustes coccothraustes*	W		+	+		U	林地、花园、果园	Sb
478	白斑翅拟蜡嘴雀	*Mycerobas carnipes*	R	Pr	+	+		I	高山林线针叶林	
(六十九) 鹀科 Emberizidae										
479	白头鹀	*Emberiza leucocephalos*	W		+	+		U	林间空地、农田、果园	
480	栗鹀	*E. rutila*	P				+	M	林下灌丛、林缘农田	
481	黄胸鹀	*E. aureola*	P		+	+	+	U	灌草丛、农田	
482	黄喉鹀*	*E. elegans*	S	Pr	+	+	+	M	林缘灌丛、草地、农田	Sb
483	灰头鹀*	*E. spodocephala*	S	Pr	+	+	+	M	林地、灌丛	
484	灰眉岩鹀*	*E. godlewskii*	R	Pr	+	+		O	多岩石丘陵、灌草丛	
485	栗耳鹀	*E. fucata*	S	Pr		+	+	O	开阔草地、矮树丛	
486	三道眉草鹀*	*E. cioides*	R	Pr	+	+	+	M	林缘灌草丛、农田	Sb
487	田鹀*	*E. rustica*	W		+	+		U	开阔农田、林地	
488	白眉鹀	*E. tristrami*	P			+	+	M	林下灌丛	
489	小鹀*	*E. pusilla*	W		+	+		U	灌丛、草地、农田	Sb
490	苇鹀	*E. pallasi*	P		+	+		M	芦苇荡、林地、农田	
491	芦鹀	*E. schoeniclus*	P		+	+		U	芦苇荡、林地、农田	
492	黄眉鹀	*E. chrysophrys*	W			+		M	林缘灌丛	
493	凤头鹀	*Melophus lathami*	V			+	+	W	农田、草地	
494	蓝鹀*	*Latoucheornis siemsseni*	S	Pr		+		H	次生林、林缘灌丛	

注：居留型：R-留鸟；S-夏候鸟；W-冬候鸟；P-旅鸟；V-迷鸟。区系成分：Pr-古北型；Or-东洋型；Gb-广布型。地理型：C-全北型；U-古北型；W-东洋型；M或K-东北型；D-中亚型；P或I高地型；H-喜马拉雅-横断山型；S-南中国型；X-东北-华北型；B-华北型；E-季风型；O-不易归类型。保护级别：I-国家一级重点保护；II-国家二级重点保护；Sz-省级重点保护；Sb-省级保护。

*实习基地旬阳坝地区出现的鸟类。

附表2　鸟类生态学常用术语

accidental	（迷鸟）	echolocation	（回声定位）
adult	（成鸟）	egg-laying	（产卵）
adult survival	（成鸟存活率）	egg size	（卵的大小）
all-purpose territory	（全能型领域）	emigration	（迁出）
age pyramid	（年龄锥体）	fecundity	（生殖力）
allopatry	（异域分布）	feeding territory	（觅食领域）
altricial	（雏鸟晚成的）	female-biased	（雌性偏倚的）
aquatic	（水生的）	fledgling	（出飞幼鸟）
arboreal	（树栖的）	floating nest	（浮巢）
asynchronous hatching	（异步孵化）	geographic isolation	（地理隔离）
avian community	（鸟类群落）	gliding flight	（滑翔）
birdhouse	（巢箱）	grallatores	（涉禽类）
breeding circle	（繁殖周期）	granivorous	（食谷的）
breeding dispersal	（繁殖扩散）	gregarious	（群栖的）
breeding success	（繁殖成功率）	ground nest	（地面巢）
breeding territory	（繁殖领域）	group territory	（群体领域）
brood parasitism	（巢寄生）	hatching	（雏鸟出壳）
brood patch	（孵卵斑）	hibernation	（冬眠）
brood size	（窝雏数）	hole nest	（洞巢）
cavity-nesting bird	（营洞巢鸟类）	immature	（未成年鸟）
carnivorous	（肉食性的）	immigration	（迁入）
circadian rhythm	（拟昼夜节律）	incubation	（孵化）
clutch	（一窝卵）	incubation period	（孵化期）
clutch size	（窝卵数）	insectivorous	（食虫的）
colonial nesting	（集群营巢）	intersexual selection	（性间选择）
colony	（集群繁殖地）	intrasexual selection	（性内选择）
copulation	（交尾）	juvenile	（幼鸟）
cosmopolitan	（全球分布）	juvenile survival	（幼鸟存活率）
courtship	（求偶）	lek	（竞技求偶场）
courtship display	（求偶炫耀）	lek courtship	（竞技场求偶）
courtship feeding	（求偶喂食）	life table	（生命表）
crepuscular	（晨昏活动的）	line transect method	（样线调查法）
dimorphism	（性、色二型）	male-biased	（雄性偏倚的）
dispersal	（扩散）	mating system	（婚配制度）
diurnal	（白昼活动的）	mating territory	（交配领域）

microhabitat	（小生境）	promiscuity	（混交制）
migrant	（候鸟）	promiscuous	（混交的）
migration	（迁徙）	raptatores	（猛禽类）
mimicry	（效鸣）	recess	（离巢）
monogamy	（单配制或一夫一妻制）	replacement clutch	（重新产的一窝卵）
mortality	（死亡率）	resident	（留鸟）
moult	（换羽）	reproductive success	（繁殖成功率）
natal dispersal	（出生扩散）	roost	（鸟类停歇处）
natal site	（出生地）	roosting territory	（栖宿领域）
natality	（出生率）	saprophagous	（食腐的）
natatores	（游禽类）	scansores	（攀禽类）
nest tree	（营巢树）	sex-biased	（性别偏倚的）
nest site	（营巢地）	sex ratio	（性比）
nesting material	（巢材）	sexual selection	（性选择）
nesting success	（营巢成功率）	siblicide	（同窝雏鸟自相残杀）
nesting territory	（营巢领域）	sibling	（同窝雏鸟）
nestling	（雏鸟）	sibling competition	（同窝雏鸟间竞争）
niche	（生态位）	sneak copulation	（偷配行为）
nidicolous	（雏鸟晚成的）	soaring flight	（翱翔）
nidifugous	（雏鸟早成的）	speciation	（物种形成）
nocturnal	（夜行性的）	species diversity	（物种多样性）
non-migratory	（不迁徙的）	stopover	（迁徙中途歇地）
non-visual orientation	（非视觉定向）	straggler bird	（迷鸟）
pair formation	（配对形成）	subadult	（亚成体）
pair bond	（配对关系）	summer resident	（夏候鸟）
parental	（双亲的）	sympatry	（同域分布）
parental care	（双亲育雏）	synchronous hatching	（同步孵化）
passers	（鸣禽类）	terrestores	（走禽类）
philopatry	（出生地依恋性）	terrestrial	（地栖的）
piratic	（掠食性的）	territorial	（有领域性的）
point count method	（样点法）	territorial shape	（领域形状）
polyandry	（一雌多雄制）	territorial size	（领域大小）
polygamy	（多配制或一雄多雌、一雌多雄制）	territorial type	（领域类型）
polygyny	（一雄多雌制）	territory	（领域）
population	（种群）	traveler	（旅鸟）
population density	（种群密度）	vagrant	（飘鸟）
population dynamic	（种群动态）	visual orientation	（视觉定向）
population fluctuation	（种群波动）	winter resident	（冬候鸟）
post-fledging dispersal	（稚后扩散）	winter territory	（冬季领域）
precocial	（雏鸟早成的）	woven nest	（编织巢）
predation	（捕食）	zugunruhe	（迁徙兴奋）

中文名索引（按拼音字母顺序排列）

A

鹌鹑	225
暗灰鹃鵙	231
暗绿柳莺	51 236
暗绿绣眼鸟	39 61 208 237

B

八哥	18 37 158 232
白斑翅拟蜡嘴雀	239
白斑尾柳莺	47 236
白背矶鸫	233
白背啄木鸟	230
白翅浮鸥	228
白顶鵬	174 233
白顶溪鸲	55 171 233
白额燕鸥	5 228
白腹鸫	234
白腹蓝姬鹟	234
白腹鹞	80 225
白冠长尾雉	6 32 45 85 226
白冠燕尾	55 173 233
白喉红臀鹎	151 231
白喉红尾鸲	170 233
白喉矶鸫	50 233
白喉林莺	236
白喉噪鹛	184 235
白喉针尾雨燕	229
白鹡鸰	18 36 55 59 60 146 230
白颊噪鹛	55 185 235
白肩雕	45 76 225
白颈鸦	164 232
白眶鸦雀	6 102 235
白脸鸻	39 206 238
白领凤鹛	6 55 59 101 235
白鹭	18 31 112 223
白眉姬鹟	38 196 234
白眉地鸫	233
白眉鸫	50 178 234
白眉山雀	6 105 237
白眉鹀	239
白眉鸭	224
白眉朱雀	212 238
白琵鹭	5 31 45 66 223
白头鹞	3 6 95 231
白头鹀	239
白尾地鸫	233
白尾海雕	45 79 225
白尾鹞	79 80 225
白尾鹲	238
白胸苦恶鸟	32 124 226
白眼潜鸭	120 224
白腰草鹬	129 227
白腰杓鹬	227
白腰文鸟	40 61 210 238
白腰雨燕	35 60 138 229
斑背噪鹛	6 98 235
斑翅鹩鹛	234

斑翅朱雀	6 106 238	橙翅噪鹛	6 60 100 235
斑鸫	38 179 234	橙头地鸫	233
斑姬啄木鸟	230	橙胸姬鹟	198 234
斑林鸽	228	池鹭	60 111 223
斑头秋沙鸭	122 224	赤膀鸭	224
斑头鸺鹠	3 34 60 91 229	赤腹鹰	18 31 59 60 71 225
斑头雁	114 224	赤颈鸫	179 234
斑胸短翅莺	189 236	赤颈鸭	224
斑胸钩嘴鹛	18 180 234	赤麻鸭	115 224
斑嘴鹈鹕	49	赤胸啄木鸟	142 230
斑嘴鸭	31 118 224	赤朱雀	238
宝兴歌鸫	6 97 234	赤嘴潜鸭	119 224
北方中杜鹃	228	丑鸭	224

D

北红尾鸲	55 59 60 168 233	达乌里寒鸦	50 162 232
北灰鹟	199 234	大白鹭	112 223
北椋鸟	52 157 232	大斑啄木鸟	36 59 60 142 230
北朱雀	238	大鵟	4 32 45 88 226
比氏鹟莺	51 195 237	大杜鹃	19 34 59 60 137 228
布氏鹨	50 231	大短趾百灵	49 230

C

彩鹬	33 126 226	大红鹳	47
苍鹭	18 31 110 223	大鵟	4 73 225
苍鹰	72 225	大麻鳽	113 223
草鹭	223	大沙锥	227
长耳鸮	34 93 229	大山雀	39 55 60 61 201 237
长尾地鸫	233	大杓鹬	227
长尾雀	238	大天鹅	31 54 67 224
长尾山椒鸟	36 60 149 231	大鹰鹃	228
长尾鸭	46 224	大噪鹛	6 38 99 235
长趾滨鹬	227	大嘴乌鸦	37 52 59 163 232
长嘴百灵	6 94 230	戴菊	27 39 45 55 193 237
长嘴剑鸻	49 128 227	丹顶鹤	3 32
橙斑翅柳莺	236	淡黄腰柳莺	50 192 236
橙背鸦雀	235	淡眉柳莺	51 191 236

淡色崖沙燕	143 230
淡尾鹟莺	51 237
稻田苇莺	236
点胸鸦雀	50 182 236
雕鸮	90 229
东方白鹳	31 45 63 223
东方大苇莺	190 236
东方鸻	49 227
董鸡	226
豆雁	114 224
短翅鸰	233
短翅树莺	236
短耳鸮	94 229
短趾百灵	49 230
短趾雕	77 225
短嘴金丝燕	229

E	
峨眉柳莺	6 51 104
峨眉鹟莺	51 237
峨嵋柳莺	237
鹗	22 31 42 46 69 224

F	
发冠卷尾	37 156 232
翻石鹬	227
反嘴鹬	18 25 33 42 132 226
方尾鹟	60 200 234
粉红山椒鸟	231
粉红胸鹨	231
凤头百灵	36 60 144 230
凤头蜂鹰	70 225
凤头麦鸡	127 227
凤头潜鸭	18 120 224
凤头鸮	46 239
凤头鹰	71 225

凤头鹀鹛	30 109 223

G	
高山雀鹛	6 100 235
高山旋木雀	238
孤沙锥	227
古铜色卷尾	232
骨顶鸡	18 32 125 226
冠纹柳莺	60 61 193 236
冠鱼狗	59 60 139 229

H	
寒鸦	50
褐翅鸦鹃	47 229
褐顶雀鹛	188 235
褐冠山雀	203 237
褐河乌	37 59 60 164 232
褐灰雀	47
褐柳莺	55 191 236
褐马鸡	3 54
褐头雀鹛	187 235
褐头山雀	203 237
褐胸鹟	234
褐岩鹨	232
贺兰山红尾鸲	233
鹤鹬	227
黑翅长脚鹬	226
黑短脚鹎	231
黑冠鹃隼	70 225
黑冠山雀	204 237
黑鹳	31 45 63 223
黑颏凤鹛	235
黑喉（橙额）鸦雀	50
黑喉歌鸲	233
黑喉红尾鸲	169 233
黑喉石䳭	173 233

黑喉岩鹨	46 47 220 232	红头潜鸭	121 224
黑颈鸬鹚	30 109 223	红头穗鹛	181 235
黑卷尾	3 37 60 155 231	红尾伯劳	37 52 152 231
黑脸噪鹛	183 235	红尾水鸲	55 59 60 172 233
黑领噪鹛	184 235	红胁蓝尾鸲	168 233
黑眉长尾山雀	51 237	红胁绣眼鸟	3 39 209 237
黑眉苇莺	5 236	红胸鸻	49
黑水鸡	5 18 32 125 226	红胸田鸡	226
黑头蜡嘴雀	3 214 238	红胸朱雀	238
黑头奇鹛	47	红胸啄花鸟	39 61 207 238
黑头鸭	237	红隼	31 60 83 225
黑尾塍鹬	228	红嘴蓝鹊	3 55 59 60 159 232
黑尾蜡嘴雀	215 239	红嘴鸥	33 133 228
黑苇鳽	223	红嘴山鸦	161 232
黑鸢	69 225	红嘴相思鸟	46 60 186 235
黑枕黄鹂	3 37 60 155 231	红嘴鸦雀	181 235
红翅凤头鹃	228	鸿雁	66 224
红翅绿鸠	3 46 88 228	厚嘴苇莺	50 236
红翅旋壁雀	39 55 61 206 238	虎斑地鸫	176 234
红腹滨鹬	227	虎纹伯劳	52 152 231
红腹红尾鸲	171 233	花脸鸭	117 224
红腹角雉	3 45 60 84 226	画眉	6 38 59 60 99 235
红腹锦鸡	6 32 45 54 55 86 226	环颈鸻	227
红腹山雀	237	环颈雉	32 55 60 123 226
红喉歌鸲	166 233	黄斑苇	223
红喉姬鹟	196 234	黄斑苇鳽	223
红喉鹨	231	黄额鸦雀	235
红交嘴雀	213 238	黄腹鹨	50 231
红角鸮	89 229	黄腹柳莺	190 236
红脚鹬	33 130 227	黄腹山雀	6 60 61 105 237
红脚隼	46 82 225	黄腹树莺	236
红颈滨鹬	49 227	黄喉鹀	40 55 60 61 216 239
红眉朱雀	238	黄鹡鸰	147 230
红头长尾山雀	39 59 205 237	黄脚三趾鹑	32 226

黄颈啄木鸟	230	灰头鸦	55 216 239
黄眉姬鹟	51 197	灰头鸦雀	47
黄眉柳莺	51 191 236	灰尾漂鹬	49 227
黄眉鹀	239	灰喜鹊	37 55 160 232
黄雀	5 211 238	灰胸竹鸡	6 18 59 86 226
黄头鹡鸰	148 230	灰雁	224
黄腿渔鸮	229	灰鹟	227
黄臀鹎	36 59 150 231	火斑鸠	228
黄胸鹀	5 239	火冠雀	39 61 207 237
黄腰柳莺	39 50 192 236		

J

灰斑鸻	227	矶鹬	33 60 131 227
灰斑鸠	228	极北柳莺	192 236
灰背伯劳	59 60 154 231	家麻雀	47 220 238
灰背鸫	177 234	家燕	36 145 230
灰背隼	83 225	剑鸻	33 49 128 227
灰翅鸫	234	鹡鸰	28 37 44 55 60 165 232
灰翅浮鸥	228	角百灵	230
灰翅噪鹛	185 235	金斑鸻	227
灰冠鹟莺	51 237	金翅雀	40 55 60 61 211 238
灰鹤	32 46 87 226	金雕	31 45 54 75 225
灰喉针尾雨燕	46 229	金眶鸻	33 128 227
灰鹡鸰	36 55 59 60 147 230	金眶鹟莺	51 195
灰卷尾	156 231	金色林鸲	167 233
灰眶雀鹛	188 235	金色鸦雀	50 235
灰蓝姬鹟	234	金胸歌鸲	6 96 233
灰脸鵟鹰	75 225	金胸雀鹛	235
灰椋鸟	37 52 60 158 232	金腰燕	36 60 145 230
灰林鵖	174 233	酒红朱雀	6 40 55 60 106 238
灰林鸮	2 93 229	巨嘴柳莺	236
灰眉岩鹀	217 239	距翅麦鸡	18
灰头鸫	178 234	卷羽鹈鹕	30 45 49 62 223
灰头灰雀	55 60 214 238		

L

灰头绿啄木鸟	36 59 141 230	蓝短翅鸫	232
灰头麦鸡	127 227	蓝额红尾鸲	170 233

蓝翡翠	3 35 59 140 229	绿鹭	223
蓝歌鸲	232	绿头鸭	31 118 224
蓝喉歌鸲	167 233	**M**	
蓝喉太阳鸟	40 55 61 208 238	麻雀	40 55 209 238
蓝喉仙鹟	234	毛脚鵟	4 74 225
蓝矶鸫	175 233	毛脚燕	50 146 230
蓝孔雀	54	毛腿沙鸡	4 34 46 228
蓝头矶鸫	50	矛纹草鹛	183 235
蓝鹀	6 40 55 107 239	煤山雀	55 202 237
栗背岩鹨	166 232	蒙古百灵	4 230
栗耳凤鹛	46 186 235	棉凫	46 123 224
栗耳鹀	52 239	冕柳莺	236
栗腹歌鸲	233	**N**	
栗腹矶鸫	175 233	牛背鹭	3 31 111 223
栗腹鳾	46 238	牛头伯劳	52 153 231
栗头鹟莺	194 237	**O**	
栗苇	223	欧亚旋木雀	39 238
栗苇鳽	223	**P**	
栗鹀	239	琵嘴鸭	119 224
林鹬	231	漂鹬	49 227
林岭雀	3 213 238	普通翠鸟	35 59 139 229
林鹛	227	普通鵟	31 74 225
领角鸮	89 229	普通鸬鹚	30 110 223
领雀嘴鹎	6 18 36 55 59 60 95 231	普通秋沙鸭	31 122 224
领鸺鹠	91 229	普通燕鸻	33 226
领岩鹨	4 55 232	普通燕鸥	33 134 228
流苏鹬	47 228	普通秧鸡	5 32 124 226
芦鹀	239	普通夜鹰	3 35 60 229
罗纹鸭	117 224	普通雨燕	138 229
绿背姬鹟	51 52 197 234	普通鸭	3 39 61 205 237
绿背山雀	55 60 202 237	**Q**	
绿翅短脚鹎	150 231	强脚树莺	19 55 59 61 189 236
绿翅鸭	116 224	翘鼻麻鸭	115 224
		翘嘴鹬	129 227

青脚滨鹬	227	松鸡	2 23
青脚鹬	130 227	松雀鹰	3 73 225
青头潜鸭	224	松鸦	3 37 59 159 232
丘鹬	227	穗䳭	233
鸲岩鹨	5 38	蓑羽鹤	32 46 87 226
雀鹰	3 72 225	**T**	
鹊鸲	18 233	太平鸟	29 37 44 47 151 231
鹊鸭	121 224	田鹨	4 149 231
鹊鹞	80 225	田鸡	239
S		铁嘴沙鸻	227
三宝鸟	3 35 60 229	铜蓝鹟	200 234
三道眉草鹀	55 217 239	秃鼻乌鸦	162 232
三趾滨鹬	227	秃鹫	54 78 225
三趾鸦雀	6 102 235	**W**	
山斑鸠	34 52 59 60 135 228	弯嘴滨鹬	227
山鹡鸰	230	苇鳽	239
山鹪莺	51 195 236	纹喉凤鹛	187 235
山蓝仙鹟	234	乌鸫	18 177 234
山鹨	231	乌鹟	198 234
山麻雀	55 60 61 210 238	乌嘴柳莺	236
山鹛	6 61 103 236	**X**	
山噪鹛	3 6 52 98 235	西伯利亚银鸥	228
扇尾沙锥	131 227	锡嘴雀	215 239
勺鸡	3 45 85 226	喜 鹊	18 37 55 59 60 160 232
蛇雕	76 225	小白腰雨燕	35 229
石鸡	225	小斑啄木鸟	230
寿带	18 38 46 201 234	小杜鹃	228
树鹨	36 148 230	小灰山椒鸟	36 231
双斑绿柳莺	51 237	小鳞胸鹪鹛	235
水鹨	231	小盘尾	232
水雉	18 32 42 46 126 226	小沙百灵	49
丝光椋鸟	3 157 232	小太平鸟	47 231
四川柳莺	6 50 103 237	小天鹅	67 224
四川旋木雀	47 51 238	小田鸡	226
四声杜鹃	19 34 136 228	小鹀	40 55 60 218 239

小燕尾	55 172 233
小云雀	230
小嘴乌鸦	163 232
楔尾伯劳	153 231
血雉	3 6 32 45 55 60 84 226
星头啄木鸟	143 230
星鸦	55 60 161 232
锈胸蓝姬鹟	197 234
鹮嘴鹬	25 33 42 133 226
雪鸮	46 90 229

Y	
烟腹毛脚燕	50 146 230
岩鸽	4 18 135 228
岩燕	230
眼纹噪鹛	235
燕雀	40 212 238
燕隼	81 225
夜鹭	31 113 223
遗鸥	33
蚁䴕	141 230
异色树莺	236
银喉长尾山雀	3 204 237
银脸长尾山雀	6 39 59 61 104 237
鹰雕	4 77 225
鹰鸮	3 92 229
游隼	82 225
渔鸥	228
玉带海雕	45 78 225
玉头姬鹟	234
鸳鸯	45 52 68 224
原鸽	4 135 228
远东树莺	50 236
云南柳莺	50 103 237
云雀	4 36 144 230

Z	
噪鹃	55 59 60 137 228
泽鹬	227
沼泽山雀	39 55 203 237
赭红尾鸲	169 233
针尾沙锥	132 227
针尾鸭	116 224
中白鹭	223
中华短翅莺	236
中华秋沙鸭	6 45 46 68 224
中杓鹬	227
朱雀	238
朱鹮	6 10 31 45 52 53 57 64 223
珠颈斑鸠	3 18 34 55 59 136 228
紫啸鸫	176 233
棕背伯劳	3 37 154 231
棕腹大仙鹟	6 97 234
棕腹杜鹃	3 228
棕腹柳莺	236
棕腹仙鹟	234
棕腹啄木鸟	230
棕褐短翅莺	236
棕颈钩嘴鹛	180 234
棕脸鹟莺	194 237
棕眉柳莺	236
棕眉山岩鹨	232
棕扇尾莺	38 236
棕头歌鸲	6 96 233
棕头鸥	134 228
棕头雀鹛	6 101 235
棕头鸦雀	38 59 61 182 235
棕尾褐鹟	199 234
棕胸蓝姬鹟	234
棕胸岩鹨	38 55 60 165 232
纵纹腹小鸮	92 229

拉丁学名索引（按字母顺序排列）

A

Abroscopus albogularis	194 237	Alcippe morrisonia	188 235
Accipiter gentilis	72 225	Alcippe ruficapilla	6 101 235
Accipiter nisus	72 225	Alcippe striaticolis	6 100 235
Accipiter soloensis	18 71 225	Alectoris chukar	225
Accipiter trivirgatus	71 225	Amaurornis phoenicurus	32 124 226
Accipiter virgatus	3 73 225	Anas acuta	116 224
Acridotheres cristatellus	37 158 232	Anas clypeata	119 224
Acrocephalus aedon	50 236	Anas crecca	116 224
Acrocephalus agricola	236	Anas falcata	117 224
Acrocephalus bistrigiceps	236	Anas formosa	117 224
Acrocephalus orientalis	190 236	Anas penelope	224
Actitis hypoleucos	33 131	Anas platyrhynchos	31 118 224
Aegithalos bonvaloti	51 237	Anas poecilorhyncha	31 118 224
Aegithalos caudatus	3 204 237	Anas querquedula	224
Aegithalos concinnus	39 205 237	Anas strepera	224
Aegithalos fuliginosus	6 104 237	Anser anser	224
Aegypius monachus	54 78 225	Anser cygnoides	66 224
Aerodramus brevirostris	229	Anser fabalis	114 224
Aethopyga gouldiae	40 208 238	Anser indicus	114 224
Ailuropoda melanoleuca	54	Anthropoides virgo	32 87 226
Aix galericulata	45 68 224	Anthus cervinus	231
Alauda arvensis	4 144 230	Anthus godlewskii	50 231
Alauda gulgula	230	Anthus hodgsoni	36 148 230
Alcedo atthis	35 139 229	Anthus richardi	4 149 231
Alcippe brunnea	188 235	Anthus roseatus	231
Alcippe chrysotis	235	Anthus rubescens	50 231
Alcippe cinereiceps	187 235	Anthus spinoletta	231
		Anthus sylvanus	231

Anthus trivialis	231	*Budorcas taxicolor*	54
Apus apus	138 229	*Butastur indicus*	75 225
Apus nipalensis	35 229	*Buteo buteo*	31 74 225
Apus pacificus	35 138 229	*Buteo hemilasius*	4 73 225
Aquila chrysaetos	31 75 225	*Buteo lagopus*	4 74 225
Aquila heliaca	45 76 225	*Butorides striata*	223
Ardea cinerea	18 110 223		

C

Ardea purpurea	223	*Calandrella brachydactyla*	49 230
Ardeola bacchus	111 223	*Calandrella cheleensis*	49 230
Arenaria interpres	227	*Calandrella rufescens*	49
Asio flammeus	94 229	*Calidris alba*	227
Asio otus	34 93 229	*Calidris canutus*	227
Athene noctua	92 229	*Calidris ferruginea*	227
Aviceda leuphotes	70 225	*Calidris ruficollis*	49 227
Aythya baeri	224	*Calidris subminuta*	227
Aythya ferina	121 224	*Calidris temminckii*	227
Aythya fuligula	18 120 224	*Caprimulgus indicus*	3 229
Aythya nyroca	120 224	*Carduelis sinica*	40 211 238

B

		Carduelis spinus	211 238
Babax lanceolatus	183 235	*Carpodacus erythrinus*	238
Bambusicola thoracica	6 86 226	*Carpodacus pulcherrimus*	238
Bombycilla garrulous	151	*Carpodacus puniceus*	238
Bombycilla garrulus	37 231	*Carpodacus roseus*	238
Bombycilla japonica	47 231	*Carpodacus rubescens*	238
Botaurus stellaris	113 223	*Carpodacus thura*	212 238
Brachypteryx montana	232	*Carpodacus trifasciatus*	6 106 238
Bradypterus luteoventris	236	*Carpodacus vinaceus*	6 106 238
Bradypterus tacsanowskius	236	*Carrulax ocellatus*	235
Bradypterus thoracicus	189 221 236	*Cecropis daurica*	36 145 230
Bubo bubo	90 229	*Centropus sinensis*	47 229
Bubo scandiacus	229	*Cephalopyrus flammiceps*	39 207 237
Bubo scandiacus	46 90	*Certhia familiaris*	39 51 238
Bubulcus ibis	3 111 223	*Certhia himalayana*	238
Bucephala clangula	121 224	*Certhia tianquanensis*	238

Certhia tianquanensis	47 51 238	*Coracina melaschistos*	231
Cettia acanthizoides	236	*Corvus corone*	163 232
Cettia canturians	50 236	*Corvus dauuricus*	50 162 232
Cettia diphone	50 236	*Corvus frugilegus*	162 232
Cettia flavolivacea	236	*Corvus macrorhynchos*	37 163 232
Cettia fortipes	19 189 236	*Corvus monedula*	50
Chaimarrornis leucocephalus	55 171 233	*Corvus pectoralis*	164 232
Charadrius asiaticus	49	*Coturnix coturnix*	225
Charadrius alexandrinus	227	*Cuculus canorus*	19 137 228
Charadrius dubius	33 128 227	*Cuculus micropterus*	19 136 228
Charadrius hiaticula	33 49 227	*Cuculus nisicolor*	3 228
Charadrius leschenaultii	227	*Cuculus optatus*	228
Charadrius placidus	49 128 227	*Cuculus poliocephalus*	228
Charadrius veredus	49 227	*Cuculus sparverioides*	228
Chlidonias hybrida	228	*Culicicapa ceylonensis*	200 234
Chlidonias leucopterus	228	*Cyanopica cyanus*	37 160 232
Chrysolophus pictus	6 86 226	*Cygnus columbianus*	67 224
Ciconia boyciana	31 63 223	*Cygnus cygnus*	31 67 224
Ciconia nigra	31 63 223	*Cyornis banyumas*	234

D

Cinclidium leucurum	233		
Cinclus pallasii	37 164 232	*Delichon dasypus*	50 146 230
Circaetus gallicus	77 225	*Delichon urbicum*	50
Circus cyaneus	79 225	*Dendrocopos canicapillus*	143 230
Circus melanoleucos	80 225	*Dendrocopos cathpharius*	142 230
Circus spilonotus	80 225	*Dendrocopos darjellensis*	230
Cisticola juncidis	38 236	*Dendrocopos hyperythrus*	230
Clamator coromandus	228	*Dendrocopos leucotos*	230
Clangula hyemalis	46 224	*Dendrocopos major*	36 142 230
Coccothraustes coccothraustes	215 239	*Dendrocopos minor*	230
Columba hodgsonii	228	*Dendronanthus indicus*	230
Columba livia	4 228	*Dicaeum ignipectus*	39 207 238
Columba rupestris	4 135 228	*Dicrurus aeneus*	232
Conostoma oemodium	181 235	*Dicrurus hottentottus*	37 156 232
Copsychus saularis	18 233	*Dicrurus leucophaeus*	156 232

Dicrurus macrocercus	3 155 231	*Falco subbuteo*	81 225
Dicrurus remifer	232	*Falco tinnunculus*	31 83 225
Dupetor flavicollis	223	*Ficedula albicilla*	196 234
E		*Ficedula cyanomelana*	234
Egretta alba	112 223	*Ficedula elisae*	51 52 234
Egretta garzetta	31 112 223	*Ficedula hodgsonii*	197 234
Egretta intermedia	223	*Ficedula hypeythra*	234
Emberiza aureola	5 239	*Ficedula narcissina*	51 197
Emberiza chrysophrys	239	*Ficedula sapphira*	234
Emberiza cioides	55 217 239	*Ficedula strophiata*	198 234
Emberiza elegans	40 216 239	*Ficedula tricolor*	234
Emberiza fucata	52 239	*Ficedula zanthopygia*	38 196 234
Emberiza godlewskii	217 239	*Fringilla montifringilla*	40 212 238
Emberiza leucocephalos	239	*Fulica atra*	18 125 226
Emberiza pallasi	239	**G**	
Emberiza pusilla	40 218 239	*Galerida cristata*	36 144 230
Emberiza rustica	239	*Gallicrex cinerea*	226
Emberiza rutila	239	*Gallinago gallinago*	131 227
Emberiza schoeniclus	239	*Gallinago megala*	227
Emberiza spodocephala	55 216 239	*Gallinago solitaria*	227
Emberiza tristrami	239	*Gallinago stenura*	132 227
Enicurus leschenaulti	55 173 233	*Gallinula chloropus*	5 125 226
Enicurus scouleri	55 172 233	*Garrulax albogularis*	184 235
Eophona migratoria	215 239	*Garrulax canorus*	6 99 235
Eophona personata	3 214 238	*Garrulax cineraceus*	185 235
Eremophila alpestris	230	*Garrulax duvidi*	3 98 235
Eudynamys scolopacea	55 137 228	*Garrulax elliotii*	6 100 235
Eumyias thalassinus	200 234	*Garrulax lunulatus*	6 98 235
Eurystomus orientalis	3 229	*Garrulax maximus*	6 38 99 235
F		*Garrulax ocellatus*	235
Falco amurensis	82 225	*Garrulax pectoralis*	184 235
Falco cherrug	31 81 225	*Garrulax perspicillatus*	183 235
Falco columbarius	83 225	*Garrulax sannio*	55 185 235
Falco peregrinus	82 225	*Garrulus glandarius*	3 159 232

Glareola maldivarum	33 226
Glaucidium brodiei	91 229
Glaucidium cuculoides	3 91 229
Grus grus	32 87 226

H

Halcyon pileata	3 140 229
Haliaeetus albicilla	45 79 225
Haliaeetus leucoryphus	45 78 225
Heterophasia melanoleuca	47
Heteroscelus brevipes	49 227
Heteroscelus incanus	49
Himantopus himantopus	226
Hirundapus caudacutus	229
Hirundapus cochinchinensis	46 229
Hirundo rustica	36 145 230
Histrionicus histrionicus	224
Hodgsonius phaenicuroides	233
Hydrophasianus chirurgus	18 32 126 226
Hypsipetes leucocephalus	231
Hypsipetes mcclellandii	150 231

I

Ibidorhyncha struthersii	33 133 226
Ithaginis cruentus	3 84 226
Ixobrychus cinnamomeus	223
Ixobrychus sinensis	223

J

Jynx torquilla	141 230

K

Ketupa flavipes	229

L

Lanius bucephalus	52 153 231
Lanius cristatus	37 152 231
Lanius schach	3 154 231
Lanius sphenocercus	153 231
Lanius tephronotus	231
Lanius tephronotus	59 154
Lanius tigrinus	52 152 231
Larus brunnicephalus	134 228
Larus ichthyaetus	228
Larus relictus	33
Larus ridibundus	33 133 228
Larus vegae	228
Latoucheornis siemsseni	6 107 239
Leiothix lutea	186
Leiothrix lutea	46 235
Leucosticte nemoricola	3 213 238
Limosa limosa	228
Lonchura striata	40 210 238
Loxia curvirostra	213 238
Luscinia brunnea	233
Luscinia calliope	166 233
Luscinia cyane	232
Luscinia obscura	233
Luscinia pectardens	6 96 233
Luscinia ruficeps	6 96 233
Luscinia svecica	167 233

M

Megaceryle lugubris	59 139 229
Melanocorypha maxima	6 94 230
Melanocorypha mongolica	4 230
Melophus lathami	46 239
Mergellus albellus	122 224
Mergus merganser	31 122 224
Mergus squamatus	6 68 224
Milvus migrans	69 225
Monticola cinclorhynchus	50
Monticola gularis	50 233
Monticola rufiventris	175 233

Monticola saxatilis	233	*Paradoxornis conspicillatus*	6 102 235
Monticola solitarius	175 233	*Paradoxornis fulvifrons*	235
Motacilla alba	18 146 230	*Paradoxornis gularis*	47
Motacilla cinerea	36 147 230	*Paradoxornis guttaticollis*	50 182 236
Motacilla citreola	148 230	*Paradoxornis nipalensis*	50 235
Motacilla flava	147 230	*Paradoxornis paradoxus*	6 102 235
Muscicapa dauurica	199 234	*Paradoxornis verreauxi*	50 235
Muscicapa ferruginea	199 234	*Paradoxornis webbianus*	38 182 235
Muscicapa muttui	234	*Parus ater*	55 237
Muscicapa sibirica	198 234	*Parus davidi*	237
Mycerobas carnipes	239	*Parus dichrous*	203 237
Myophonus caeruleus	176 233	*Parus major*	39 201 237

N

		Parus monticolus	55 202 237
Netta rufina	119 224	*Parus palustris*	39 203 237
Nettapus coromandelianus	46 123 224	*Parus rubidiventris*	204 237
Niltava davidi	6 97 234	*Parus songarus*	237
Niltava rubeculoides	234	*Parus superciliosus*	6 105 237
Niltava sundara	234	*Parus venustulus*	6 105 237
Ninox scutulata	3 92 229	*Passer domesticus*	47 238
Nipponia nippon	6 64 219 222 223	*Passer montanus*	40 209 238
Nucifraga caryocatactes	55 161 232	*Passer rutilans*	55 210 238
Numenius arquata	227	*Pavo cristatus*	54
Numenius madagascariensis	227	*Pelecanus crispus*	30 49 62 223
Numenius phaeopus	227	*Pelecanus philippensis*	49
Nycticorax nycticorax	31 113 223	*Pericrocotus cantonensis*	36 231
Nycticorax ycticorax	223	*Pericrocotus ethologus*	36 149 231

O

		Pericrocotus roseus	231
Oenanthe oenanthe	233	*Pernis ptilorhyncus*	70 225
Oenanthe pleschanka	174 233	*Phalacrocorax carbo*	30 110 223
Oriolus chinensis	3 155 231	*Phasianus colchicus*	32 123 226
Otis tarda	4 88 226	*Philomachus pugnax*	47 228
Otus lettia	89 229	*Phoenicopterus ruber*	47
Otus sunia	89 229	*Phoenicurus alaschanicus*	233

P

		Phoenicurus auroreus	55 168 233
Pandion haliaetus	31 69 224		

Phoenicurus erythrogastrus	171 233	*Podiceps cristatus*	30 109 223
Phoenicurus frontalis	170 233	*Podiceps nigricollis*	30 109 223
Phoenicurus hodgsoni	169 233	*Pomatorhinus erythrocnemis*	18 180 234
Phoenicurus ochruros	169 233	*Pomatorhinus ruficollis*	180 234
Phoenicurus schisticeps	170 233	*Porzana fusca*	226 236
Phylloscopus affinis	190 236	*Porzana pusilla*	226
Phylloscopus armandii	236	*Prinia crinigera*	51 195 236
Phylloscopus borealis	192 221 236	*Prunella atrogularis*	46 47 232
Phylloscopus chloronotus	50 192 236	*Prunella collaris*	4 232
Phylloscopus coronatus	236	*Prunella fulvescens*	232
Phylloscopus davisoni	47 236	*Prunella immaculata*	166 232
Phylloscopus emeiensis	6 51 104 237	*Prunella montanella*	232
Phylloscopus forresti	6 50 103 237	*Prunella strophiata*	38 165 232
Phylloscopus fuscatus	55 191 236	*Pteruthius xanthochlorus*	235
Phylloscopus humei	51 236	*Ptyonoprogne rupestris*	230
Phylloscopus inornatus	51 191 236	*Pucrasia macrolopha*	3 85 226
Phylloscopus magnirostris	236	*Pycnonotus aurigaster*	151 231
Phylloscopus plumbeitarsus	51 237	*Pycnonotus sinensis*	3 95 231
Phylloscopus proregulus	39 50 192 222 236	*Pycnonotus xanthorrhous*	36 150 231
Phylloscopus pulcher	236	*Pyrrhocorax pyrrhocorax*	161 232
Phylloscopus reguloides	236	*Pyrrhula erythaca*	55 214 238
Phylloscopus reguloides	60 193	*Pyrrhula nipalensis*	47
Phylloscopus schwarzi	236	**R**	
Phylloscopus sichuanensis	50	*Rallus aquaticus*	5 124 226
Phylloscopus subaffinis	236	*Recurvirostra avosetta*	18 132 226
Phylloscopus trochiloides	51 236	*Regulus regulus*	39 193 237
Phylloscopus yunnanensis	50 237	*Rhopophilus pekinensis*	6 103 236
Pica pica	18 160 232	*Rhyacornis fuliginosa*	55 172 233
Picumnus innominatus	230	*Riparia diluta*	143 230
Picus canus	36 141 230	*Rostratula benghalensis*	33 126 226
Platalea leucorodia	5 66 223	**S**	
Pluvialis fulva	227	*Saxicola ferreus*	174 233
Pluvialis squatarola	227	*Saxicola insignis*	233
Pnoepyga pusilla	235	*Saxicola torquata*	173 233

Scolopax rusticola	227	*Tadorna ferruginea*	115 224
Seicercus burkii	51	*Tadorna tadorna*	115 224
Seicercus castaniceps	194 237	*Tarsiger chrysaeus*	167 233
Seicercus omeiensis	51 237	*Tarsiger cyanurus*	168 233
Seicercus soror	51 237	*Terpsiphone paradisi*	38 46 201 234
Seicercus tephrocephalus	51 237	*Tichodroma muraria*	39 206 238
Seicercus valentini	51 195 237	*Tragopan temminckii*	3 84 226
Sitta castanea	46 238	*Treron sieboldii*	3 88 228
Sitta europaea	3 205 237	*Tringa erythropus*	227
Sitta himalayensis	238	*Tringa glareola*	227
Sitta leucopsis	39 206 238	*Tringa hypoleucos*	227
Sitta villosa	237	*Tringa incana*	227
Spelaeornis troglodytoides	234	*Tringa nebularia*	130 227
Spilornis cheela	76 225	*Tringa ochropus*	129 227
Spizaetus nipalensis	4 77 225	*Tringa stagnatilis*	227
Spizixos semitorques	6 95 231	*Tringa totanus*	33 130 227
Stachyris ruficeps	181 235	*Troglodytes troglodytes*	37 165 232
Sterna albifrons	5 228	*Turdus boulbul*	234
Sterna hirundo	33 134 228	*Turdus eunomus*	179 234
Streptopelia chinensis	3 136 228	*Turdus hortulorum*	177 234
Streptopelia decaocto	228	*Turdus merula*	18 177 234
Streptopelia orientalis	34 135 228	*Turdus mupinensis*	6 97 234
Streptopelia tranquebarica	228	*Turdus naumanni*	38
Strix aluco	2 93 229	*Turdus obscurus*	50 178 234
Sturnia sturnina	52 157 232	*Turdus pallidus*	234
Sturnus cineraceus	37 158 232	*Turdus rubrocanus*	178 234
Sturnus sericeus	3 157 232	*Turdus ruficollis*	179 234
Sylvia curruca	236	*Turnix tanki*	32 226
Syrmaticus reevesii	6 85 226	**U**	
Syrrhaptes paradoxus	4 46 228	*Upupa epops*	18 140 229
Syrrhaptes tibetanus	46 228	*Uragus sibiricus*	238
T		*Urocissa erythrorhyncha*	3 159 232
Tachybaptus ruficollis	30 108	**V**	
Tachybaptus uficollis	223	*Vanellus cinereus*	127 227
		Vanellus duvaucelii	18

Vanellus vanellus	127 227

X

Xenus cinereus	129 227

Y

Yuhina castaniceps	46 186 235
Yuhina diademata	6 101 235
Yuhina gularis	187 235
Yuhina nigrimenta	235

Z

Zoothera citrina	233
Zoothera dauma	176 234
Zoothera dixoni	233
Zoothera sibirica	233
Zosterops erythropleurus	3 209 237
Zosterops japonicus	39 208 237